閩臺歷代方志集成·福建省志輯·第45册

福建省地方志編纂委員會 整理

［乾隆］福建續志（一）

（清）楊廷璋、定長 等修；
（清）沈廷芳、吴嗣富纂；（清）王傑補修
乾隆三十三年（一七六八年）刻本

SSAP
社會科學文獻出版社

圖書在版編目(CIP)數據

福建省志輯. 第45－51册，［乾隆］福建續志：全7册／福建省地方志編纂委員會整理；（清）楊廷璋等修；（清）沈廷芳，（清）吴嗣富纂；（清）王傑補修. －－北京：社會科學文獻出版社，2018.5

（閩臺歷代方志集成）

ISBN 978－7－5201－2754－7

Ⅰ.①福… Ⅱ.①福… ②楊… ③沈… ④吴… ⑤王… Ⅲ.①福建－地方志 Ⅳ.①K295.7

中國版本圖書館CIP數據核字（2018）第086130號

·閩臺歷代方志集成·

福建省志輯（第45－51册）

［乾隆］福建續志（全7册）

整　　理／福建省地方志編纂委員會

纂　　修／（清）楊廷璋　定長 等修　（清）沈廷芳　吴嗣富 纂　（清）王傑 補修

出 版 人／謝壽光

項目統籌／鄧泳紅　陳　穎

責任編輯／鄭慶寰　李建廷

出　　版／社會科學文獻出版社·皮書出版分社（010）59367127

地址：北京市北三環中路甲29號院華龍大厦　郵編：100029

網址：www. ssap. com. cn

發　　行／市場營銷中心（010）59367081　59367018

印　　裝／福州力人彩印有限公司

規　　格／開 本：787mm × 1092mm　1/16

印 張：346.5　幅 數：5500

版　　次／2018年5月第1版　2018年5月第1次印刷

書　　號／ISBN 978－7－5201－2754－7

定　　價／4200.00圓

本書如有印裝質量問題，請與讀者服務中心（010－59367028）聯繫

#《閩臺歷代方志集成》學術委員會

顧　問：王偉光（中國社會科學院原院長，中國地方志指導小組組長）

李培林（中國社會科學院副院長，中國地方志指導小組常務副組長）

李　紅（政協福建省委員會副主席，中國地方志指導小組成員）

陳祖武（中國社會科學院學部委員，中央文史館館員，國務院古籍整理出版規劃小組成員，研究員）

張海鵬（中國社會科學院學部委員，中國社會科學院臺灣史研究中心主任，中國史學會原會長，研究員）

主　任：冀祥德（法學博士，中國地方志指導小組秘書長，中國地方志指導小組辦公室黨組書記、主任，中國社會科學院法學研究所研究員）

委　員（以姓氏筆畫爲序）：

王日根（厦門大學人文學院副院長，歷史學教授）

牛潤珍（中國人民大學歷史學院教授，中國方志學研究會副會長）

方寶川（福建師範大學圖書館原館長，福建師範大學社會歷史學院教授）
李宗翰（金門大學閩南文化研究所原所長，臺灣師範大學歷史系副教授）
李國榮（中國第一歷史檔案館副館長，研究員）
吴志躍（福建省博物院院長）
林國平（福建師範大學社會歷史學院教授）
郭志超（厦門大學人類學研究所原所長，教授）
陳叔侗（福建博物院離休文史專家）
許建平（福建省圖書館地方文獻中心特藏部主任，研究館員）
劉傳標（福建社會科學院歷史研究所所長，研究館員）
謝必震（福建師範大學閩臺區域研究中心主任、社會歷史學院教授）
謝冬榮（中國國家圖書館古籍館副館長，研究館員）
謝國興（臺灣中研院臺灣史所原所長，研究員）
鄭智明（福建省圖書館館長）
蕭德洪（厦門大學圖書館館長）

《閩臺歷代方志集成》編纂委員會

主　任：陳秋平

副主任：俞　傑　林　浩　戴振華

成　員：張維義　李升榮　吕秋心　凌文斌　歐長生　張國珍　高錦利　李志宏
康元泰　張惠評　林善濤　陳星揚　藍國華　吴乃意　林揚國　彭光華

《閩臺歷代方志集成》編輯部

主　編：林　浩

副主編：凌文斌

編　輯：鄭　羽　李連秀　滕元明　曾永志　胡志明　林春花

出版前言

修國史，纂方志，固我中華民族百代常新之優秀文化傳統。志亦史也，舉凡方域區裁，川原濬闢，自然人事之變遷，經濟文明之演進，文圖在手，紀述備陳。於以啓新鑒古，積厚流光，資用於無涯。

福建，宸山攬海，屏障東南，古號閩中，傳稽遷、固。秦稱列郡，漢授無諸。曾墟徙于江淮，漸衣冠之南返。梁、陳迄唐，興學後先，人文趨盛。所惜代遠年湮，罕傳載籍。嗣肇兩宋之昌明，譽海濱于鄒魯。三山有志，存續差全；仙邑、臨汀，殘篇僅在。元建行省，未及百年。朱明代興，統轄八府一州。弘治纂成通志，以八閩見稱，編目立例，有所遵從。其後《閩大記》《閩書》亦各名世。清代康、雍、乾、道多朝，下至民國，更相繼修成《福建通志》五部、《圖記》三編。至於閩省各府、州、縣、廳修志篇名，見於記述者，當可遠溯晉、唐。而傳世見存者，多出於宋、明、清代，以迄民國，近三百種，且不乏碩學鴻儒之佳製。誠文獻之足珍，號名邦而無怍。

臺灣一島，薄海親鄰。遠古冰川，陸橋可涉。族羣隔岸，同俗同根。貨貿如潮，風雲瞬息。鄭氏驅荷，經營三世，入清設府，並列十閩。抗倭禦寇，慷慨同仇。豈骨肉之能分，同興華之有夢。所纂方志，上起康、乾，下訖同治，合四十種，俱各幸存。計有：圖志一，府、縣、廳志二十有九，通志一，雜記九。本島外，周邊之小琉球、釣魚臺、澎湖諸嶼，悉紀無遺。

中國共產黨十八屆五中全會，適時提出實施『中華典籍整理』工程之要求。福建省地方志編纂委員會設立以來，膺一方歷史文化存續之重任，載筆采編，績效斐然。二〇一四年末，乃有纂輯《閩臺歷代方志集成》之擬議。旋獲中國地方志指導小組首肯支持，連續于福州、北京舉行專家論證會議，制定實施規劃。廣泛徵集海峽兩岸各圖書館原所典藏舊志各版本。進而遍向國內各地以及海外日、美等國徵求流散孤遺之珍本。積數年努力，遍羅不同版本四百七十餘種。隨集圖書館、高等院校、博物院等專家學者校讀、比對，甄別異同優劣，循序歸類。幾經汰選分爲：

《福建省志輯》志書八種，圖志三種；

《福建府州志輯》志書四十七種，附録兩種；

《福建縣廳志輯》志書二百四十七種；

《臺灣志書輯》志書三十九種，圖志一種。

最後歸輯總數或將達三百四十餘種。凡已入選歸輯者，均予正訛、修殘、補缺，擷其序例，彙編總目，慎撰各書内容提要，以醒眉目。

社會科學文獻出版社將承擔全書印刷出版任務。用電子影像高精度掃描，裝訂成册。每册約八百頁。十六開本精裝，分批分輯出版。

是役也，聚英合力、啓後承先，堪稱壯舉。誠望有俾於兩岸學術交流、社會協調發展，促進和平統一之大業，有厚幸焉。

《閩臺歷代方志集成》編纂委員會

二〇一七年十二月

出版説明

一、《閩臺歷代方志集成》爲福建與臺灣兩地歷代各級方志精校影印叢書。

二、收録時限。以現存舊方志刻印時間最早者爲收録上限；其福建部分，收録下限至中華人民共和國成立前；臺灣部分，收録下限則止於一八九五年。

三、收録範圍。主要參照《中國地方志聯合目録》之福建部分與鄭寶謙先生主編的《福建舊方志綜録》書目，包羅福建纂修的圖志、通志、府志、州志、縣志、廳志，以及臺灣纂修的圖志、通志、府志、縣志、廳志、島志等。

四、《閩臺歷代方志集成·福建省志輯》共收録明弘治三年（一四九〇年）至民國十一年（一九二二年）間刊行的福建圖志三部、通志八部，分别以成書先後爲序，共分九十八册整理出版。

五、爲體現每册志書的均衡性，本輯將篇幅較小的三部圖志合并爲一册，八部通志因篇幅較大則一志分爲多册。

六、本輯以『忠於歷史、尊重原貌、適當整理』爲原則，每部志書從現存的初刻本、遞修本、增補本、重刻本、石印本、鉛印本、稿本、抄本等中，選擇一種印制質量最好、保存完整、價值最高的版本作爲底本，不作點校，整理影印。其底本來源于福建省圖書館、福建師範大學圖書館、中國國家圖書館、上海圖書館、美國加州大學伯克利分校東亞圖書館和日本内閣文庫，并通過與天津圖書館、厦門大學圖書館等收藏的其他版本作比對整理。

七、本輯所收方志，按纂修年代在書名前冠以年號，如［弘治］《八閩通志》等。本輯第一册編制有歷代方志總目及册號；爲便於讀者查閲，每部志書前均有新編目録，并注明頁碼。一册多志的頁碼則按册起訖，一志多册的依各志自爲起訖。每種志書均撰寫提要，具體説明該志纂修情況、刊刻時間、續修或增修情況、影印所據的版本及學術價值等。

八、爲保持原書風貌，本輯不再制作新編書眉，不對志書中原有圖片（如城池圖等）進行切割拼圖。原志書如有錯頁、蠹損、殘缺、漫漶不清處，原則上都予以换頁、補頁、修描，使全書字劃清晰、頁序整齊。若原書存在多種殘本，則原則上予以彙集整理；若原志書爲殘本，又没有其他版本比對，則不再修補，保持志書的原貌。

《閩臺歷代方志集成》編輯部

二〇一七年十二月

新編目録

第一册

［乾隆］《福建續志》提要

卷首

序文 〇〇〇三

請續修福建省志詳文 〇〇四七

凡例十二則 〇〇五五

纂修官員 〇〇六一

目録 〇〇六九

補圖福建全省總圖（添福鼎縣）及三山圖等共六幅 〇〇七七

典謨四卷 〇〇九一

卷一 星野 〇三二一

卷二 建置沿革有表 〇三三三

卷三 山川一 〇四〇五

卷三 山川二 〇四五三

卷五 疆域形勝附 〇五〇七

卷六 城池一 〇五二五

卷七 城池二水利附 〇五六九

橋梁附 〇五九九

卷八 風俗 〇六四三

卷九 物産一 〇六八五

卷十 物産二 〇七二九

第二册

卷十一 田賦一 〇七七一

卷十一 田賦二 〇八一五

海關稅附 〇八四三

鹽政附 〇八四五

卷十三 户口 〇八五五

卷十四 典禮 〇八八一

卷十五 祠祀一 〇九四一

卷十六 祠祀二 〇九九三

卷十七 兵制一 一〇二九

卷十八 兵制二海防附 一〇九三

卷十九　封爵　一一四九
卷二十　學校一　一一五五
社學　書院　附　一一五五
卷二十一　學校二　一一九九
卷二十二　公署　一二三三
卷二十三　職官一　一二八七
總督以下　一二八八
福州府　一三〇八
興化府　一三三五
泉州府　一三四三
卷二十四　職官二　一三六一
漳州府　一三六一
延平府　一三七九
建寧府　一三九五
邵武府　一四一六
卷二十五　職官三　一四二九
汀州府　一四二九
福寧府　一四五一
臺灣府　一四六三
永春州　一四八二
龍巖州　一四八八
卷二十六　職官四　一四九五
鎮守以下　一四九五

第三册

卷二十七　名宦一　一五四三
福州府　一五四四
興化府　一五八一
卷二十八　名宦二　一五九一
泉州府　一五九一
卷二十九　名宦三　一六六九
漳州府　一六六九
延平府　一七〇一
建寧府　一七一三
邵武府　一七二五
卷三十　名宦四　一七三五
汀州府　一七三五
福寧府　一七四六
臺灣府　一七六五
永春州　一七七一
龍巖州　一七八七
卷三十一　選舉一　一七九三

進士　一七九六
舉人　一八〇七
卷三十二　選舉二　一八二五
舉人　一八二五
卷三十三　選舉三　一八七三
貢生　一八七三
薦辟　附　一九三七
卷三十四　選舉四　一九四三
武進士　一九四三
武舉人　一九四五
武功　附　一九六七
任子　附　一九六九
卷三十五　理學一　一九七五
福州府　一九七九
卷三十六　理學二　二〇三三
興化府　二〇三三
卷三十七　理學三　二〇八七
泉州府　二〇八七
漳州府　二一二〇
卷三十八　理學四　二一六七
延平府　二一六七
卷三十九　理學五　二一九九
建寧府　二一九九
卷四十　理學六　二二八九
邵武府　二二八九
汀州府　二三〇七
福寧府　二三一七
永春州　二三三〇
龍巖州　二三三五

第四册

卷四十一　人物一　二三四一
福州府　二三四二
卷四十二　人物二　二三九七
興化府　二四三四
卷四十三　人物三　二四六一
興化府　二四六一
卷四十四　人物四　二五二三
泉州府　二五二三
卷四十五　人物五　二五九三
泉州府　二五九三
卷四十六　人物六　二六三九

泉州府 二六三九
卷四十七 人物七 二七〇五
漳州府 二七〇五
延平府 二七四〇
卷四十八 人物八 二七五九
建寧府 二七五九
邵武府 二八〇三
卷四十九 人物九 二八二五
汀州府 二八二五
福寧府 二八五〇
臺灣府 二八六三
永春州 二八六六
龍巖州 二八七九
卷五十 孝義一 二八八七
福州府 二八八八
興化府 二九二四
卷五十一 孝義二 二九五五
泉州府 二九五五
漳州府 二九八八
延平府 三〇〇八
卷五十二 孝義三 三〇一七
建寧府 三〇一七
邵武府 三〇三三
汀州府 三〇四六
福寧府 三〇七一
臺灣府 三〇八一
永春州 三〇八七
龍巖州 三〇九五

第五册

卷五十三 文苑一 三一〇三
福州府 三一〇四
興化府 三一三七
卷五十四 文苑二 三一四九
泉州府 三一四九
漳州府 三一八〇
延平府 三一九二
卷五十五 文苑三 三一九七
建寧府 三一九七
邵武府 三二〇四
汀州府 三二一一
福寧府 三二一七

臺灣府　三二二四
永春州　三二二四
龍巖州　三二二八
卷五十六　寓賢　三二三五
卷五十七　隱逸　三二五五
卷五十八　技術　三三〇三
卷五十九　列女一　三三四五
福州府　三三四六
名媛　三三四七
節孝　三三五一
卷六十　列女二　三四一五
福州府　三四一五
節孝　三四一五
卷六十一　列女三　三四八三
福州府　三四八三
貞烈　三四八三
卷六十二　列女四　三五五一
興化府　三五五一
節孝　三五五一
卷六十三　列女五　三六〇三
興化府　三六〇三
節孝　三六〇三
貞烈　三六四四
卷六十四　列女六　三六六五
泉州府　三六六五
名媛　三六六五
節孝　三六六八
卷六十五　列女七　三七一五
泉州府　三七一五
節孝　三七一五
貞烈　三七五五
卷六十六　列女八　三七七三
漳州府　三七七三
名媛　三七七三
節孝　三七七四
貞烈　三八二〇
卷六十七　列女九　三八三三
延平府　三八三三
節孝　三八三三
貞烈　三八四四
建寧府　三八四七
節孝　三八四七

貞烈　三八六一
邵武府　三八六五
節孝　三八六五
貞烈　三八八〇

第六册

卷六十八　列女十　三八八三
汀州府　三八八三
名媛　三八八三
節孝　三八八四
卷六十九　列女十一　三九二七
汀州府　三九二七
節孝　三九二七
貞烈　三九五六
卷七十　列女十二　三九六九
福寧府　三九六九
名媛　三九六九
節孝　三九六九
貞烈　四〇一七
卷七十一　列女十三　四〇二五
臺灣府　四〇二五
節孝　四〇二五
貞烈　四〇三二
永春州　四〇三五
名媛　四〇三五
節孝　四〇三六
貞烈　四〇六四
龍巖州　四〇六七
節孝　四〇六七
貞烈　四〇七四
卷七十二　方外　四〇八三
卷七十三　古蹟一　四一六九
宮室　宅墓　石刻　附　四一六九
卷七十四　古蹟二　四二三七
卷七十五　外島　四三〇五
卷七十六　藝文一　四三二一
著述　四三二二
卷七十七　藝文二　四四一五
疏　四四一五
議　四四七五
卷七十八　藝文三　四四九三
書　四四九三

卷七十九　藝文四　四五五七
序　四五五七
卷八十　藝文五　四六二一
記　四六二一

第七册

卷八十一　藝文六　四六九九
記　四六九九
卷八十二　藝文七　四七七一
記　四七七一
卷八十三　藝文八　四八五一
記　四八五一
卷八十四　藝文九　四九一五
記　四九一五
論說　四九四五
卷八十五　藝文十　四九八一
傳　四九八一
碑　四九九六
墓誌　五〇一五
墓表　五〇三二
卷八十六　藝文十一　五〇四一
雜著　五〇四一
卷八十七　藝文十二　五一〇七
賦　五一〇七
詩　五一三六
卷八十八　藝文十三　五一八一
詩　五一八一
卷八十九　藝文十四　五二五五
詩　五二五五
卷九十　雜記一　五三四三
祥異　五三四三
雜記二　五三五四
叢談　五三五四
福州府　五三五四
卷九十一　雜記三　五四一七
叢談　五四一七
興化府　五四一七
泉州府　五四三〇
卷九十二　雜記四　五四五五
叢談　五四五五
漳州府　五四五五
延平府　五四六二

新編目録

建寧府 五四六六
邵武府 五四八一
汀州府 五四八五
福寧府 五四八八
臺灣府 五四九三
永春州 五四九七
龍巖州 五四九九
編後記 五五〇一

［乾隆］《福建續志》提要

［乾隆］《福建續志》共九十二卷加首一卷（圖六張、典謨四），由楊廷璋、王傑修，沈廷芳、吴嗣富纂。是志原由總督楊廷璋主修，成書于乾隆三十年（一七六五年），未付剞劂。至三十三年提學王傑『重加省覽』，并增補乾隆三十年至三十三年間諸事，遂予刊行。現福建省圖書館藏有乾隆三十四刊刻二十四册本，福建博物院藏有十六册本，中國國家圖書館藏有三十二册本，上海圖書館藏有四十册本，華東師範大學藏有六十四册本。本次擇福建省圖書館藏本爲底本，輔以中國國家圖書館藏本作比對整理。

該志主修者楊廷璋（一六八八年至一七七二年）字奉峨，號玉璋，漢軍鑲黄旗人。乾隆二十四年（一七五九年）任閩浙總督，累官至刑部尚書。王傑（一七二五年至一八〇五年）字偉人，號惺園，陝西韓城人，乾隆二十六年狀元，授翰林修撰，三十年提督福建學政，後累官至東閣大學士，著有《葆醇閣集》《惺園易説》。纂輯者沈廷芳（一七〇二年至一七七二年）字畹叔，一字荻林，號椒園，浙江仁和（今浙江省杭州市）人。乾隆初，舉博學鴻詞科，翰林庶吉士，曾任山東道監察御史，八年巡江南道，遷官至河南按察使，晚年受命纂《續志》。吳嗣富（生卒年不詳）字鄭公，號崑田，錢塘（今浙江省杭州市）人，清乾隆四年進士，累官陝甘學政，以在籍翰林遊閩，故受聘參與《續志》修纂。

較之雍正前志，該書卷首『補圖』若干并合『典謨』爲一卷。以下正文門類：土地疆域、人文教化、選賢進士、風俗、祠祀、學校、職官、公署、水利、兵防、預籌等，皆有所更新增建。或補前志所未詳者，如：『學宮』載列聖門弟子甚衆；『祠祀』記列祀姓氏二百一十六處；『郡邑』則新添福鼎縣；『兵制』概述沿海防御的設置，復詳記多處海防；『選舉』詳列科目，『人物』徵史傳；其他隨制度更新，改『户役』爲『户口』，訂正前志錯亂者，添續乾隆三十餘年間之新事者，皆緊接前志，保持記叙之連貫性、完整性。

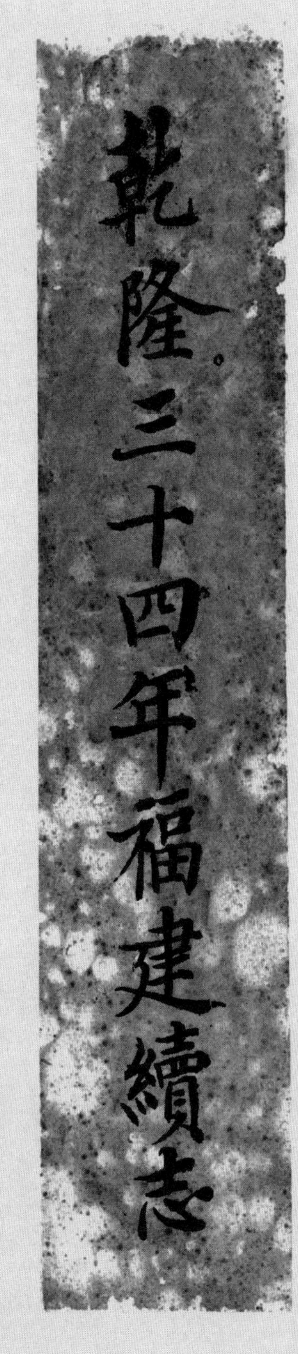
乾隆三十四年福建續志

福建續志序

今天下車書一統。方州之志犁然大備。凡所分門析類。體制略同。然必有一二端因地而異。當大書特書者。余覽福建續志而善之。善其於人物別著道學淵源。於兵制、增輯海防事宜也。溯自無諸以夏后氏之苗裔、啟土甌越。功德在人。歷漢迄唐。漸通聲教。

至有宋大儒輩出。倡明聖學。直接洙泗之傳。猗歟盛矣。其間強藩跋扈。盤寇陸梁。走險負嵎。嚣然不靖。亦代有之。説者曰此邦風氣固殊。其剛猛好鬭之性與生俱來。未可以人事格也。余謂不然。剛柔者氣質之偏。非秉彜之過也。昔王文成講學黔中。以良知爲教。子弟悅之。苗風丕變。厥後征猺粤西。亦用是風諭其酋長。聞者感泣。故一傳檄而諸峒悉定。夫黔為鬼方。峒獠殆雜猺種耳。而響應若是。矧閩之人、神明遺胄。川渟山峙。靈秀所鍾。復久沐於

聖天子雨露之膏。日月之華。而可以禎梗難化厚誣之耶。余幼隨　先公宦遊海澨。習知民情。頑承

簡命又復兩年於茲。一二鴟張麇聚之輩。亦既以次翦除矣。然終不敢謂人性之生而有惡也。誠及其蘖芽未萌。謹法度。明倫紀。範賢智於軌物之中。而於愚不肖隨事有以發其天良。何鴞音之不可革。禮義之不可為干櫓哉。余因續志所加詳者。發明之如此。顧與諸司牧共勉焉。

乾隆三十四年端月閩浙總督楚鄂崔應階作序

月

太子太保兵部尚書兼都察院右都御史閩浙總督楚鄂　崔應階謹序

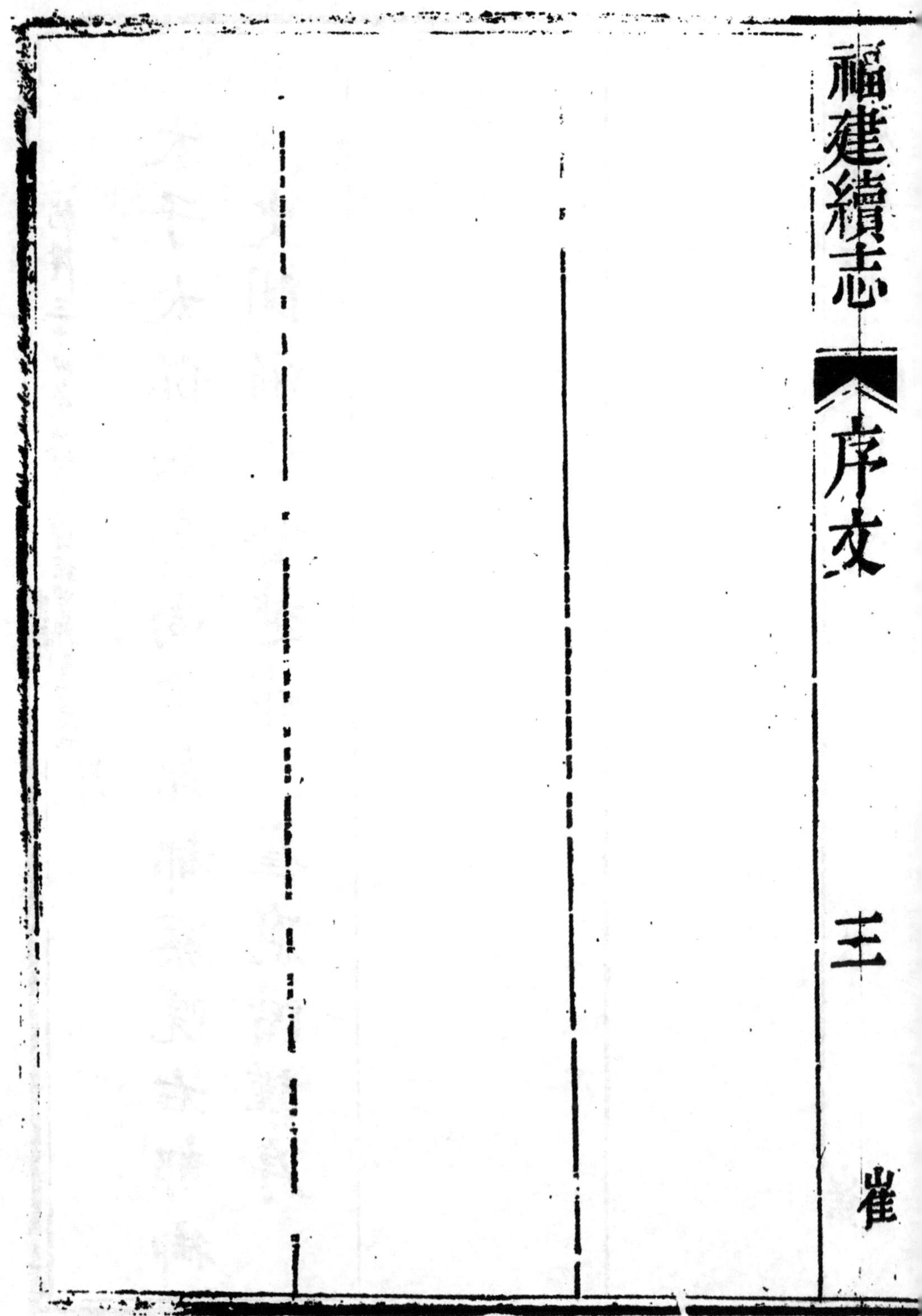

福建續志序

閩依山薄海。廣袤數千里。而東寧控引。絶島孤懸溟渤中。至我

國家聲教弥遠。永息鯨氛。始隸版籍。由潛闇胥耀於光明。披扶輿東南。維閩為巨鎮。 先莊恪公節制浙閩。惟有

歷年。余又蒙

恩忝撫是邦。環閩之域。一民一物。兢兢焉

不敢或忘於心。因思古者方志。掌於職方。漢令郡國計書。先上太史。又數遣使條記風俗。晉唐之代。諸州郡各自爲志。鐫紀見聞。以補正史所未逮。宋明以來。纂述尤廣。而閩之有志。則惟三山志。及八閩通志二書。號稱詳覈。逮乎

國朝。刊修者再。而近時閩學謝公所撰

前志成於丙辰之歲。自
今上皇帝御宇。以迄於今。
湛恩滂沛。政教風行。才賢懿執①。輝耀山川。
瀕海之區。蓋黍鄒魯。是我
朝已軼唐宋之盛。而今又適際隆盛之
時。顧前志有未及詳。宜續近事以傳
來許。爰與前
制府相國楊公暨方伯尹僚。咨訪舊

定

校注：①軌

章。集諸名儁。甄搜事類。而延仁和沈萩林廉訪、錢塘吳嶽田太史、総其成。於是萃群賢之力。殫經歲之勤。廣而不靡。博而能要。前志所偶闕者補之。前志所未載者增之。雖自為一編。而大體不易。既成、釐為九十二卷。以授之梓。昔晉之常璩載華陽。常謂郡國之書、世及事邇。可得而詳。今續志

所載三十年來。文獻方新。風流相望。則信有明徵。自宜上追往籍。且於此

見

聖皇車書一統之治。光被之隆。雖唐虞三代。罕與倫者。故閩雖偏壤。沐浴休養。風土民物。月異歲新。美不勝紀。則今此紹述前書。以彰

太平之休徵。識使者之事也。爰攄其大

端以弁首簡云爾。

誥授資政大夫兵部右①

巡按福建等處長白定長譔②

副都御史巡按福建等處地方提督

軍務兼理糧餉長白　定長譔

校注：①右　②侍郎兼都察院右

福建續志序

余少讀性理諸書。心念道學之傳。於閩獨盛。而子朱子尤集宋一代之大成。稍長聞安溪李文貞公漳浦蔡文勤公名。二公皆閩產也。蓋其地襟山帶海。其星躔乎斗牛女之次。扶輿磅礴之氣。至此而一聚焉。故蔚為人文。魁偉特達。為他省徼

所不及余時時思覽其風而未由也
歲戊子奉
上恩命來撫是邦躬踐諸大儒篤生
過化之區而覩聲明文物之盛
退而披圖經攷方志茫乎有思惴
然以懼蓋人民之蕃庶也何以体
養之政事之弛張也何以整飭之官
方之純駁也何以溯敘之形勝之險

要。風氣之易動難靜也。何以採馭而綏戢之。此其故非一朝夕之故矣。然竊謂獨難其人耳。苟得其人。而因地為治。貧者可富。墮者可舉。貪者可廉。驁者可馴。由是以臻乎畫一之化宜無難。然則講禮義以端士品。究體用以植人材。非守土者之本務歟。生昔常衮入閩。首開學校。而自唐迄宋。文明日啓。人傑代生。有海濱鄒魯之目。至今日而東瀛絶島。

聖教涵濡。儼同腹地。士之歌賡鳴而來者。前于後喁。斯其尤大彰明較著者也。遺方伯有續志之刊。請序於余。余維書所以弁其簡端。第夫文獻之淵源。纂脩之始末。則前序已詳言之。不復覼縷云。

乾隆三十三年秋九月福建巡撫鄂寧撰

兵①部侍郎兼都察院右副都御史巡撫福建等處地方提督軍務　鄂寧撰

校注：①兵

福建續志序

古者國有史掌之太史。邦之志則隸於職方。自漢晉以迄唐宋。凡郡國之書。莫不網羅舊聞。蒐攷軼事。體例雖有不同。而用以資正史之所未逮者。其爲典則一也。欽惟

世宗憲皇帝

詔修一統志。暨直省各增輯通志。次第呈進。

而閩志之成較後於他行省。自我

皇上御極之初。始得進呈

秘殿。迄今漸摩日久。歲月增新。凡土

地之擴闢。疆域之改隸。與夫人物

之乘時蔚起。風俗之漸次轉移者。

不數十年。而大成且備。是宜視前

志而增脩之。以彰

國家極盛之隆軌。於是　連帥邦伯諸

鉅公。咸襄輯續志。延仁和 萩林沈前輩、暨予 師錢唐崑田吳夫子、總其成。而以郡邑諸士。分任其役焉。書垂於甲申之秋。繕寫成編。乙酉春予奉
天子命。視學來閩。因得覩其全書。旋奉
部議。准覆浙江撫臣所請。
命各省學臣。於按試之餘。將通志一書。不拘時日。悉心查閱。其有現在脩輯之

志。亦令考核付刊。今年仲夏。歲試竣事。自松城回居省署。因取前所為續志者。重加省覽。竊以為國史與志乘。相為表裏。然史主勸懲。其體貴於簡嚴。而志專實錄。歷久或虞缺漏。今是書之成。迄今三載。尚未授諸剞劂。即此三載中之事。固宜依例增入。以期全備。不致數十年後。或慮曠遠而難稽也。況今聖朝恩綸疊錫。謨訓日新。教化所成。風俗益厚。有若祠祀學校之脩建。職官公署之增省。暨夫水利兵防。預籌扼要。選賢貢士。日啓人文。以至徽顯闡幽。廉頑立懦。孝義節烈之士女。褒嘉之典。何歲無之。用是不揣謭陋。爰取乙酉以後。至丁亥歲終。近事之得以例增

者。間附數條于每門之後。以俟後之君
子有所攷核焉。至其卷次凡例。因革
損益諸體要。具見卷首。已成完書。
故不復序。抑余自按郡以來。西涉
龍岩汀水之險。北歷樵川劍浦之高。
東攬太姥霍童之勝。南望澎湖廈
島之區。登三山而周四境。厥地廣輪約
二千里。惟學使者舟車所至。有以遍

歷其境。今得於涉覽之餘。輙以所見證之所聞。而事蹟殆無缺畧之憾。俾後之讀是志者。覩人文之炳蔚。樂風土之還淳。於㠯賡太平而歌熙洽。沐浴

聖澤。鼓舞

皇仁。而一時之拜手颺言者。爾得藉是以不朽焉。予之厚幸為何如哉。乾隆三

乾隆三十三年六月福建學政王杰謹序

欽命提督福建學政詹事府右春坊右庶子紀錄一次王杰謹序

福建續志序

予嘗備員詞館。出入

禁庭。預修一統志。竊以志者掌於內外史。而其原肇自六經。宮室棟宇則本於易。典謨政教、山川疆域、田賦物貢、軍制蠻夷、本於書。民風土俗忠孝貞良村歌里諺本於詩。典禮樂章學校選舉、損益因革歲時災祥、本於禮與春秋。嗣是史遷作八書。班固作十二志。以紀秦漢制度皆志也。而郡國之書稱志。則始於常璩。後世作者、寖廣。體裁各出、閩志、則晉太守陶夔倡為之書。未及傳、經籍無述焉。宋咸淳中知州事梁叔子、輯三山志。元致和續之。久亦遂廢。明時通志有三。獨黃氏仲昭所撰。世稱詳核。

國朝康熙中詔修一統志。廣徵直省諸乘。時福建則詞館前輩鄭宮諭開極①修之。雍正閒前輩謝閣學道承即鄭本復輯。義正事覈。大體已備。至

皇上御極始進。即茲編所謂前志也。夫王政隨時曰革。月異而歲不同。堯時春分日躔在卯。初昏中星爲鶉鳥。宋時春分日躔在室。初昏中星爲東井。則

校注：①修

天文異矣。禹貢九州。舜時分為十有二州。周禮職方加幽并。而遺徐梁。又別於舜禹時。則地理異矣。志莫大於乾象坤輿。而所異猶若是。況於治民之禮樂刑政乎。盖政教善可以百王不易。特其天時人事。民風國俗之變。不得不隨時而為之法。法久而不能無弊。聖人能使其不至於弊而善易之。故其法可久。此王化所以日隆也。今天子皇猷懋著。富教之殷。綱紀法度之備。人材品彙之衆。蒸然丕變。而前志尚未及載。觀風者無所考。於是連帥邦伯羣公。咸思更輯。予適主鼇峰講席。同屬偕吴館丈嗣富共典斯事。半生遊宦。自慚舊學荒蕪。何能爲役。顧終

辭不獲。爰與纂修諸君子紬而續之。首弁
典謨。繼述星野。而迄雜記。為門三十有二。為卷九十有二。事例仍前。而取義稍別。有前志已載而復補者。學宮載聖門弟子。祠祀記列祀姓氏是也。前志未載而特增者。郡邑添福鼎。兵制列海防。選舉增詞科。人物徵史傳是也。

前志有而易之者。方技置列女之前。寺觀附方外之末是也。前志有而更其名者。我朝差科盡蠲。載戶口而不載戶役是也。至若龜山啟道南之統。紫陽集諸儒之成。瀕海儒林。媲盛鄒魯。是當大書特書。故仿宋史例。特列理學傳。凡宋明以來。宗法程朱者。謹為編入。他如人物諸門。善善貴長。不敢從刻。此則余所竊取者。續志之義如此。夫全閩十郡二州之地。枕山環海。疆隅數千里。東寧一郡。更孤懸溟渤。采訪難周。以謝前輩之博雅。孰知桑梓文獻。采緝七年。猶不免缺略之憾。況予甫至閩南。蕆事於匝歲。其中遺漏。當更不少。然不刻期成書。無以答群公之意。

故晨夕搜討。續為茲編。庶幾三十年來。聖朝謨猷、制作。德化政教。所以洋溢海邦者、燦然明備。予雖弗獲預曩時珥筆之列。辨論經史異同。而得披八閩掌故。自儕外史、附鄭謝兩志。而列名於後。亦平生之厚幸也夫。

賜博學鴻詞翰林院編修仁和沈廷芳拜譔

夫山東按察使

前掌山東道監察御史入直
武英殿同修
起居注翰林院編修仁和　沈廷芳拜
譔

福建續志序

古周官司徒受籍登民數。而方志掌自誦訓。漢京郡國計書。先上太史。又嘗遣使循行四方。條記土俗。光武之時、詔南陽沛三輔廬江。各序節士耆舊先賢爲傳。畫疆稱志。所自来矣。閩故與甌粤同俗、騶無諸披榛啓宇。未隷版籍。晉太康始列郡縣。太守陶夔爰作郡書、流傳弗永。後来著撰。惟宋梁叔子三山志。明黄仲昭八閩通志。二書。鄉稱賅備。

國朝既定天下。

皇風普暨。東寧島海邃絶之地。咸入郡縣。

世宗即位之三年。命詞臣共撰一統志。垂示宇内。而藩省通志。以次甄修。是時閩海之志。觀成較遲。
今上元年始陳
秘殿。余嘗忝侍
禁林。預懷鉛之末。因得遍窺天下圖籍。
又數奉
命采風下國。西陟雍華周秦之墟。南浮江淮瀟辰彭蠡。抵南粵。上五嶺。游跡半
天下。天下之俗。大抵尚雕文者。習優

柔。矜材武者民獷健。二者迥殊。而閩土山川錯會。自宋被服儒賢。號稱鄒魯。其不逞之衆。亦或恣為囂豪。若合二俗而一之者。然猶未履其地也。後數年、余乞養歸田里。又居先人憂。竊祿以養之懷稍遂。而蒲柳早衰。遂放游名山川澤。前所未歷之境。度仙霞關。下劍水、次於榕城。二三佳士。喜從余游。居三載、前輩沈廉訪、及邱君孝廉。南来鷄鳴過山舍。指説景物。極吟唱之樂。而　開府諸鉅公、適以續志總裁屬廉訪、余貳焉。於是與諸君子、盡索十郡二州。圖籍舊編。論次其事。益知閩之爲域。西自龍巖汀州。北亘邵武建陽。漸歷而東至福寧。其地多崇山秀巒。武夷霍童。仙蹊靈蹟。往往而在。其民敦重素樸。有先賢遺風。然質勝少文。相安田里。西南則漳泉遠控島嶼。臺灣懸大海中。與番夷雜處。南為興化。至福州藩省建焉。地皆際海依山樹屏。而廈門澎湖尤要險。風帆浪舶。百貨出入。為大都會。嚴兵守之。其人好事功。聲名都麗。而多悍黠。其大較也。今所為既續前志。大體相

目而接以新事自為一編惟標理學
述防海正戶口之名比寺觀之類稍
更舊轍既成釐為九十二卷諸旨要
在各小序中蓋其所補綴視前志稍
詳密而因以見
聖天子御宇以來太平極盛治多良吏野
多秀行山川交輝百度修舉故可紀
者衆而未有艾也推而溯之前世相

吳

越遠矣。夫采風謠覈圖籍。誠史臣之職也。故書之以道其詳云。

乾隆二十九年九月既望在籍翰林院編修錢塘吳嗣富撰

請續脩福建省志詳文　曹繩柱

本年九月十三日奉

巡撫部院定　批本司會詳。竊惟福建全省。山

海輿區。重譯梯航。普

皇朝之聲教。全閩康阜。沐

聖主之恩膏。表形勝於輿圖。巖疆天險。樹風聲於版

籍。海國人文。是以郡縣各有專書。省會成爲通

志。固已原原本本。亘古彌新。見見聞聞。於今爲

烈。伏查省志八十二卷。編修訖乙卯之冬。届兹

二十八年。嘉會盛女牛之野。惟

天子建中錫極。有舉必書。而海、隅宣德仰流。無徵不
信。三十年爲一世。漸摩於仁義更深。一二日有
萬幾。熙亮之事功無算。故凡謨猷之開濟。文武
之弛張。損益舉廢之大端。微顯闡幽之節目。歲
增月異。沿故生新。昭然耳目之在人。欣遇
台衡之碩德。所當及時釐訂。繼事修明者也。恭
惟
憲臺大人
奕世元勳。
熙朝碩輔。

奮武功於西北。題名麟閣之中。
敷文命於東南。濟美鳳池之上。年豐人樂。教養備而禮樂興。大法小廉。政事成而文章著。爰稽省志。竊擬增修。按卷訂譌。分門補闕。不必改其舊有。惟宜益所本無。合之則大全。因之則可久。況史才自昔。罕覯三長。而名宿在茲。適逢二美。竊見鼇峰主席沈、陳臯嵩山掌教吳翰編、名重虎林。學成鴻寶。疎密兼馬班之筆。清和在夷惠之間。棠
大憲延聘而來。門多問字。自兩賢主盟。而後人

慶得師。似此博雅名流。若令總持志局。可爲長袖善舞。必能游刃有餘。請以沈山長爲正總裁。吳山長爲副總裁。再查鼇峰書院地居軒敞。樓貯經書。可就講堂。即開志館。尚有纂修二缺。宜分聘於本省鄰封。其餘編校諸生。可合選於鼇峰嵩麓。至於檄查書籍。考核功程。酌定規條。支銷薪脯。自鉅及細。原始要終。一切事宜。總須提調。查糧驛道朱監司。學有本原。達於事務。堪勝此任。必盡其心。請以朱監①司爲提調。所有正總裁每歲擬送修儀叁百兩。副總裁每歲貳百兩。

校注：①監

纂修每人每歲壹百兩。編校生二十名。每名每
月送薪水銀壹兩。查有
慶典發還之項。原係通省捐解之銀。以公辦公。就省
歸省。限期兩載。動款二千。節省薪脯餘銀。以供
紙張雜費。不敷刻價。書成再俟司籌。未盡章程。
詳候另移道議。本司等不辭固陋。幸際
昌明。竊謂因地因時。有人有用。庶幾博我
皇道。宏此遠謨。謹具會詳。粗陳大畧。伏祈核示。以便
遵行。將見十郡二州。海嶠集大成於金玉。行與
九邱八索。

天朝備歷代之圖書矣等由奉批省志亟應增修所
議均屬妥協如詳移行遵照辦理可也仍候
督部堂批示繳奉此又奉
總督部堂楊 批據詳纂修全省通志實爲徵
文考獻之切務邇來
謨訓聿昭典章具備增美補闕事屬應行仰即移道
遵照辦理至一切應須籌辦事宜隨時妥議通
詳察奪仍候
撫部院批示錄報繳奉此除移行外合就移知
備咨到道請依

院批會詳內事理。希將應行一切章程。及未盡
事宜。逐一籌議。具詳。併祈聘請纂修。選舉編校
諸生等因。

福建續志凡例 十二則

一全閩紀載。昉自陶夔。厥後惟宋梁克家三山志。明黃仲昭八閩通志。何喬遠閩書。世稱賅洽。我朝通志。一成於康熙甲子。再成於乾隆丙辰。迄今三十年間。政教重熙。人材日盛。披風觀俗。如常璩所謂世及事邇可得而言者。蓋不少也。今此續編門分類別。概從舊志。而别爲一編。庶幾分之自爲一書。而合之可成全帙。

一前志首紀

列聖典謨昭示奕禩今補所未登者而自乾隆二年以來

宸章天語覃及閩疆者咸敬謹續載以垂萬世

一是編增修自乾隆年始前志所登不復更贅其或見之史傳而前志偶遺亦依類搜羅凡所徵引悉標書目庶有明徵

一前志所載間有亥豕偶訛傳聞襲謬茲編或別爲標舉祇期辨析無取雷同

一前志星野引用簡畧而建置沿革表祇釐爲三格茲則稍取而更張之於星野則援及歷史天

官書天文志各書而折衷於本朝數理精蘊其沿革則一遵皇輿表庶幾較若列眉

一古者取民有地稅有丁役履畝計口因時遞增至本朝盡罷一切科差雜役歸丁於地而盛世滋生永不加賦前志以戶役立名尚非體要故諱易爲戶口仍以恤政附焉

一閩東南瀕海自福寧迄於詔安漭瀁千餘里在昔奸宄藉爲淵藪以逞跳梁今雖海氛永息而

凡防過事宜。見於册乘者。犁然可考。顧前志闕遺。今彙輯之。以附兵制水師之後。

一山川古跡祠祀藝文諸門。必旁采舊聞。各爲增訂。其名宦人物列女各傳。應增入者。亦確采志乘羣書。近稽公牘。以爲依據。

一閩地自唐季文明漸啓。宋得海濱四先生。道山九賢諸大儒。唱提正學。代有名賢。而紫陽尤集羣儒之大成。前志惟散見各門。淵源莫屬。今特取辦香程朱者。彙而登之。另爲一門。猶宋史别增道學之例。以見海濱之比蹤鄒魯云。

一名教大閑。潰於二氏。志方外所以別其人。而寺觀其所居也。故此編方外之後。卽列寺觀。俾以類從。至於藝成而下。猶有可觀。前志次諸方外之後。儗非其倫。故易置列女之前。亦謹微之意也。

一雜記門。標舉逸聞。廣蒐①剩義。譬諸餘分閏位。宜殿全編。易置藝文之後。於義爲宜。

一茲編所採史傳而外。多据志乘册牘。顧其中繁簡各殊。如福興泉三郡志皆新成。敘事或失之繁。延建邵三郡志多舊編。或患其簡。繁者從芟。

校注：①蒐

簡則從闕，不敢以臆强爲裁飾也。

纂脩福建續志官員

總裁

閩浙總督 楊廷璋

閩浙總督 蘇昌

閩浙總督 崔應階

福建巡撫 定長

福建巡撫 李因培

福建巡撫 莊有恭

福建巡撫 崔應階

福建巡撫 鄂寧

提督福建學政　紀昀

提督福建學政　王杰

協裁

福建布政使　曹繩柱

福建布政使　顏希深

福建布政使　錢琦

福建按察使　淑寶

福建按察使　朱珪

福建按察使　余文儀

福建糧驛道　孫孝愉

福建糧驛道　達明
福建鹽法道　徐景壽
福建鹽法道　宋越
福建鹽法道　張學舉
提調
福建糧驛道　朱珪
福建糧驛道　孫孝愉
福建糧驛道　達明
護理福建糧驛道事福州府知府　張學舉
總脩

在籍山東按察使前翰林院編脩　沈廷芳

在籍翰林院編脩　吳嗣富

分脩

甲戌科進士　黃憲

壬申科舉人　吳壽祺

壬申科舉人　邛永

壬午科舉人　吳福世

收掌

建寧府學教授　官偉

閩縣學教諭　劉雄鷹

將樂縣學教諭　高嵩基

閩縣學訓導　黃慶

僊遊縣學訓導　修史

龍巖州學訓導　朱元輔

校訂監刻

布政司都事兼管糧驛道庫大使　金昌緒

管理鼇峯書院事鳳山縣儒學教諭卓異　朱仕玠

分校

壬午科舉人　蔡廷舉

候選教諭副榜貢生　高世偉

庚辰科副榜貢生 余位躬

庚辰科副榜貢生 高藍珍

閩縣監生 嚴永齡

江南蘇州府吳江縣附生 沈壽

福州府學廩生 楊金華

福州府學廩生 林光興

福州府學增生 黄楠

福州府學附生 何燦

福州府學附生 鄭玉銘

閩縣學廩生 陳鴻基

閩縣學廩生　趙士泉
閩縣學廩生　張鳳翼
閩縣學廩生　王朝爕
閩縣學增生　王汝祥
閩縣學增生　魏人棟
閩縣學附生　李光雲
閩縣學附生　李玉驄
閩縣學附生　林振祖
閩縣學附生　王　炳
閩縣學附生　陳夔樂

侯官縣學廩生　蔡羹元

侯官縣學附生　董應元

侯官縣學附生　魏瑛

侯官縣學附生　卓元度

侯官縣學附生　王作楫

侯官縣學附生　吳志和

長樂縣學廩生　馮仰高

永福縣學廩生　毛鴻

興化府莆田縣學優生　鄭遠芳

汀州府寧化縣學增生　雷兆乾

福建續志目錄

卷首
補圖 福建通省全圖 添福鼎縣 釣龍臺 三山圖 西湖圖 嵩山書院圖
典謨 四卷
卷一
星野
卷二
建置沿革 有表
卷三 至 卷四
山川 二卷

卷五
疆域形勝附
卷六至卷七
城池水利橋梁附 共二卷
卷八
風俗
卷九至卷十
物產二卷
卷十一至卷十二
田賦鹽課附 二卷

卷十三
戶口 郵政附
卷十四
典禮
卷十五至卷十六
祠祀 二卷
卷十七至卷十八
兵制 海防附 二卷
卷十九
封爵

卷二十至卷二十一
學校 書院社學附 二卷
卷二十二
公署
卷二十三至卷二十六
職官 四卷
卷二十七至卷三十
名宦 四卷
卷三十一至卷三十四
選舉 武科 召辟 武功 任子附 共四卷

十九

卷三十五至卷四十

理學六卷

卷四十一至卷四十九

人物九卷

卷五十至卷五十二

孝義三卷

卷五十三至卷五十五

文苑三卷

卷五十六

寓賢

卷五十七
隱逸
卷五十八
技術
卷五十九至卷七十一
列女名媛　節孝　貞烈　共十三卷
卷七十二
方外寺觀附
卷七十三至卷七十四
古蹟宮室　宅墓　石刻附　共二卷

卷七十五
外島
卷七十六 至 卷八十九
藝文 著述 疏 議 書 序 記 論 說
傳 碑 誌 雜著 賦 詩 共十四卷
卷九十 至 卷九十二
雜記 祥異 叢談 共三卷

福建全

福建續志　卷首　城池　一

省總圖

西至江西建昌府新城縣界八百一十里
南至廣東潮州府海陽縣界一千九百里
杉關
火燒關
分水關
谷口關
寮竹關
岑陽關
光澤
建寧
邵武府 邵武
建陽
崇安
武夷山
建寧府 建安 甌寧
泰寧
將樂
順昌
延平府 南平
長汀 汀州府
寧化
沙縣
永安
尤溪
歸化
清流
武平
上杭
永定
連城
大田
德化
閩清
永福
安溪
永春州
仙遊
南安
惠安
長泰
寧洋
同安
泉州府 晉江
漳平
龍巖州
南靖
漳州府 龍溪
平和
詔安
漳浦
海澄
海門
廈門
金門
澎湖
南

福州府城

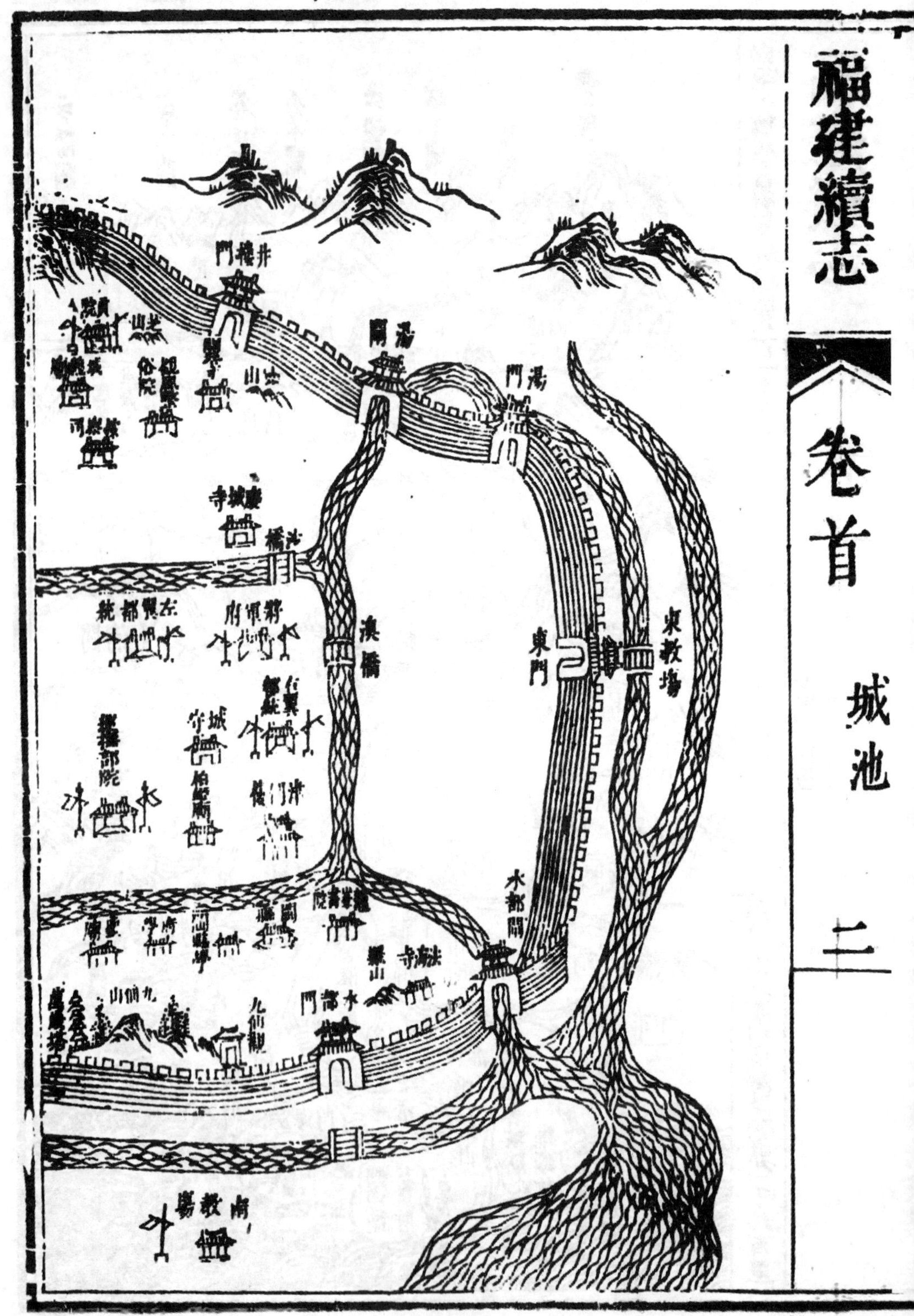

三山全圖

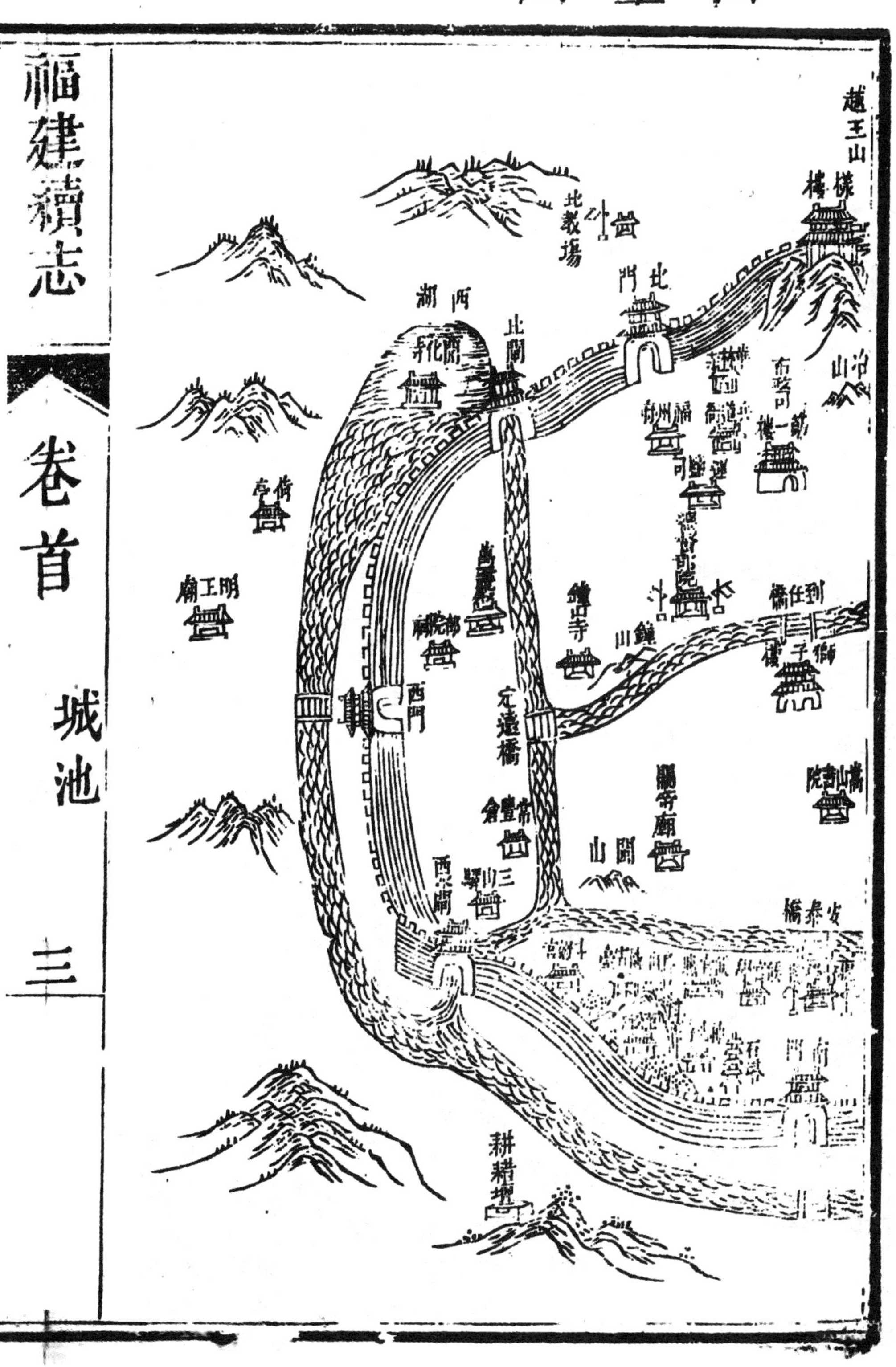
福建續志
卷首
城池
三
越王山
北教場
北門
西湖
開化寺
北關
冶山
鼓樓
福州府
明王廟
鐘山寺
鐘山
到任橋
西門
常豐倉
三山驛
安泰橋
南門
耕耤壇

怡山門
西湖書院
陳公祠

西湖
北水關
北較塲
開化寺
飛虹亭
謝坪嶼
大夢山
荷亭

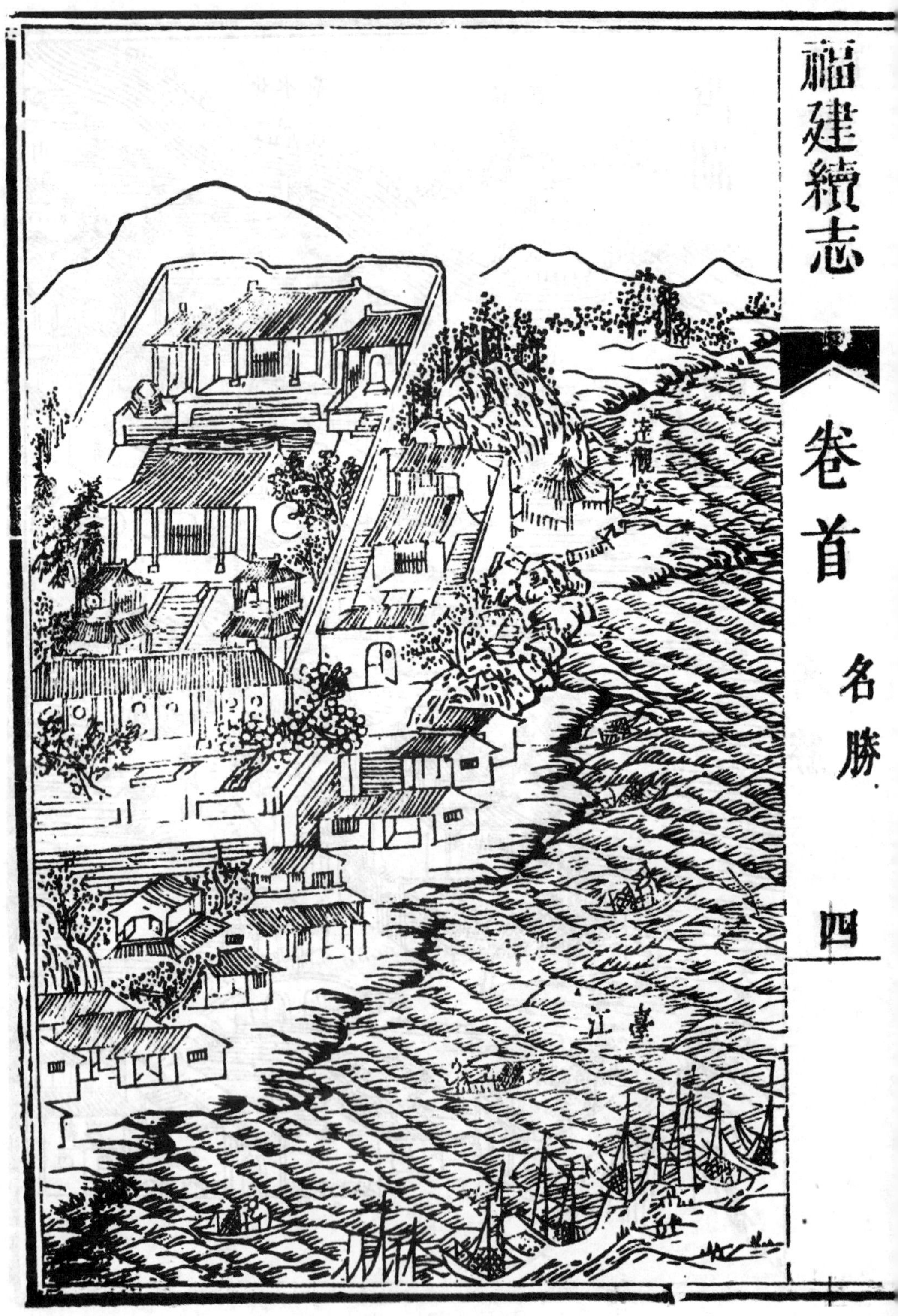

釣龍臺

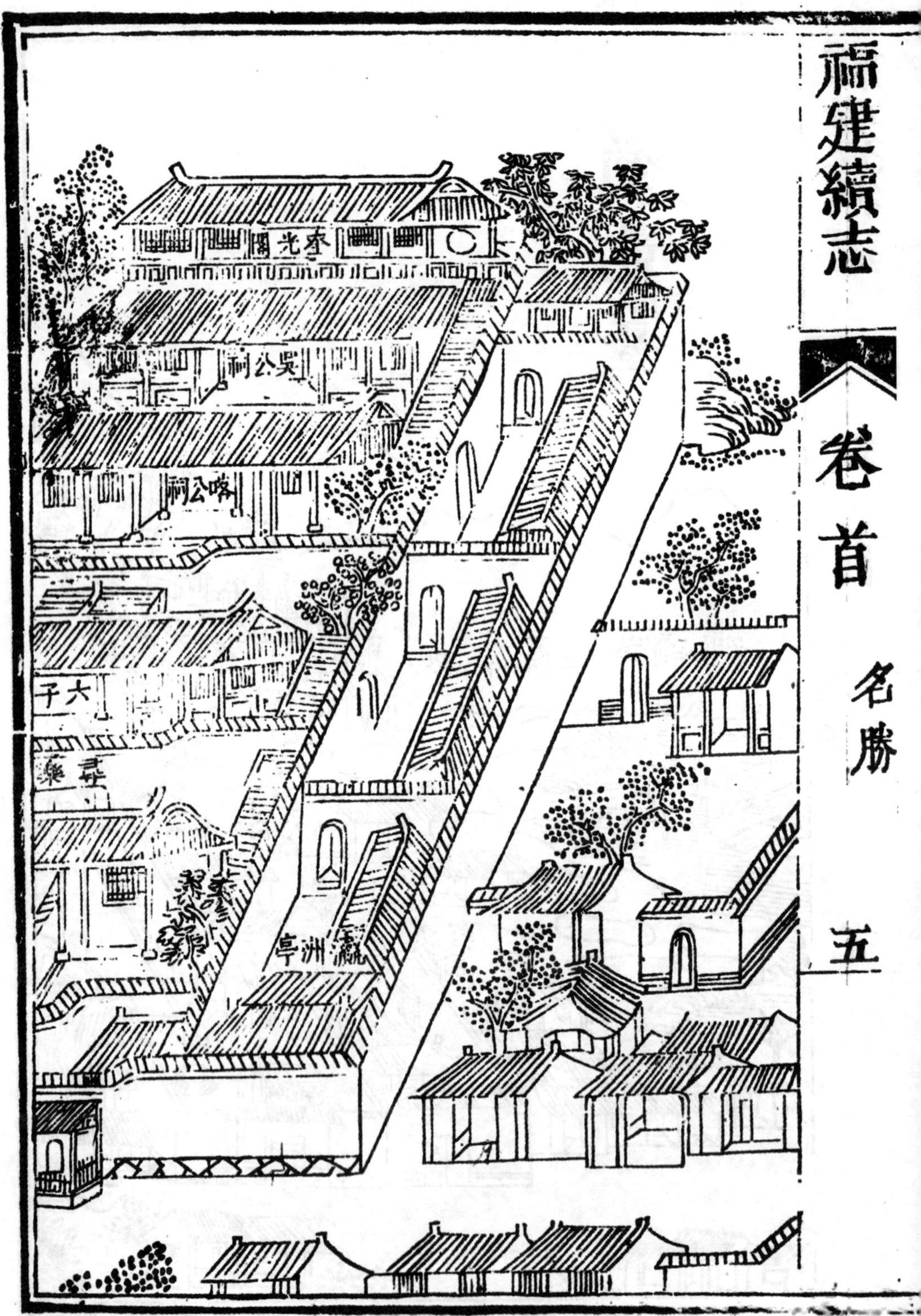
奎光閣
吳公祠
喀公祠
六子
尋樂
瀛洲亭

嵩山書院

太姥山
摩霄峯
十八
丹井
玉湖
監溪
國興寺
望仙橋

小大姥山
太姥墓
竹橋
半雲洞
一線天

福建續志卷首

典謨

聖祖仁皇帝御製數理精藴序

粤稽上古河出圖洛出書八卦是生九疇是敘數學亦於是乎肇焉蓋圖書應天地之瑞因聖人而始出數學窮萬物之理自聖人而得明也昔黄帝命隸首作算九章之義已啓堯命羲和治歷敬授人時而歲功以成周官以六藝教士數居其一周髀商高之説可考也秦漢而後代不乏人如洛下閎張衡劉焯祖冲之之徒各有著述唐宋設明經

算學科其書須在學宮令博士弟子肄習是知算數之學實格物致知之要務也故論其數設爲幾何之分而立相求之法加減乘除凡多寡輕重貴賤盈朒無遺數也論其理設爲幾何之形而明所以立算之故比例分合凡方圓大小遠近高深無遺理也溯其本原加減實出於河圖乘除殆出於洛書一奇一偶對待相資遞加遞減而繁衍不窮焉奇偶各分縱横相配互乘互除而變通不滯焉徵其實用測天地之高深審日月之交會察四時之節候較晝夜之短長以至協律度同量衡通食

貨便營作皆賴之以爲統紀焉今匯集成編以類相從提點線面體以爲綱分和較順逆以爲目法無論巨細惟擇其善者由淺以及深執簡以御繁使理與數協務有裨於天下國家以傳於億萬世云爾

世宗憲皇帝御製數理精蘊序

粵稽前古堯有羲和之咨舜有后夔之命周有商高之訪逮及歷代史書莫不志律歷備數度用以敬天授命格神和人行於邦國而周於鄉閭典至重也我

皇考聖祖仁皇帝生知好學天縱多能萬幾之暇留心律歷算法積數十年博考繁賾搜抉奥微參伍錯綜一以貫之爰

指授莊親王等率同詞臣於大內蒙養齋編纂每日

進呈

親加改正彙輯成書總一百卷名爲律歷淵源凡爲三部區其編次一曰歷象考成其編有二上編曰揆天察紀論本體之象以明理也下編曰明時正度密致用之術列立成之表以著法也一曰律呂正義其編有三上編曰正律審音所以定尺考度

求律本也下編曰和聲定樂所以因律製器審八音也續編曰協均度曲所以窮五聲二變相和相應之源也一曰數理精蘊其編有二上編曰立綱明體所以解周髀探河洛闡幾何明比例下編曰分條致用以線面體括九章極於借衰割圜求體變化於比例規比例數借根方諸法益表數備矣洪惟我國家聲靈遠訖文軌大同自極西歐羅巴諸國專精世業各獻其技於閶闔之下典籍圖表燦然畢具我

皇考兼綜而裁定之故凡古法之歲久失傳擇焉而不

精與西洋之侏儒詰屈語焉而不詳者咸皆條理分明本末昭晰其精當詳悉雖專門名家莫能窺萬一所謂惟聖者能之豈不信歟夫理與數合符而不離得其數則理不外焉此圖書所以開易範之先也以線體例絲管之別以弧角求經緯之度若此類者皆數法之精而律歷之要斯在故三書相爲表裏齊七政正五音而必通乎九章之義所由試之而不忒用之而有效也書成纂修諸臣請序而傳之恭惟

聖學高深豈易鑽仰顧朕夙承

庭訓於此書之大旨微義

提命殷勤歲月斯久尊其所聞敬効一詞之贊蓋是

書也豈惟

皇考手澤之存實稽古準今集其大成高出前代垂于

萬世不易之法將欲協時正日同律度量衡求之

是書則可以建天地而不悖俟聖人而不惑矣

世宗憲皇帝御製論語論

朕惟孔子以天縱之至德集羣聖之大成堯舜禹

湯文武相傳之道具於經籍者賴孔子纂述修明

之而魯論一書尤切於人生日用之實使萬世之

倫紀以明萬世之名分以辨萬世之人心以正風俗以端若無孔子之教則人將忽於天秩天敘之經昧於民彝物則之理勢必以小加大以少陵長以賤妨貴尊卑倒置上下無等干名犯分越禮悖義所謂君不君臣不臣父不父子不子雖有粟吾得而食諸其爲世道人心之害可勝言哉惟有孔子之教而人道之大經彝倫之至理昭然如日月之麗天江河之行地歷世愈久其道彌彰統智愚賢不肖之儔無有能越其範圍者綱維既立而人無踰閑蕩檢之事在君上尤受其益易曰君子以

辨上下定民志禮運曰禮達而分定使非孔子立

教垂訓則上下何以辨禮制何以達此孔子所以

治萬世之天下而爲生民以來所未有也使爲君

者不知尊崇孔子亦何以建極於上而表正萬邦

乎人第知孔子之教在明倫紀辨名分正人心端

風俗亦知倫紀既明名分既辨人心既正風俗既

端而受其益者之尤在君上也哉朕故表而出之

以見孔子之道之大而孔子之功之隆也

諭臺灣不必設城雍正十二年

上諭從前鄂彌達條奏臺灣地方僻處海外向無城

池宜建築城垣砲臺以資保障大學士等議覆令
福建督撫妥議具奏今據郝玉麟等奏稱臺灣建
城工費浩繁臣等再四思維或可因地制宜先於
見定城基之外買備刺竹栽植數層根深蟠結可
資捍衛再於刺竹圍內建創城垣工作亦易興舉
等語朕覽郝玉麟所奏不過慮其地濱大海土疏
沙淤工費浩繁城工非易故有刺竹藩籬之議殊
不知城垣之設所以防外患如必當建城雖重費
何惜而臺灣變亂率皆自內生非禦外寇比不但
城可以不建而建城實有所不可也臺郡門戶自

鹿耳門與府治近號稱天險港容三舟旁皆巨石鋒稜如劍戟舟行失尺寸頃刻沉沒內設砲臺可恃以爲固其法最善從前平定鄭克塽朱一貴皆乘風潮舟行入港水高港平衆艘奔赴無所阻礙大兵一入即獲安平港之巨舟賊無去路而撫其府市人民南北路商賈一聞官軍至絡繹捆載而來相依以自保物力既充軍氣自倍賊進不能勝退無可安各鳥獸散終無所逃遁故旬日可以坐定向使賊衆有城可據收府市人民財物以自固大兵雖入攻之不拔坐守安平曠日持久克敵不

易葢重洋形勢與內地異此即明效大驗向未可
定議建制也若謂臺灣築城即以禦臺灣外寇是
又不然從前兩征臺灣皆先整兵泊舟於澎湖之
南風澳以候風潮之便歲不過一時時不過數日
若盜賊竊發或外番窺伺泊舟澎湖則夕至而朝
捕之至南北二路可通之地雖多然如南路之蟯
港北路之八掌溪海豐港鹿仔港大甲二林三林
中港竹塹篷山惟小舟可入其巨港大舟可入者
不過南路之打鼓東港北路之上淡水其次則北
路之笨港鹹水港去府治較遠縱有外寇亦不敢

道於此設備砲臺派撥汛兵朝夕巡視自足以禦鞚①資用今郝玉麟等請於見定城基之外栽種刺竹藉為藩籬實因地制宜甚有裨益其淡水等處砲臺務須建造各屬並應增修不可惜費省工毋致潦草應如何舉行之處著郝玉麟趙國麟妥協定議具奏欽此

今上皇帝御製大學衍義補序

學貴於博乎堯舜心傳十六字有終身不能行其一語者焉學貴於約乎往聖先賢作述相接有言之而不厭其詳者焉大凡言理則欲其精簡明切

校注：①鞚（控）

當而易守也言事則欲其詳條分縷析使於中材而易行也吾於邱瓊山大學衍義補蓋知其義云夫聖經二百有五言爲學之道備焉爲教之法具焉爲治之理盡焉所謂理極精而易守也至於後世道衰文微賢者且不能窺聖經之閫奥又何怪於中材乎故西山先生作衍義之書至齊家而止而治國平天下之道備具不待瓊山之補然亦不可無瓊山之補所謂多條規軸而易行也聖人言理賢人言事先代言理後代言事亦學有所不齊世有所不同而所以啓廸當時爲教後世之心則

一也然於此亦可以見瓊山之有志於君民上下言事極其詳而言理亦極其精矣至其書之條目議例則詳於邱氏之序余因嘉其明於理而便於事故爲序如右

御製朱子資治通鑑綱目序

孔子作春秋而亂臣賊子懼夫春秋亦一編年之書而曰亂臣賊子懼者蓋謂彰善癉惡比事屬辭誅姦諛於已往杜僭亂於將來使亂臣賊子不畏王法者讀此書而知懼豈非有功於世道人心者哉三代而下孔子之道幾乎息矣故臣叛其君者

有之子背其父者有之而亂臣賊子無所忌憚子朱子生於周程之後修明絕學深痛而甚憫之祖夫子春秋之筆削因温公通鑑之書更創義例爲書曰資治通鑑綱目其自序曰表歲以首年因年以著統大書以提要分注以備言洵哉善善惡惡是是非非具於一篇之中而無不備矣然後人知忠臣義士必獲天庥也雖不用於一時而後世莫不褒歎效法之恐後也亂臣賊子必攖天誅也雖幸免於當世而千載以下公議莫逃也彰善癉惡比事屬辭雖不足以盡春秋之義抑其大略則可

謂同揆矣夫三代以下傳世久遠者莫如漢唐當其盛時政教恩澤入民之深非不可稱然其易代之際死君事者可數焉自修綱目之後士知顧禮義廉耻以事二姓爲辱故南宋之末忠臣義士捐軀而徇王事不肯忍耻偷生以求苟活者屢見於史筞①之中且元代宋明代元無分析割據如前五代後五代之亂者亦因忠姦賢佞襃嘉貶斥凛若衮鉞人知有所懲勸懼見誅於後世也如是而謂之綱目修而亂臣賊子懼其誰曰不然

御製送定邊大將軍平郡王西征序

校注：①筞：即“策”字，通“册”

惟

上帝眷顧我國家

太祖

太宗肇基盛京既創既承順天休命以造萬世無疆之丕基惟時英藩良弼罔不一乃心力克宣克猷董疏附先後奔走禦侮之臣而甄其才以致其力用贊我王室式闢四方若川有舟實共濟之若木有本實枝幹之詩所謂維藩維垣維屏維翰偉哉隆古以來懿親之宣力未有若斯之盛也逮我

世祖章皇帝定鼎燕京奄有九有惟時平郡王之始祖

禮親王實統貔貅之旅以勤襄王事功績彪炳載
在圖史王其七世孫也王幼而侍
聖祖仁皇帝宫中躬承恩眷我
皇父臨御凡事仰體
聖祖之必祗承勿替況在宗邦尤所惇敘以養以教罔
不勤恳其身誘迪厥德而王以孫枝之近眷顧尤
隆雍正六年
皇父特命王同我兄弟讀書内廷以培其才又二年知
王之可用也爰命管理旗務及爲宗正理益以明
政益以練又二年知王之果可大用也遂有定邊

大將軍之命而統西征之師夫準噶爾自策妄阿喇布坦造孽據有波羅搭拉背我

聖祖皇帝曲賜矜全之恩及我

皇上赦過宥罪之德跳梁躑躅至於今十餘年今其醜子噶爾丹策稜襲其凶逆抗我顏行幸不可再禍不可踵此蓋天亡準噶爾之日而王建功立業之秋也王器量寬宏才德優長在書室中與之論文每每知大意而與言政事則若貫驪珠而析鴻毛也夫戰者孔子所慎王者不得已而用之所以止戈戡亂遏劉誅暴我

皇上克承
先志思維小醜累世負恩實天人所共憤王法所必誅
而歷年以來董兵之臣卒不能宣德威而奏膚功
用是以西陲重任畀之於王必有以副
皇父簡用之恩佐國家赫聲濯靈之大業相事宜愼權
變和輯我士卒淬厲我將校恩威竝行信義昭著
克殲逆憝永息邊氛皇哉堂哉莫與京矣王以八
月三日之吉禡旗啓行余與王敬業樂羣者六年
於茲今之往也其可以無贈然惟贈人以物不若
以言之爲切也贈人以頌不若以箴之爲益也言

而以箴宜贈王矣復念王日承
皇父聖謨凡軍機要務制敵御將之方籌餉治兵之略
聞之熟而奉之謹以是始之以是成之總不出
聖天子定算之中而何俟余之以言贈哉故爲王敬述
王祖父爲國宣𫝀①勳名赫奕之事於右及引書傳
所言者欲王效法乃祖而以敬謹將事也王其勉
之哉祗迓天之明命惟聿將其恪恭整我六師以
伐不敬在此行乎在此行乎余自今數王至軍之
日詩勸爲飲至之歌以俟之
御製十臣贊

校注：①力

卓彼留侯家世相韓嬴殄韓宗心瘁力殫東得力

士擊之博浪匿遊下邳受書圯上乃得其傳乃遇

其主謂沛公英仁是殆天所與帷幄運籌千里決

勝魚水之歡諫從言聽旣遂其志亦遯而肥優游

赤松烱水鴟夷盼彼渭濵同歸一轍渺矣風清泠

乎氷潔右張子房

南陽之藪有龍而蟠金玉其音碩人之寬昭烈下

賢三顧彌虔風雲蒸變乃出其淵東聘吳都綸巾

羽扇業業樓船煌煌火熖摧曹和孫克定益州乃

集其勢乃成其謀白帝託孤寶肩鉅任盡瘁鞠躬

王臣之蓋七擒六出八陣千井集思廣益澹泊寧靜察變以明動物以誠奸回丕革宮府肅清諸葛大名星輝雲爛惟公一身存亡繫漢右諸葛武侯

渤海之疆篤生偉人元氣所蒸厚德無垠元伯夙譽陽平早庸清平自守讞獄惟公乃抗雷霆乃蹈虎尾尤恐茲心負翟黑子忘身濟物卒感主明數千人命賴以全生才本於學知發於仁敦仁力學品乃大醇黃中內潤文明外照百齡純嘏六朝光耀右高伯恭

隋失厥政豪傑並爭孰驅而除孰創以成有唐文

皇龍準日角杜斷房謀偉哉降嶽九有同軌仁義
施治爰有鄭公鹽梅之器繩糾繆愆獻納忠讜安
國利人浩然盛養屢陳直諫事君以誠十思十漸
防患未萌維山巖巖維松植植猗歟鄭公古之遺
直右魏鄭公

河之曲賊厲其屬矯矯汾陽疾搴其纛之城淪
於思明皤皤汾陽偏師挫其萌乃搴乃挫祿山喪
謀卒帥虎臣克復神州滅安殲史旋定河中吐蕃
夜潰代宗復國緊惟公之功招之卽來麾之卽去
往說葛羅仗此忠恕靈燿衛幣承嗣拜使朝恩歎

爲長者懷恩麾下亦愧從於不義惟誠感物惟明保身孰克當此惟公之云右郭汾陽

維山有玉惟璞藏之既斷其璞不圭璋之維水有珠惟蚌孕之既剖其蚌卒棄置之卓哉宣公明珠美玉施之不窮守之彌篤弱齡侍從歌詩宴遊興元戡難乃喪厥猷獻納論思興利除害舉直錯枉靖內安外會史之行管樂之才經綸奏列不待安排事急則需事緩則舍德宗猜刻庸主以下君用則行君舍則藏宣公忠蓋邦家之光維公一言自知甚確不負天子不負所學右陸宣公

奕奕相州維天之中孕祉毓靈間氣所鍾爰生魏
公金堅玉潤相厥明時輔成景運弱冠登第聿見
嘉祥雲輝日下五色呈光大材不器小用亦效西
夏寒心兩宫諧孝齊范駕富宏展經綸臨事决疑
正笏垂紳皎皎易汙嶢嶢易缺維公德量山崇海
闊材既軼世學亦通方光輝事業燦爛文章肫然
而仁毅然而醇猗歟魏公古之名臣右韓魏公
嶽嶽希文學修行淑本仁祖義正直明肅陶鑄人
材心宏誨育成兩大儒横渠明復公之心事天光
日照諫垣氣凜西夏威燿進憂退憂江湖廊廟天

章論對十事聿陳長沙之策敬輿之文參政九月譖毀交聞志未大展千載經綸公有至性內行克敦周友恤族率祖率親義田之舉大惠宏仁有宋人物公尤彪炳維雲之卿維星之景布范文正公

仁英繼統韓富當朝諸孝兩宮伊韓之勞爰有溫公維持左右直斥守忠議禮匡救熙寧元豐新法聿行維公上言辨之甚明宣仁臨朝自外召之爰立作相心乎好之維士與民萬口如一僉曰休哉相我君實旣遇其時亦仰其志有猷有爲補偏救弊惟公一生悉本於誠言可對人達於生平德化

遐宣膏澤普沭於何見之社祭尸祝右司馬溫公

一代之興必有偉才元室肇造公實鹽梅幼齡質異長究儒宗律歷術數靡不精通誠以事君公以律已糾①謬繩愆救惡將美育才舉士立法垂猷元政之成維公之謀均稅均科慎選守牧不去君旁國用充足懼法之凉錫民以福懇款陳忠爲百姓哭有元諸臣公爲賢相允如公言治天下匠右耶律文正公

御製虛受箴

天地之心普物而發聖人之情順事而達其情其

校注：①繆

心無彼無此厥故維何惟虛而巳①矧兹下學亟宜自勉胡不虛巳以受萬善天賦以性我受此中五常百行善量無窮黽勉終身猶懼有闕矧其自足善心斯遏告我以過乃我之師訑訑聲色誰則我規捨巳之非從人之見如圜斯轉如影斯徙曷虛爾中曰克爾巳爾不克巳自滿則圯相彼溝澮雨集則潰過而不留其涸可待瞻彼渤海浩浩浮天厥惟不滿克納百川旣虛而虛復實而實允爲中孚豚魚皆吉

諭飭吏治 雍正十三年

校注：①已

上諭治天下之道貴得其中故寬則糾之以猛猛則
濟之以寬而記稱一張一弛為文武之道凡以求
協乎中非可以矯枉過正也
皇祖仁皇帝深仁厚澤垂六十年休養生息民物恬熙
循是以往恐有過寬之弊我
皇考紹承大統振動紀綱俾吏治澄清庶事釐正人知
畏法遠罪不敢萌僥倖之心此
皇考之因時更化所以導之於至中而整肅官方無非
惠愛斯民之至意也
皇考嘗以朕為賦性寬緩屢教之朕仰承

聖訓深用警傷①茲當御極之初時時以

皇考之心爲心卽以

皇考之政爲政惟思剛柔相濟不競不絿以臻乎康正直之治夫整飭之與嚴厲寬大之與廢弛相似而實不同朕之所謂寬者如兵丁之宜存恤百姓之宜惠保而非謂罪惡之可以悉赦刑罰之可以姑縱與庶政之可以怠荒而弗理也朕觀近日王大臣等所辦事務頗有遲延疏縱之處想以朕寬大居心諸臣辦理可以無事於整飭耶此則不諒朕心而與朕用寬之意相左矣夫經世理物貴乎君

校注：①惕

臣惟日孜孜交勉不逮朕主於寬而諸王大臣嚴明振作以輔朕之寬夫然後政治和理俾朕可以常用其寬而收寬之效此則諸臣贊助之功也倘①不能如是恐相習日久必至人心玩愒事務廢弛激朕有不得不嚴之勢此不惟臣工之不幸抑亦天下之不幸更即朕之不幸矣朕與王大臣同辦國家政事實爲一體爰開誠布公將計慮所及特行曉諭期於共相勗勉以防將來之流弊欽此

諭吏治雍正十三年

上諭朕閱督撫參奏屬員及題請改教本章每有書

校注：①倘

生不能勝任及書氣未除等語夫讀書所以致用凡修已①治人之道事君居官之理備載於書故傅說之告其君曰學於古訓乃有獲又曰念終始典於學成王訓其臣曰學古入官議事以制政乃不迷又曰不學牆面蒞事惟煩人不知書則偏陂宅衷操切處事生心害政有不可救藥者若州縣官果足以當書生二字則以易直子諒之心寬和惠愛之政任一邑則一邑受其福蒞一郡則一郡蒙其休朕惟恐人不足當書生之稱而安得以書生相戒乎若以書生爲戒朕自幼讀書宮中講誦二

校注：①己

十年未嘗少輟實一書生也王大臣爲朕所倚賴
朝夕左右者亦皆書生也若指屬員之迂謬疎庸
者爲書生以相訴病則惟此正伊不知書所致而
書豈任其咎哉至於書氣二字尤可寶貴果能讀
書沉浸醞釀而有書氣更集義以充之便是浩然
之氣人無書氣即爲粗俗氣市井氣而不可列於
士大夫之林矣是書氣正宜從容涵養以善培之
安可勸之使除而反以未除者爲病乎且朕聞外
間斥人之短每云伊欲做好人朱子云學者通病
在思作貴人而不思作好人人果欲做好人行好

事則甚有益於民生有益於國事澤物無窮若以好人爲戒不幾相率而拂人之性乎凡此皆係識見粗鄙不知治體不明大義之言朕今姑發其蔽而教戒之當各翻然思悔特諭欽此

諭禁惡習雍正十三年

上諭民間惡習無過於博戲有或陷溺於其中則子弟欺其父兄奴僕背其家主逃亡盜賊之源鮮不由此又有市井奸兇十五爲羣聚黨鬬狠爲患於鄉里或强爭市肆或凌挾富人朝羅官法夕復逞兇其惡不滅於刼盜至於牛爲農事之本民賴以

生故惟
郊壇
宗廟
社稷
嶽瀆之重乃用太牢而愚民云①肆屠宰價賤於羊豕悖莫甚焉是以
皇考蒞政之初即用爲大禁嚴飭百吏訪緝奸兇造賭具者有刑屠耕牛者有罰執法不移由是鬬狠酗博之務民屏息而不敢出內則五城衢巷市竊之賊日稀外則客旅恬安宵行夜宿少逢刼盜田疇

校注：①妄

盖治市井晏眠摩以歲月乃克致此朕承百度肅清之後故庶政皆從寬大欲中外吏治蒸然向化遷善遠罪而不自知然所宥者眚災所恤者善良非謂怙終而不悛者舉可縱釋也近聞奸民倡爲流言以惑衆志詭云步軍統領緝獲賭博已經奏聞朕置而不問又云屠牛之禁亦開昔周公立造言之刑重罷民之罰非此不足以定民志而成化道也勅下步軍統領暨五城御史密訪嚴緝造爲此言者以正典刑各直省州縣有不能治其境內而犯此三禁者該督撫即時參究其或失察朕亦

不能爲大吏寬者

皇考多方鼓舞故告發賭博隸民加賞有司議敘而奉行失宜間有生事以自爲功者自今以往其各實心查禁若不能禁賭及造賭具者少以不職罪之打降及屠牛亦然惡萌復生將墮

皇考已成之治化朕滋懼焉爾諸臣其共凜之特諭欽此

諭禁親喪嫁娶 雍正十三年

上諭朕聞吉凶異道不得相干故娶在三年之外而聘在三年之內者春秋猶以爲非禮記稱大功之

未可以冠子可以嫁子父小功之末可以娶婦已雖小功既卒喪可以冠妻三年之喪創深痛鉅苟有人心者必宜於此焉變矣乃愚民不知禮教起於皂隸編氓之家有慮服喪之後不得嫁娶乘父母疾篤及殯殮未終而成婚者其後商賈中家多有之士大夫亦間爲之而八旗效之朕實憫焉自今伊始自齒朝之士下逮門內有生監者三年之喪終喪不得嫁娶違者奪爵褫服其極貧皂隸編氓父母臥疾呻吟牀褥必賴子婦以供薪水治饔飧者聽其迎娶盥饋俟疾愈喪畢而後成婚古者

禮不下庶人其斯之類歟曾子問親迎女在途而壻之父母死女改服布深衣縞總以趨喪亦此義也其商賈中家不必以士大夫之禮繩之然人性皆善朕知其必有觀感興起而不忍自同於氓隸者矣特諭欽此

諭禁喪葬虛靡 雍正十三年

上諭朕聞外省百姓有生計稍裕之家每遇喪葬之事多務虛文侈靡過費其甚者至於招集親朋鄰族開筵劇飲謂之鬧喪且有於停喪處所連日演戲而舉殯之時又復在途扮演雜劇戲具者從來

事親之道生事死祭皆必以禮得為而不為與不得為而為之者均為非孝是知各循其分乃能各盡其孝而初不在以奢靡相尚也況當哀痛迫切之時而顧聚集親朋飲酒演劇相習成風恬不知怪非惟於禮不合抑亦於情何忍此甚有關於風俗人心不可不嚴行禁止着各省督撫等通行明切曉諭嗣後民間遇有喪葬之事不許仍習陋風聚飲演戲以及扮演雜劇等類違者按律究處務在實力奉行毋得姑為寛縱特諭欽此

諭愛民　雍正十三年

上諭朕聞之元后作民父母朕實代

天以子民督撫大吏又代朕以子民均有父母斯民之

任者也爲治之①道莫切於愛民其餘一切察吏理

財明刑禁暴特教養中之餘事其本總歸於愛民

而已天以愛民之職畀朕天下之民皆以朕爲必

能愛民而民或失所民其何望朕以愛民之事分

寄督撫大臣亦以督撫大臣爲必能愛民而民或

失所朕更何望督撫大臣之不能體朕心以宣德

意即朕之不能答

天心以恤民依也爾督撫能知愛民之爲稱職始不負

校注：①道

朕委任之心他若錢糧不敢侵欺請托不敢假借弊竇不容毫髮羨餘不忍分釐此不過一端一事之才能以繙飾夫外貌又安足以副封疆重寄哉夫朕一人之心思不能周知天下之利弊故有賴於督撫督撫一人之耳目不能遍悉地方之情形故有資於昆有司是又在有司之各愛其民而仍藉督撫之率倡鼓勵之耳設督撫之於有司舉劾不當棄取失宜其害不在於有司仍在於百姓彼有司中之實心愛民不規小效所謂安靜之吏悃愊無華日計不足月計有餘者督撫將毋以爲迂

拙而罷之至於以苛爲察以刻爲明以輕爲德以重爲威此則拂人性逆人情者督撫將毋以爲斡濟而舉之如此則吾民失其所依怙朕何賴焉蓋治天下者在於治天下之人心必使民氣和暢民情豫順快然知有井里之可安恬然知有室家之可樂斯爲無象之太平閭閻實被其澤此爲直省中息事寧人安全休養道在乎優游馴致而非可取必於旦夕間也朕每於諸王大臣及督撫大吏經理庶績必寛之歲時無事乎督責之嚴程期之迫誠以欲速則不達久道乃化成也況郡縣長吏

其才力遠不逮於諸大吏欲以責效數月期年間此中萬無速化之理亦惟有迎合意旨塗飾觀聽冀以博才能之名登報最之牘而民不堪命矣夫①移風易俗者郅隆之上理也然必漸民以仁摩民以義使民日遷善而不自知倘爲督撫者一有移風易俗之見存之於心宣之於口朕知其不但不能移易乎風俗而風俗且受其敝何者彼不知因民之道而日事驅民之術勢必更張成法煩擾地方爲吾民之苦他如獻祥瑞報羨餘匿水旱奏開墾致土歸流更隸州縣所云揆之人事則悅耳論

校注：①夫

之陰陽則傷化其不以此也歟卽此據河南一省

論之田文鏡匿報災荒於前王士俊浮報墾田於

後小民其何以堪各省督撫大吏其尚自省其有

不務實心實政而邀近功小利者必滌慮洗心董

率屬僚與其天下以爲民勸務底惇大成裕之治

特諭欽此

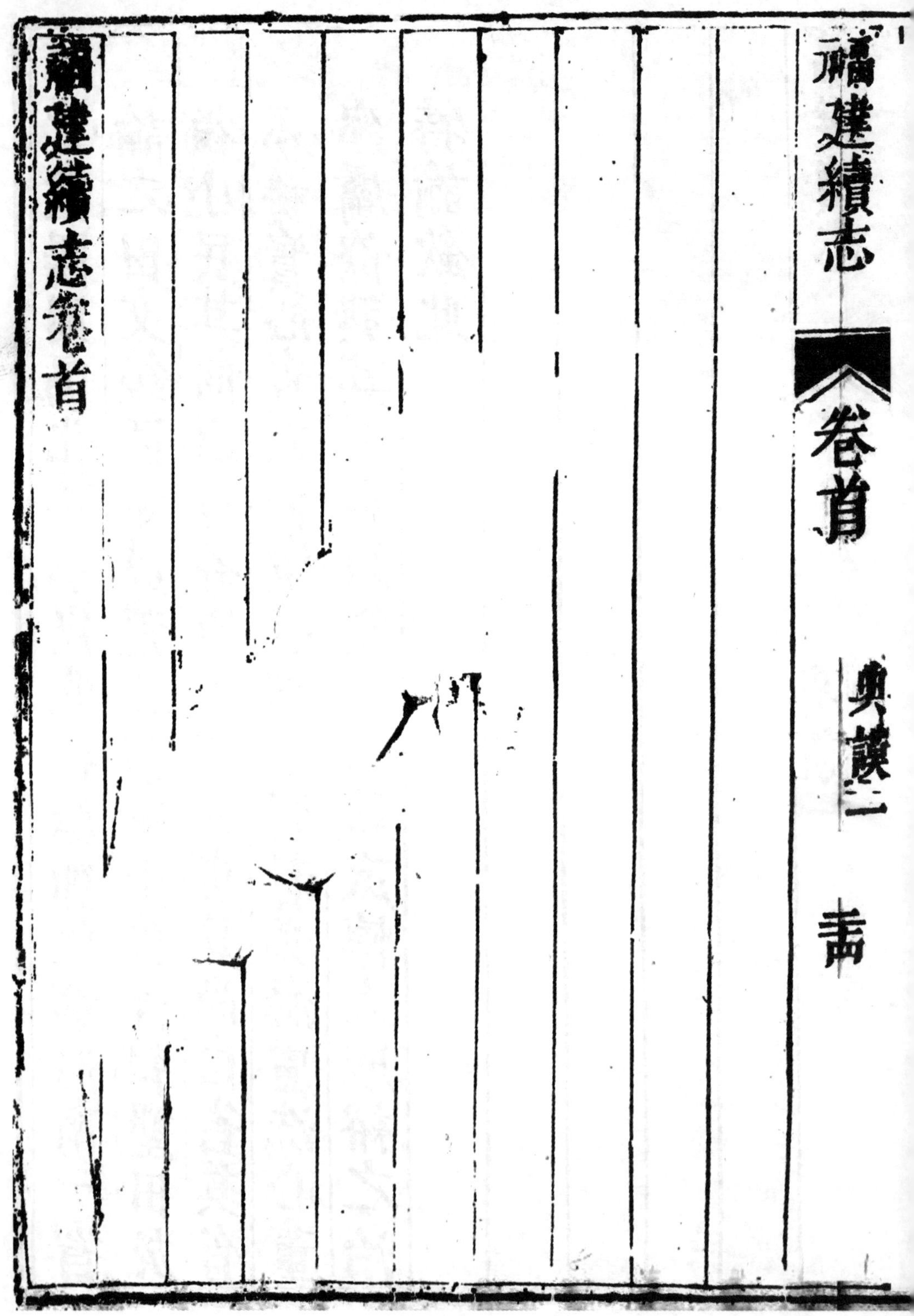

福建續志卷首

福建續志卷首

典謨

上諭爲治之道在於休養生民而民之所以休養在

諭去擾累乾隆元年

去其累民者朕思

皇考世宗憲皇帝勤求保赤有孚惠心蠲免額徵寬減浮糧偶有水旱災祲即行賑恤如救焚拯溺仁心仁政千載莫並而民生猶不得寬裕者大率由督撫大臣不能承宣德意而有司中刻覈昏庸或以苛察爲才能或受朦蔽而不覺以致累民之事往

往而有也即如催徵錢糧而差票之累數倍於正額拘訊獄訟而株連之累數倍於本犯抽分關稅而落地守口給照票貧民之受累數倍於富商巨賈查拏賭博黃銅私宰私鹽之類胥吏營兵因緣爲奸佐貳雜職橫肆貪酷一案而化爲數案一人而波及數人以此擾累吾民無怪乎民多不得自安其生業而朝廷德施終不能盡致閭閻於康阜也嗣後直省督撫董率屬員務須休養吾民爲本一切擾累之事速宜屏除庶民生可遂而民氣以舒然督撫中不善會朕旨因此而謂諸事可以不

辦轉成廢弛之習不知不顧民生專務紛更以矜幹濟似振作而實廢弛勤恤民隱安靜悃愊以培元氣非廢弛而真能振作其尚各體朕意欽此

諭務本節用　乾隆元年

上諭厚生之道在於務本而節用節用之道在於崇①實而去華朕聞晉豫民俗多從儉樸而戶有蓋藏惟江蘇兩浙之地俗尚侈靡家無斗儲而被服②必期華鮮飲食靡甘澹泊兼之井里之間茶坊酒肆星列碁置少年無知遊蕩失業彼處地狹民稠方以衣食難充爲慮何堪習俗如此民生安得不愈

校注：①崇　②服

艱難朕軫念黎元期其富庶已將歷年各項積欠盡數蠲除小民乘此手足寬然之時正當各勤職業尚樸去奢以防匱乏豈可習於後靡轉相倣效日①甚一日②積爲風俗之憂也地方大吏及守令有綏民之責者皆當遍行化導宣朕德意縉紳之家宜躬行節儉以率先之布帛可安不必文綺也粗糲可食不必珍羞也物力可惜毋滋浪費終身宜計毋快目③前以儉素相先以樽節相尚必能漸返淳樸跂去積習庶幾唐魏之風焉又聞吳下風俗篤信師巫病不求醫惟勤禱賽中產以下每致破

校注：①②日　③目

家病者未必獲痊生者已至坐困愚民習而不悔尤屬可憫地方官亦當曲加訓誨教以淫祀無福嚴禁師巫勿令蠱惑亦保民之一端也凡此皆不用嚴峻迫切立法繁苛反致擾民惟誠心訓諭漸以歲月自遷善而不自知朕保民念切不憚諄切言之官吏士民其皆敬聽之毋忽特諭欽此

諭廣造就 乾隆元年

上諭書院之制所以導進人材廣學校所不及我

世宗憲皇帝命設之省會發帑金以資膏火恩意至渥也古者鄉學之秀始升於國然其時諸侯之國皆

有學今府州縣學並建而無遞升之法國子監雖設於京師而道里遼遠四方之士不能胥會則書院即古侯國之學也居講席者固宜老成夙望而從游之士亦必立品勤學爭自濯磨俾相觀而善庶人材成就足備朝廷任使不負教育之意若僅攻舉業已爲儒者末務況藉①爲聲氣之資游揚之具內無益於身心外無補於民物即降而求文章成名之士足希古之立言者亦不多得寧養士之初指耶該部即行文各省督撫學政凡書院之長必選經明行修足爲多士模楷者以禮聘請負笈

校注：①藉

生徒必擇鄉里秀異沉潛學問者肄業其中其恃才放誕佻達不羈之士不得濫入書院中酌倣朱子白鹿洞規條立之儀節以檢束其身心倣分年讀書法予之課程使貫通乎經史有不率教者則擯斥勿留學臣三年任滿咨訪考核如果教術可觀人材興起各加獎勵六年之後著有成效奏請酌量議敘諸生中材器尤異者准令薦舉一二以示鼓舞欽此

諭約束吏役 乾隆元年

上諭朕惟州縣爲親民之吏自宜廉平不擾慭著循

聲乃獄訟催科之際官民情意易致睽隔百姓漸受苦累而無由自訴者則以書役之爲害甚劇州縣官不知所以振刷而剔除之也朕訪聞州縣衙門經承之外必有貼寫正役之外每多白役聚此數十輩無賴之徒假托公務横肆貪饕其爲小民擾累何可勝言故有獄訟尚未審結而耗財於若輩之手兩造已經遭困者矣額糧尚未收納而浮費於催徵中飽於蠹胥已什去二三矣其餘勾緝命盜因緣舞弊遇事生風株連無辜賄縱要犯大率貼寫白役之爲害居多各直省督撫務宜嚴飭

各該州縣衙所有吏役按籍勾考其有私行冒充者悉行裁革設正額書役實不敷用不時於貼寫幫役中擇其淳謹者酌量存留亦必嚴加約束毋得非時差擾至於經承正役務須時刻稽查倘有壞法擾民之事立即按律重懲庶使若輩知所顧忌不得肆其伎倆倘或明知故縱姑息養奸又或喜其巧於趨承受其朦蔽此則不愛百姓而愛吏役即屬戕害吾民之甚者也爲民父母其忍出此乎且胥吏之爲害不止州縣衙門已也凡徵解錢糧上司書吏輙向州縣書吏索取費用因而縣吏

假借司費紙張名色派索花戸又如徵解漕糧時糧道衙門書吏需索縣吏規禮因而縣吏遂勾通本縣家人盤踞倉廒於正額外多收耗米稍不遂意百般留難遠鄉小民以得收爲幸守候爲難不得不飽其貪壑又聞司院衙門凡州縣申詳事件每先發各房書吏擬批送簽書吏從此作奸射利遲速行駁之間得以上下其手蓋衙蠹之爲擾自上及下正不自州縣始也是在爲督撫者整飭紀綱立台省之表率而監司守令各奉厥職互相糾正則弊絶風清民安衽席朕惠養元元之恩得以

周浹閭閻矣特諭欽此

諭正文體 乾隆元年

上諭國家以經義取士將使士子沉潛於四子五經之書含英咀華發攄文采因以覘學力之淺深與器識之醇薄而風會所趨卽有關於氣運誠以人心士習之端倪①呈露者甚微而徵應者甚鉅也顧時文之風尚屢變不一苟非明示以準的使海內士子於從違去取之介曉然知所別擇專意揣摩則大比之期主司何以操繩尺以度羣才士子豈能合矩矱以應搜羅乎有明制舉之業體備各種

校注：①呈

如王唐歸胡金陳章黃諸大家卓然可傳本朝文運昌期英才輩出劉子壯熊伯龍以後作者接踵莫不根柢經史各抒杼軸此皆足爲後學之津梁制藝之科律者自坊選之禁垂諸功令而大家名作不得通行士子無由睹斯文之炳蔚率多因陋就簡剽竊陳言襲取腐語間或以此倖獲科名又展轉流布私相倣效馴至先正名家之風味邈乎難尋所係非淺鮮也今朕欲裒集有明及本朝諸大家時藝精選數百篇彙爲一集頒布天下以爲舉業指南學士方苞工於時文著司選文之事務

將入選文逐一批抉其精微奧窔之處俾學者了然心目間用以拳服摩擬再會試鄉試墨卷若必俟禮部刊發勢必曠日持久士子一時不得觀覽嗣後應弛坊間刻文之禁倘果有學問淹博手眼明快者不拘鄉會墨卷房行試牘准其照前選刻但不得狥情濫觴及狂言橫議致釀惡俗朕實嘉惠士子望各精勤厥業以底大成尚悉敬體朕意共相勗勉欽此

諭崇經學乾隆元年

上諭從來經學盛則人才多人才多則俗化茂稽諸

皇祖聖祖仁皇帝道隆羲頊學貫天人凡藝圃書倉靡
史冊成效昭然我
不博覽而尤以經學爲首重
御纂周易折中尚書彙纂詩經彙纂春秋彙纂等編又
有朱子全書性理精義正學昌明著作大備我
皇考世宗憲皇帝至德同符孝思不匱
特勅直省布政使將諸書敬謹刊刻准士子赴司呈請
刷印蓋欲以廣
聖教振儒風甚盛典也乃閩各省雖有刊板而士子刷
印寥寥蓋由赴司遞呈以俟批發既多守候之勞

且一生所請不過一部斷不能因一部書而特爲發板開刷士子所以欲多得書而其勢不能也朕思諸書實

皇祖惠教萬世

皇考頒行天下之典籍安可不廣爲敷布著直省撫藩諸臣加意招募坊賈人等聽其刷印通行鬻賣嚴禁胥吏阻撓需索之弊但使坊賈皆樂於刷印斯士子皆易於𫎇①買庶幾家傳戸頌足以大廣厥傳

朕又思

聖祖仁皇帝四經之篡實綜自漢迄明二千餘年羣儒

校注：①購

之說而折其中視前明大全之篇僅緝宋元講解未免膚雜者相去懸殊各省學臣職在勸課實學則莫要於宣揚

聖教以文①士子之根柢每科歲按臨時預飭各該學確訪生童有誦讀

御纂諸經者或專一經或兼他經著開明冊報俟考試文藝之後該學政就四經中斟酌舊說有所別異處摘取數條另期發問只令依義條答不必責以文采有能答不失指者所試文稍平順童生即予入泮生員即與補廩以示鼓勵務宜實力奉行以

校注：①立

副朕尊經育才之意特諭欽此

御製日講春秋解義序乾隆二年

朕惟嘗考春秋經文不過萬有六千三百餘言自三傳以後羣儒義疏累數千萬言而微詞隱義之難明者猶十有六七蓋是經乃孔子所手定也辭約而義深聖心之所運用每舉一事其義必貫於仝①經非若他經一章一節各指一事雖有不通而不害其可通者故程朱二子深探力索久之皆見爲難明而止至明初胡氏安國之説遂獨列於學官以朱子深病是經之難通而教門人姑從胡氏

校注：①全

之說也然謂其以義理穿鑿則非義之真而於聖
人筆削之旨未能脗合明矣故自明以來雖著功
令科舉之士稟爲程式而終不足以服學者之心
我
聖祖仁皇帝聰明天亶自少時即篤好經書及
躬攬大政辨色出視朝裁決萬幾甫畢即
召儒臣講論經義務抉其根源參伍羣言以求至當經
筵所進日講四書及尚書周易解義皆裁自
聖心以爲無憾者故即時刊布及晚年以明初五經大
全收採討論尚未精詳口授指畫成周易折衷一

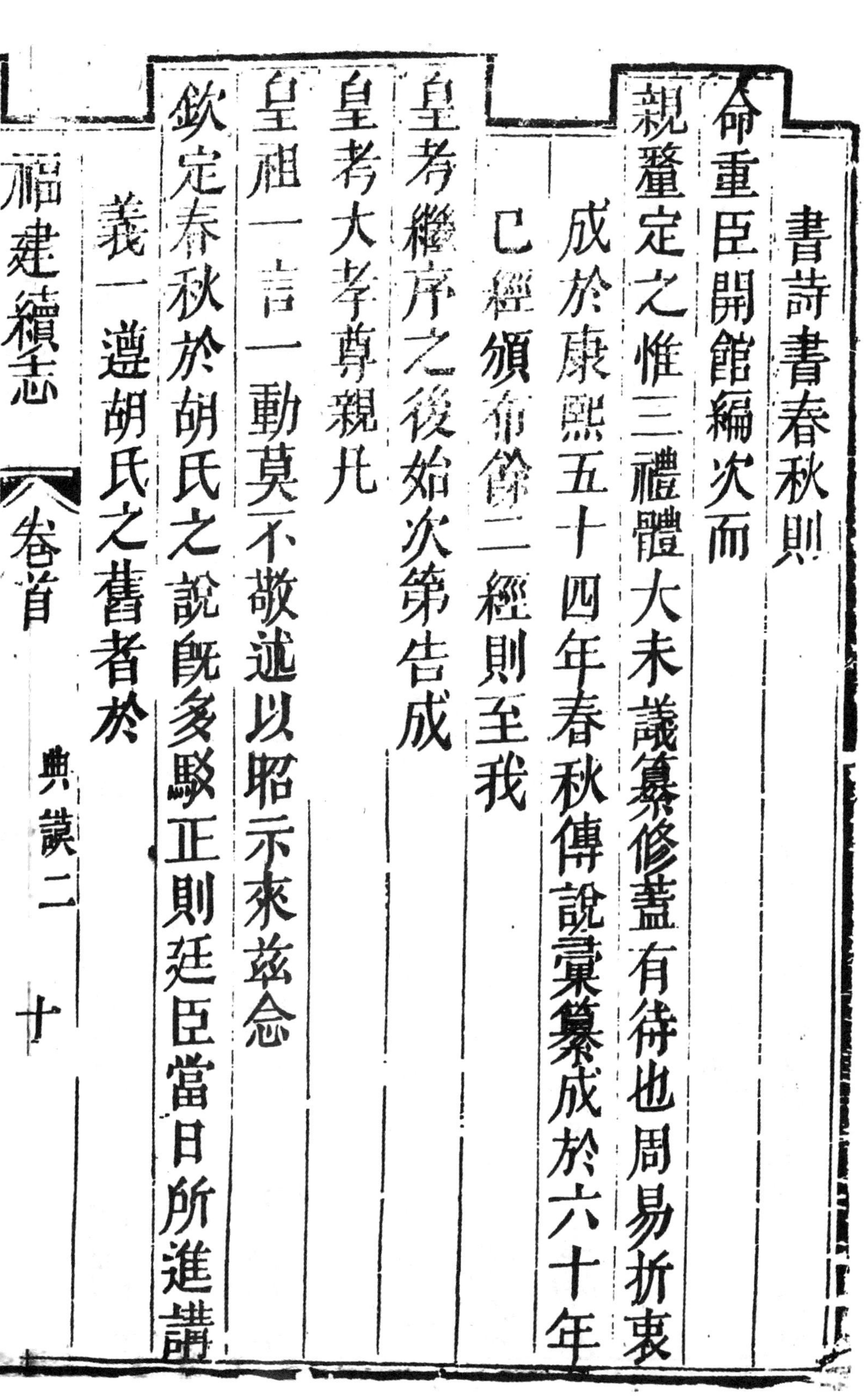

書詩書春秋則
命重臣開館編次而
親釐定之惟三禮體大未議纂修葢有待也周易折衷
成於康熙五十四年春秋傳説彙纂成於六十年
已經頒布餘二經則至我
皇考繼序之後始次第告成
皇考大孝尊親凡
皇祖一言一動莫不敬述以昭示來兹念
欽定春秋於胡氏之説旣多駁正則廷臣當日所進講
義一遵胡氏之舊者於

聖心自多未洽是以遲之又久未嘗宣布必將俟諸經

備成而後重加討論也故再降

諭旨命果親王允禮大學士張廷玉內閣學士方苞詳

細校訂始事於雍正七年恭呈

御覽者再而後告成凡六十四卷乾隆二年鋟版既蒇

諸臣請製序文頒示海內朕反覆循覽於胡氏穿

鑿之說曠若發蒙筆削之旨闡明者亦過半焉夫

解義之成蓋數十年於兹矣觀

皇祖之久不宣布可以徵聖道未見之心觀

皇考之再三考訂而後命刊可以謂善繼善述之義豈

惟是經之窔奥將由是以開通哉即

兩朝聖人之心法治法亦於斯可睹矣

御製大學士朱軾周易傳義合訂序 乾隆二年

易之爲書以奇偶明陰陽之象以陰陽闡健順之德以卦爻該事物之變以易簡盡天下之理潔淨精微而廣大悉備天德王道一以貫之故曰易者五經之源也顧自漢魏以來考象變者泥於術數而不足以通幽明之故談義理者淪於空寂而不足以研倫物之幾至程子易傳朱子本義出而義理象數始歸於一是四聖人作易垂教之旨煥然

皇祖聖祖仁皇帝御纂周易折中探源河洛直接心傳
復明於萬世我
而綜括儒先首列程朱傳義誠以傳義者羲經之
樞鑰而易道之通津也故大學士高安朱文端清
修正學品重當代曩在講席啓沃良多平生所學
專於儀禮小戴記而易春秋周官亦旁及焉所著
傳義合訂一編探二子所以云之意發揮而引伸
之簡而當博而不支鈎深探賾而不鑿蓋玩之熟
故擇言也精體之深故析理也密可謂善言易矣
文端以兩粵督臣鄂彌達舊爲曹屬手授是書鄂

彌達梓而傳之刻成進覽披閱之下當日勤勤懇懇嘉惠來學之苦心恍乎若接不禁愴然援筆而爲之序

諭免常平加息乾隆三年

上諭乾隆元年六月朕曾降旨各省出借倉穀與民者舊有加息還倉之例在此春月青黃不接之時民間循例借領則應如是辦理若值歉收之年豈平時貸穀可比至秋收後祇應照數還倉不應令其加息此乃兼常平社倉而言也今聞外省奉行不一凡借社倉穀石者照例辦理而借常平倉穀

者遇歉收之年仍循加息之成例似此則非朕降
旨之本意嗣後無論常平社倉穀石若值歉收之
歲貧者借領者秋後還倉一概免其加息俾蔀屋
均沾恩澤將此永著爲例欽此

諭及時賑濟 乾隆三年

上諭各省督撫身任地方皆有父母斯民之責於所
屬州縣水旱災傷自應速爲訪察加意撫綏朕前
屢經降旨訓示諒督撫等自能仰體朕心不致玩
視民瘼稽延時日朕念水旱之災同宜賑救而水
爲尤甚旱災之成以漸猶可先事預籌水則有驟

至陡發之時田禾淹沒廬舍漂流小民聚生之業蕩然遽盡待命旦夕尤當速爲賑救庶克安全不致流移失所現在成例分別極貧尤貧其應即行辦賑者原係不待部覆但恐各省辦理不一或仍有拘泥遷延致災民不能及時沾惠者用是再降諭旨嗣後各該督撫可嚴飭地方官凡遇猝被之水災迅文申報該督撫即刻委員踏勘設法賑濟①安置一面辦理一面奏聞務使早沾實惠俾各寧居以副朕憫念災黎之至意倘或怠玩濡遲致傷民命或有司奉行不力胥役侵蝕中飽以及借名

校注：①濟

捏飾浮冒開銷等弊該督撫照例嚴參倘辦理未
協積弊未除朕惟於該督撫是問將此永著爲例

欽此

御選唐宋文醇序乾隆三年

不朽有三立言其一言之無文行而不遠若是乎
言之文者乃能立於後世也文之體不一矣語文
者說亦多矣尋言淆亂衷諸聖當必以周孔之語
爲歸周公曰言有序孔子曰辭達而已矣無序固
不可以達欲達其辭而失其序則其爲言窔能雲
蒸波折而與天地之文相似也然使義則裴褎而

言有枝葉妃青媲白雕琢曼辭則所謂八代之衰已其咎同歸於無序而不達抑又有進焉文所以足言而言固以足志其志已荒文將奚附是以孔子又曰言有物夫序而達達而有物斯固天下之至文也已昌黎韓愈生周漢之後幾五百年遠紹古人立言之軌則其文可謂有序而能達者然必其言之又能有物如布帛之可以暖人菽粟之可以飽①人則李漢所編七百篇中猶且十未三四況黎而下乎甚矣文之至者不易得也明茅坤舉唐宋兩朝中昌黎柳州廬陵三蘇曾王八大家薈

校注：①飽

萃其文各若干首行世迄今操觚者膾炙之本朝儲欣謂茅坤之選便於舉業而弊卽在是乃復增損之附以李習之孫可之爲十大家欲俾讀者興起於古毋祗爲發策決科之用意良美已顧其識之未衷而見之未當則所去取與茅坤亦未始逕庭朕讀其書嘉其意而亦未嘗不憾其失也夫十家者謂其非八代駢體云爾駢句固屬文體之病然若唐之魏鄭公陸宣公其文亦多駢句而辭達理詣足爲世用則駢又奚病日月麗乎天天之文也百穀草木麗乎土地之文也化工之所爲有定

形乎哉化工形形而不形於形而謂文可有定形乎哉顧其言之所立者何如耳勅幾之暇偶取儲欣所選十家之文錄其言之尤雅者若干首合而編之以便觀覽夫唐宋以來名儒碩士有序有物之嘉言固不弟十人已也雖然嘗鼎一臠亦足以知道腴之可味況巳斟其雋膏哉

諭頒經書 乾隆三年

上諭士人以品行爲先學問以經義爲重故士之自立也先道德而後文章國家之取士也黜浮華而崇實學我朝養士巳將百年漸摩化導培護甄陶

所以期望而優異之者無所不至為士者當思國家待士之重務為端人正士以樹齊民之坊表至於學問必有根柢方為實學治一經必深通一經之藴以此發為文辭自然醇正典雅若因陋就簡祇記誦陳腐時文百餘篇以為弋取科名之具則士之學已荒而士之品已卑矣是在各省學臣諄切提撕往復訓勉其有不率教者即嚴加懲戒不少寛貸至於書藝之外當令究心經學以為明道經世之本其如何因地制宜試以經義俾士子不徒視為具文者在學政酌量行知務期有益於

庠各省亦不必一轍我

皇祖御纂經書多種紹前聖之心法集先儒之大成已

命各省布政司敬謹刊刻聽人印刷並准坊間翻

刻廣行恐地方大吏不能盡心經理則士子購覓

仍屬艱難不獲誦讀者督撫藩司務善爲籌畫將

士子應讀之書多爲印發以爲國家造士育材之

助欽此

諭勤生業乾隆五年

上諭朕惟民生在勤勤則不匱農工商賈各有恒業

以贍其生失業則俯仰無資勤力則衣食自裕誠

使國無遊民人無遺力則治生之道既廣養生之源①日開雖有水旱偏災必不致流移轉徙周禮大司徒頒職事十有二以登萬民而不任職業者有罰正所以使民各知勤勉而游惰是儆也朕念切民依情殷求瘼農桑衣食之本計所以爲萬方赤子經度咨詢者至詳且悉矣惟念遊惰之輩罔知生理不農不工不商不賈遊手坐食動自諉曰耕則無田工則無師商賈則無資本不知七尺之軀果能服勤務實即傭力亦可資生農工商賈皆樂收以爲助不能勤力則雖生長富家承受世業而

校注：①日

浮蕩不檢怠惰自安本業日荒饑寒立至生理既窘必且無所不爲此等之人在一家則爲一家之敗類在一邑則爲一邑之蠹民一遇偏災輒輕去其鄉轉徙流散國家以愛養爲心撫綏爲政一切資送安插不加區別是以農民之復業固樂遂其生而游惰之資遣者轉爲得計夫至轉於溝壑坐視不救①固有所不忍而平日之教導約束何可不亟爲籌畫牖民敎之任者又何可因循姑息一聽其自爲而不加察乎嗣後各省督撫須董率地方官實力稽查凡有此等無所事事不守本業之人

校注：①救

其有父兄族黨者令父兄族黨加管束單丁獨戶令鄉保多方化導使其各尋生理能耕稼者服田畝能手藝者習工作知貿遷者從商賈勝負担者傭工度日不遵約束者量行懲治務使人人自食其力各謀其生則生計益覺寬舒風俗自歸淳厚豐年既多善類歉歲亦少流民矣地方有司務實力奉行令僻壤窮鄉咸知朕意欽此

諭敦孝弟 乾隆五年

上諭從來爲治之道不外教養兩端然必衣食足而後禮義充故論治者往往先養後教朕御極以來

日爲斯民籌衣食之源水旱①之備所期薄海蒸黎
蓋藏充裕俯仰有資以爲施教之地而解愠阜財
之效尚未克副朕懷第思維皇降衷有物有則衣
食以養其形教化以復其性二者相成而不相妨
不容偏廢正如爲學之道知先行後然知行並進
非劃然兩時判然兩事又安得謂養之之道未裕
遂可置教化爲緩圖也今學校徧天下山陬海澨
之人無不挾詩書而遊庠序顧學徒以文藝弋科
名官司以課試爲職業於學問根本切實用功所
在概未暇及司牧者盡心於簿書筐篋或進諸生

校注：①旱

而談舉藝則以爲作養人材振興文教其於閭閻小民則謂是蚩蚩者不足以興教化平時不加訓廸及陷於罪則執法以繩之無怪乎習俗之不淳而訐訴嚚凌之不能禁止也朱子云聖人教人大槩只是說孝弟忠信日用常行的話人能就上面做將去則心之放者自收性之昏者自著此言探立教本原至爲切實蓋心性雖民之秉彝而心爲物誘則放性爲欲累則昏存心養性非知道者不足幾若夫事親從兄則家庭日用人人共由孩提知愛少長知敬又人人同具不待勉强要之堯舜

之道不外乎是即如得一食必先以食父母得一衣必先以衣父母此即是孝能推是心而凡所以順其親者無不至則爲孝子父之齒隨行兄之齒鴈行此即是悌能推是心則凡所以敬其長者無不至則爲悌弟一人如此人人從而效焉一家如此一鄉從而效焉則爲善俗孟子曰人倫明於上小民親於下又曰人人親其親長其長而天下平是道也惟在上者不爲之提撕警覺則習而不察而一時之明不勝夫積習之漸染重昏錮蔽日入於禽獸而不自知任君師之責者奚忍不急爲之

申重而切諭之也我
聖祖仁皇帝頒
聖諭以教士民首崇孝弟
皇考世宗憲皇帝衍爲廣訓往復周詳已無遺①蘊但朔
望宣講祗屬具文口耳傳述未能領會不知國家
教人事事要人躬行實踐樸實做去人倫口②用正
是聖賢學問至切要處堯舜之世比戶可封只道
能盡孝弟放僻邪侈觸蹈法網只爲不知孝弟記
日③將爲善思貽父母令名必果將爲不善思貽父
母惡名必不果誠能如此存心豈復有縱欲妄行

校注：①遺　②日　③曰

之事苟不從此處切實做起雖誦讀詩書高談性①命直謂之不學可耳凡有牧民課士之責者隨時隨事切實訓誨有一事之近於孝弟則從而獎勸之一事之近於不孝不弟則從而懲戒之平時則爲之開導遇事則爲之剖晰如此則親切而易入將見父詔兄勉日積月累天良勃發率其良知良能以充孝弟之實藹然有恩秩然有義豫順積於家庭太和翔於宇宙親遜成風必從此始凡吾赤子其敬聽諸凡厥司牧其敬奉諸欽此

諭正士習 乾隆五年

校注：①性

上諭士爲四民之首而太學者教化所先四方於是觀型焉比者聚生徒而教育之董以師儒舉古人之成法規條亦既詳備矣獨是科名聲利之習深入人心積重難返士子所爲汲汲皇皇者惟是之求而未嘗有志於聖賢之道不知國家以經義取士使多士由聖賢之言體聖賢之心正欲使之爲聖賢之徒而豈沾沾焉文藝之末哉朱子同安縣儒學記云學以爲己今之世父所以詔其子兄所以勉其弟師所以教其弟子弟子之所以學舍科舉之業則無爲也使古人之學止於如此則凡可

以得志於科舉斯已爾所以孜孜焉愛日不倦以至乎死而後已者果何爲而然哉今之士唯不知此以爲苟足以應有司之求矣則無事乎汲汲爲也是以至於惰遊而不知返終身不能有志於學而君子以爲非士之罪也使教素明於上而學素講於下則士者固將有以用其力而豈有不勉之患哉諸君苟能致思於科舉之外而知古人之所以爲學則將有欲罷不能者矣觀朱子此言洵古今通患夫爲已二字乃入聖之門知爲已則所讀之書一一有益於身心而日用事物之間存養省

察闇然自修世俗之紛華靡麗無足動念何患詞章聲譽之能奪志哉況即爲科舉亦無礙於聖賢之學朱子云非是科舉累人人累科舉若高見遠識之士讀聖賢之書據吾所見爲文以應之得失置之度外雖日日應舉亦不累也居今之世雖孔子復生也不免應舉然豈能累孔子耶朱子此言即是科舉中爲已之學誠能爲已則四書五經皆聖賢之精藴體而行之爲聖賢而有餘不能爲已則雖舉經義治事而督課之亦糟粕陳言無裨實用浮僞與時文等耳故學者莫先於辨志志於爲

已者聖賢之徒也志於科名者世俗之陋也國家養青人材將用以致君澤民治國平天下而囿於積習不能奮然求至於聖賢豈不謬哉朕膺君師之任有厚望於諸生適讀朱子書見其言切中士習流弊故親切爲諸生言之俾司教者知所以教而爲學者知所以學欽此

福建續志卷首終

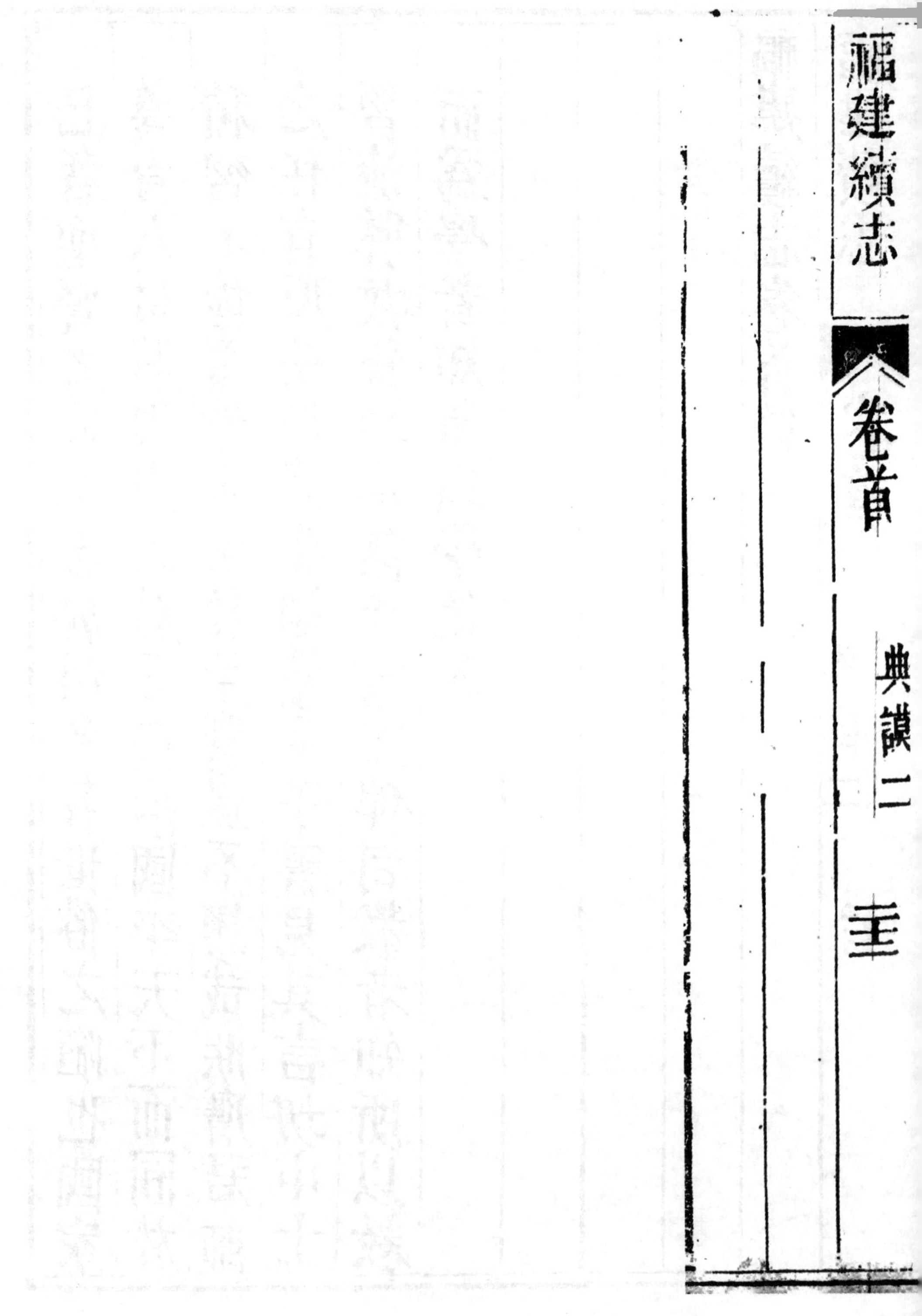

福建續志卷首

典謨

諭整飭封疆 乾隆六年

上諭今之督撫即古之岳牧宣化承流爲百僚之表率必須誠實無僞中正無偏方可以整飭官方澄清吏治收封疆得人之效方今督撫皆朕慎重簡用其閒實心供職不愧任使者固不乏人然嘗留心體察向來有積習數端一時未必人人盡能悛改如督撫共事一省每以意見不同參商偏執甚至各立門戶引用私人暗掖猜嫌互相疑忌此所

奬而彼惡之彼所嘉而此疾之其於地方公事則又彼此推諉以致屬員無所適從政令每多躭悞此督撫不和之弊也若其朋比爲奸則又外托和衷之名各自營私彼此瞻徇回護致使不職屬員皆得姑容在任以貽地方之害此又和合之不以正者又如新用督撫毎一到任必極言前任之廢弛地方之凋敝以爲日後卸過之地以見已身振作之功而究竟實在情形不至於是或前任陞遷則爲之彌縫其缺若處分解退則極力吹索其疵此皆私意不除而有妨於公事者又如參劾屬員

督參撫審撫參督審原屬持平愼獄之意而承審各員不論案情之是非止論督撫之聲勢如原參之督撫已經離任或遭放廢則承審者即可避重就輕乃爲開脫而督撫審題亦遂漫不經心容易結案如原參之督撫尚係現任或居要津則附會原題刻意鍛鍊而督撫亦不復詰問使讞獄不得其平者往往有之又如一省之中屬吏繁多而巧詐者不少督撫意指一爲所窺則百計逢迎以取懽悅偶發一言偶行一事必趨蹌竭蹷惟恐後時如昔年河南之墾荒陝西之開井祗以有司迎合

上司奉行不善遂大爲閭閻之擾此亦積習之所
當省察者也以上數事乃朕平時體察所及是以
降旨明白宣示各省督撫多人居心行事亦不一
轍有則改之無則加勉體大公至正之心共成無
黨無偏之治朕實有厚望焉欽此

諭報災必實乾隆六年

上諭德惟善政政在養民以天下之大天時固有不
齊地形又復不一雨澤稍愆愆則高阜之地防旱
雨水旣足則低窪之地慮淹總期先事預籌始可
有備無患言念及此雖當豐稔之年而朕宵旰憂

勤實不敢稍釋於懷朕向來各省報災原有定期若先期題報便不合例朕思按期題報者乃指其本而言至於水旱情形爲督撫者察其端倪早爲區畫隨時密奏則朕可倍加修省而人事亦得以有備若過拘成例則未免後時矣至於督撫之報災有故爲掩飾不肯奏出實情者亦有好行其德希冀取悅於地方者惟公正之大臣既不肯匿災以病民亦不肯違道以干譽外此則不能無過不及之失朕痌瘝在抱再四思維匿災者使百姓受流離之苦其害甚大違道干譽雖非正理以二者

較之究竟此善於彼寧國家多費帑金斷不可令閭閻一夫失所此朕之本念也各省督撫俱當仰體隨時留心以副朕惠鮮懷保之意欽此

諭儆遊惰乾隆六年

上諭朕惟士農工商各有恒業衣食由此而裕教化由此而行惟遊惰之民實爲閭里之蠹我國家昇平休養生齒滋繁而游惰亦以日衆此等之人性好佚遊習成驕恣不畏刑憲罔恤鄉評酒食流連拳勇是尚黠桀者爲豪爲俠柔猾者爲詐爲奸大凡鄉曲之中其誘民以奢靡沉湎者遊惰也誘民

以博奕鬬訟者遊惰也誘民以作奸犯科者遊惰也愚懦無知轉相慕效往往棄本業而從之戕生敗家比比而是甚至如近年逆苗蠢動皆由內地遊手奸徒幸災樂禍或啗以財帛或誑以鬼神煽惑愚頑遠近要結蜂屯蟻聚致生事端遂不得不用兵勦捕正孟子所謂無恒產而無恒心放僻邪侈無所不爲者朕撫育羣黎深念正德厚生之要勸農敦本訓飭不啻再三上年因遊惰之民不務生計曾特頒諭旨令各督撫董率該地方官實力稽查多方化導責令父兄族黨嚴加管束不遵訓

約者加以懲治遛來留心體訪有司並未實力奉行夫養稂莠者傷禾稼惠奸宄者賊善良遊惰者奸宄之原也當其遊惰而董教之懲戒之使悟而知返則可納於善良若聽其遊惰而不早爲之所是縱之使爲奸宄也父毋斯民之義何居現今保甲之法在在舉行稽查甚易爲力而一切視爲具文置之膜外尚安望其阜財而興禮讓哉地方有司有不實心整飭化導仍前怠玩者朕必於該督撫是問欽此

諭飭漳泉風俗 乾隆六年

上諭向因閩省漳泉地方民俗剽悍好勇鬬狠而族大丁繁之家往往恃其人力强盛欺壓單寒偶因細故微嫌輒聚衆逞兇目無憲典漳泉大率如此而他府又復不免蒙

皇考特頒諭旨諄切周詳令該督撫董率有司時加勸導訓誨提撕務期革薄從忠共成禮讓之俗無如積習難移而官吏又奉行不力今朕聞得數事皆出於理法之外者本年四月間福州府屬之屏南縣與史下鄉徵糧鄉民竟將典史毆打綑縛又興化府屬之仙遊縣告病知縣邵成平赴省領咨有

縣民李姓因訟事未結嗔其即行離任竟於中途
截住肆行毆辱至於漳泉等府民人凡遇爭田奪
土集塲以及口角等事輙率多人執具器械以决
勝負大姓欺凌小姓小姓不甘又復糾集鄉人復
仇報怨又廣東之惠潮兩府與閩之漳泉壤地相
接江西之寧都一縣與汀州府亦屬毗連悉皆薫
沐勿佩號稱難治數處之人犯罪發覺則互相竄
匿彼此爲逋逃之藪奸宄叢生州縣等官未免自
顧考成曲爲隱諱而前任督撫又於屬員稍有振
作者輙爲多事苟且玩愒視爲固然即如前任永

春州汪廷英於乾隆元年因鄉民兩姓爭鬧前往
彈壓竟被兇毆其後不過以枷責完結姑息養奸
莫此爲甚此有關於人心風俗之要務著閩廣及
江西督撫時刻留心化導整頓務令循理遷善革
其非心倘有怙過不悛仍蹈故轍者卽行分別輕
重寘之於法不少寬貸如此庶人心知所儆懼而
風俗可以轉移矣欽此

諭飭學官乾隆六年

上諭古者黨有庠術有序民生八歲入小學十五入
大學不獨秀而爲士者羣居樂業天下實無不教

之民是以教化興而風俗厚後世設立教官專以課士已非先王有教無類之意而近來教職多係衰老庸劣之輩不但不能以道德禮義化導齊民並其課士之職亦不克舉則安用此一官爲也朕御極之初念其俸薄不足自贍特命增給乃望其修舉職業助興教化非以廩餼爲養老之具各員亦不當以司鐸爲養老之官也著該督撫會同學政嚴飭所屬教官務以實心實力勸學興文恪盡課士之責其有年力衰頹貪戀祿位及庸劣無能不稱師儒之席者秉公甄別咨部罷斥庶訓廸得

人而於造士育材之道庶幾其有裨益各督撫學政仍當時刻留心永久奉行不可苟且塞責也欽此

諭禁貴糶 乾隆七年

上諭從前廷臣議准張渠補買倉穀一事以本邑之盈餘為本邑之撥補其他州縣不得通融如歲歉穀價昂貴不敷採買准其展限朕思地方積穀原以備民間緩急之需必及時買足方於儲蓄有益若一概不許通融而無盈餘之州縣或又值歲歉價昂洛部展限則儲倉必致久懸非濟民利用之

道也嗣後如該州縣當秋成之時穀價高昂不能買補而該處存倉穀石尚可接濟者照例詳請展限於次年買補倘穀價既屬不敷而貯倉穀石又係不足者准其詳明上司以別州縣穀價之盈餘添補採買爲酌盈濟虛挹彼注兹之計該管督撫不時查察一面辦理一面奏聞又從前張渠奏請減價糶穀於成熟之年每一石照市價核減五分米貴之年每一石照市價核減一錢此蓋欲杜奸民賤糴貴糶之弊也但思尋常出陳易新之際自應遵此例行假若荒歉之歲穀價甚昂止照例減

價一錢則窮民得米仍屬艱難不能大沾恩澤嗣後著該督撫臨時酌量情形將應減若干之處預行奏聞請旨如有奸民賤糴貴糶之弊嚴拏究治日今江南督撫卽同欽差遵照此旨一面辦理一面具奏欽此

諭飭漳泉風俗 乾隆七年

上諭閩省漳泉民風素稱强悍朕曾屢降諭旨令督撫實心化導泉俗稍覺改移而漳州仍屢有鬬鬧之事葢縁地方官教懲失當偶遇一事非文員自顧考成容隱寢息卽武職好大喜功張皇其辭而

大吏不能董率查察遂致姑息日久釀成此風且聞漳民質尚魯直非不可教必係該地方有等匪徒平日潛藏山陬海篷遇有水旱不常輒出而引誘煽惑以致愚民墜其術中身罹法網而不知似此根莠不除良民何以安生爾將此旨傳諭總督那蘇圖巡撫劉於義時爲留心董率各屬實力化導查察務剔除此等奸頑以安良善亦不可因有此旨而擾及無辜以副朕軫念邊海愚氓轉移風俗之至意欽此

諭臺灣防汛　乾隆七年

上諭臺灣地隔重洋一方孤寄實爲數省藩籬最關
緊要雖素稱産米之區邇來生齒倍繁土不加闢
偶因雨澤愆期米價即便昂貴蓋緣撥運四府及
各營兵餉之外內地採買旣多並商船所帶每年
不下四五十萬及南北各港來臺小船巧借失風
名色私裝米穀透越內地彼處槪給失風船照奸
民恃爲護符運載遂無底止且遊手之徒乘機偷
渡來臺莫可究詰聞此項人等俱從厦門所轄之
曾厝垵白石頭土擔南山邊劉武店及金門所轄
之料羅金龜尾安海東石等處小口下船一經放

洋不由鹿耳門入口任風所之但得片土即將人
口登岸其船遠掉而去愚民多受其害況臺灣惟
藉鹿耳門爲門戶稽查出入今任遊匪潛行往來
海道便熟將鹿耳一門亦難恃其險要殊非愼重
海疆之意朕所聞如此著該督撫提鎮嚴飭所屬
文武官弁將以上各弊一一留心清查並於汛口
防範周密不使有疎縱庶民番不至缺食港路亦
可肅清該部可傳諭知之欽此
令

諭宣教化乾隆八年

上諭國家子惠黎元教養由來並重朕君臨天下宵

旰維勤重農桑輕徭賦所以養民者惟恐不周至於正人心厚風俗皆國之大務尤所時廑於懷者凡中外臣工莫不諄切誡諭務使民間習尚馴良訟獄衰息以漸臻風移俗易之效乃數年以來民風仍未還醇習俗毋輕犯法豈小民之不可牖迪歟抑牧令之教化不浹而德意未孚也古者朝廷之政象魏懸書閭里之教月吉讀法三物六行匪徒具文我

聖祖仁皇帝聖諭十六條飭紀敦倫型方正俗精義超越前古

世宗憲皇帝萬言廣訓益加詳明剴切開導所以牖民覺世者至矣使地方有司竭誠宣布雖甚愚頑誰無天性亦必洗心滌慮革薄從忠駸駸於上理無如實力奉行者甚少即朔望宣講不過在城一隅附近居民聚集觀聽者僅數百十人而各鄉鎮間有講約之所亦多日久廢弛全無實際至所奉諭旨有關於教民者亦惟張掛告示視爲通行之常例焉能使之悅耳革心翻然悔悟是以尚氣輕生狃於性成作奸犯科常爲俗染及其怙終不悛而刑罰隨其後朕甚憫之夫守令①[illegible]民之父母古所

校注：①者

稱忠信之長慈惠之師惟本至誠惻怛之意以感
動愚民使之各自警省又能隨時隨事委曲勸諭
諒無有不可化誨之人亦無往而非敷施之地即
聽訟一端兩造具在鄰佑親族齊集公庭凡百姓
耳目所屬推誠曉諭最易提撕不徒現犯者各自
愧悔并使旁觀者亦因此傳播交相勸勉若公事
稍暇或講讀編審或勸課農桑即可單車簡從親
歷鄉村遇父老子弟奬其善良懲其不率申之以
勸誡示之以榮辱循謹者益加鼓舞即强悍者亦
知戒懲漸摩日久性情和順貪利好勝之心不作

一道同風之盛可幾矣惟是百姓以守令之行事爲觀感守令以督撫之意指爲從違爲督撫者果能董率所屬留心化導實力奉行日計不足月計有餘斷未有爲其事而無其功者若徒視爲虛文接到諭旨轉行牌示遂以爲已經遵奉則亦何益之有各省督撫等受朕深恩畀以封疆重寄尚其儆惕黽勉以無負朕諄諄誥誡之至意欽此

諭懲奸民乾隆八年

上諭閩人鷙悍成習而漳泉爲尤甚我

皇考暨朕亦既屢頒訓諭令地方有司誠心化導朝夕

提撕務感其天良痛改其夙愆無如怙惡不悛藐視法紀邇來辱官毆差之事源源有之朕細察其故大抵因州縣官姑息養奸每遇惡棍不法等事輙私自寢息以圖省事並不申報上官又復苟且消弭不行究詰以致兇頑之徒習爲固然無所忌憚養癰貽患非一朝一夕之故也夫地方有司原有父母斯民之責必平日有休戚相關之誼視民如子至誠感孚則民亦莫不視之如父母其尚有桀驁難馴甘蹈法網者無此情也蓋恤民之與懲奸二者原相爲用欲恤民斷不可不懲奸而非懲

奸又斷不能恤民令閩省司牧之道兩者俱失何以厚民生肅吏治挽薄俗救頹風用是特頒此旨該督撫等當時體朕心時時訓飭有司務期寬嚴並濟懲勸並施洗因循之積習歸平康之淳風朕於督撫有厚望焉欽此

諭整吏治以戒因循　乾隆八年

上諭朕君臨天下勤求治理小民生養之源無日不爲深計而勸諭之術尤在久道化成是在督撫諸臣董率羣吏日就月將實用其心於興化致治之要以駸駸於上理非徒奉文守法循分苟安遂謂

無忝厥職也朕聞雅爾圖之在河南官署鞠爲茂草許容之居湖南至以文書廢紙糊窗此即孫樵所謂以官爲傳舍醉濃飽鮮笑與秩終而已雅爾圖許容尚稱勤於職事者而猶有此則推而至於他省等而至於州縣其在官無異一驛耳古之人臣處官事如家事試問今之爲官者其料理家務果肯若此之草率簡陋漫不經心乎此雖細務可見其心不在官欲望其曲體民情而代謀家室此必不可得之數也張九齡云縣得良宰萬戶息肩州有賢牧千里解帶蓋吏數變易則下不安業久

於其任則民服教化君當官而存苟且之心將百事皆從廢弛矣漢時治尚循良璽書勉勵增秩賜金以備公輔之用意在久任於安民也雖朝廷用人量才審器必酌人地之宜自不能無一更調而欲吏與民相接俾氣協而情通究以久任為常法居是職者暫不忘久即一日而為數十年之計久不生倦數十年仍當如一日之心則訓俗型方自必視為切已事也今親民之官不至苞苴肆行亦多兢兢職守然僅惕於功令以遏其貪饕廹於考成以策其勤敏簿書期會之外豈真有以民心之

淳薄而爲念者歟此閭閻之所以不盡馴良而化導之未浹也夫身膺民社卽爲其父母師保官之視民如子弟則民之視官若父兄官民同其休戚而情意相浹斯叩之而卽應感之而易從今之州縣于黎元之身家性習視同膜外平時不相聯屬而誡諭俱屬具文澆漓溺於其心凌競狃於所習此則所謂痼疾外視若無所苦而病隱中於根本愈久愈大治之甚難誠不可不亟爲究心者試思身爲牧令若但司簿領事承接則一書吏之能事何以官爲若韓延壽閉閤思過而民自悔悟吳祐

以身率下而民不忍欺是民非無良權實操之在上惟教深於隱微故其樹績益顯爲督撫者果以此爲課最使有司提撕警覺百姓觀摩漸漬日計不足月計有餘將見官與民相習情與事相通一氣感孚不致扞格於以興教化而移風俗無難也倘任其波流無以發其孝弟廉讓之至性豈能使之奉長吏之命而羣然率從乎朕聞駟馬不馴御者之過也百姓不治有司之過也有司與民漠不相關咎在督撫不能使有司化誨其民咎即在朕今吏多玩愒而風不古若朕實愧之國家承平日

久治具畢張雖久道化成未易驟至而整吏治以戒因循正人心以除積習凡有涖民之責者皆當審時務之急先思致治根本而加之意焉其各遵奉毋忽特諭欽此

諭禁米出洋乾隆八年

上諭前因暹羅國商人連年帶米來閩朕曾降旨免徵船貨稅銀併令嗣後凡外洋商民運米至內地者酌量米石多寡分别免稅著爲常例葢外洋果有餘米運來內地貿易於沿海各處民食自不無裨益加恩免稅所以惠遠商亦爲內地民食計也

苐恐內地奸商希圖寬免貨稅之利將來偷漏出洋復借此夾帶貨物轉載至口揑稱該國運來米石冒恩肆蠧弊益滋甚向來販米出洋例有嚴禁惟在各該督撫時飭地方員弁於各口要隘實力巡查嚴核出入毋得有疎懈庶幾弊端可除而沿海民人得實受外洋運米之益可寄信與江南浙江福建廣東等省督撫知之欽此

諭專教養 乾隆九年

上諭爲治以安民爲本安民以教養爲本二者相爲表裏而不可偏廢務求實效而不事虛名乃克盡

父毋斯民之道蓋人君總其成於上而分其任於督撫督撫總其成於上而分其任於州縣州縣民之司命而又與民最親者也身居此官身履此地耳聞目擊切近易知非地遠情疎遙爲揣度者可比是則民生之休戚民俗之醇疵雞犬桑麻之細日用飲食之常良奸之不一其類勤惰之各異其情必一一洞悉於中而後可以加之調劑所謂知州必能知一州之事知縣必能知一縣之事顧名思義循名責實豈簿書錢穀無悞期會遂謂可勝任而愉快耶朕御極以來孜孜圖治訓飭大吏廣

勵羣僚至再至三辭煩意復無非欲措斯民以袵席之安復斯民以降衷之性而細察近日有司究不免奉行故事罕有能深體朕意以行實政而收實效者夫一州一縣事旣不周知洞見則官之與民益相隔而不能相親欲其視民之疾苦如家人之困厄視民之詐僞如子弟之慆淫救焚拯溺竭力殫心不可得矣州縣所屬地方雖廣狹不一事務繁簡不同然一月之中豈無齋戒停刑之日亦有因公下鄉之時果能乘此餘暇不辭勞瘁親履田間與父老子弟歡然相接如人家父子言孝言

慈啓其固有之良化其惰窳之習因而詢問疾苦講求利益度其原隰相其泉流審物土之宜因閭閻之便利所當興者舉之害所當除者去之則養與教兼施善政莫大乎是至於身所不能徧及之處則有約正值月人等或給之廩餼或加之獎誘使之分佈四鄉代爲化導亦可冀其分任耳目以助官之不及務使一州一邑之民情聯勢合如父兄子弟之相爲扶掖如頭目手足之相爲捍衛一州一邑如此他州他邑從而效之一郡一省如此他郡他省從而效之始則艱苦久則漸近自然所

謂日計不足月計有餘古之循吏獨不可再見於今歟是在爲督撫者實心以勸課屬吏爲州縣者實心以愛育羣黎勉强力行毋憚勞勩政成於上民悅於下事有必至理有固然語曰至誠而不動者未之有也爲其事而無其功者亦理之所無也用是再頒此旨通行訓誨自督撫以至州縣各官皆當身體力行以奏治效毋徒視爲具文焉特諭

欽此

諭慎選學官乾隆十年

上諭教職爲司鐸之官訓課士子長養人材是其專

責乃向來循例銓授未加別擇以致衰老龍鍾庸
劣荒疎之人濫居師儒之席者不可勝數此中外
所共知共見者是以去年朕命廷議古人原有七
十致仕之義現任教職年至七十以上者令其休
致之處曾經通行上年湖北巡撫晏斯盛以歲貢
年已七十應否扣選一事摺奏請旨朕復思古
來申公伏生老而傳經人之可用與否未可專以
年齒論譬如年逾七十而強健者亦不可銓選乎
未至七十而病憊龍鍾者亦可姑容乎惟當看其
人之可用與否以爲去取不當以七十爲限總在

該督撫學政秉公實心辦理庶有裨益已將此意明白批諭令伊又復具奏內稱每科鄉試後既行淘汰至奉文截取之時是否再加考驗又稱拔貢副榜似應一體考驗等語是晏斯盛尚未領會朕務在得人之旨但於細微之處沾沾奏請且此旨未曾頒布各省恐不知者尚多應通行宣諭一體遵奉查上年有每次鄉試後令督撫學政驗看大加淘汰一條昨甲子科鄉試後已舉行一次其實在老邁龍鍾者業已去其大半嗣後此例不必每科舉行候朕因時制宜酌量降旨其恩拔歲副及

挨貢應用教職者驗看之處仍照舊例行至該員
臨選時給發文憑到日仍加考驗必精力文藝足
勝司教之職方准領憑赴任庶衰庸者不得濫膺
而學校或可收得人之效欽此
諭正文體乾隆十年
上諭國家設制科取士首重者在四書文蓋以六經
精微盡於四子書設非讀書窮理篤志潛心而欲
握管揮毫發先聖之義蘊不大相逕庭耶我
皇考有清眞雅正之訓朕題貢院詩曰言孔孟言大是
難乃古今之通論非一人之臆說也近今士子以

科名難倖獲或故爲艱深語或矜爲俳儷辭爭長角勝風簷鎖院中偶有得售彼此倣傚爲奪幟爭標艮技不知文風日下文品益卑有關國家掄才大典非細故也夫古人論文以渾金璞玉不雕不琢爲比未有穿鑿支離可以傳世行遠者至於詩賦撥藻敷華雖不免組織渲染然亦必有眞氣貫乎其中乃爲佳作今於四書文採摭詞華以示淹博不啻於孔孟立言本意相去萬里矣先正具在罔識遵從習俗難化職此之故嗣自今其令各省督學諸臣時時訓飭鄉會考官加意區擇凡有乖

於先輩大家理法者擯棄弗錄則詭趨之習可息士風還淳朕有厚望焉該部通行曉諭中外知之

欽此

御製十三經注疏序 乾隆十二年

班固氏曰六經者王教之典籍先聖所以明天道正人倫致至治之成法也漢代以來儒者傳授或言五經或言七經暨唐分三禮三傳則稱九經已又益孝經論語爾雅刻石國子學宋儒復進孟子前明因之而十三經之名始立自宋易漢唐石刻之舊五經始有板本及明南北監板行而箋疏傳

義臚列具備學士家有其書傳習彌廣顧訓詁繁
則踳駁互見卷帙重則豕亥易訛或意晦於一言
之外或理乖於一字之謬校讐疎略疑悞滋多承
學之士無所取正我朝
列祖相承右文稽古
皇祖聖祖仁皇帝研精至道尊崇正學五經具有成書
頒布海内朕披覽十三經注疏念其歲月經久梨
棗日就漫漶爰勅詞臣重加校正其於經文悞字
以及傳注箋疏之未協者參互以求其是各爲考
證附於卷後不紊舊觀刊成善本匪徒備金匱石

室之藏而已書曰學於古訓乃有獲傳曰經籍者聖哲之能事其教有適其用無窮朕咨采勅幾實無審定之暇亦無鑒古之識而惟是緝熙遜志日就月將則有志焉而不敢不勉繼自今津逮既正於以窮道德之閫奥嘉與海內學者篤志研經敦崇實學庶幾經義明而儒術正儒術正而人才昌慨先王之道以贊治化而宏遠猷有厚望焉

諭戢刁風 乾隆十二年

上諭朕宵旰勅幾思所以惠鮮懷保之道尤勵始勤終怠之戒不敢因臨蒞久而有泰心近歲以來科

道官将有以民氣漸驕爲言朕初不信仍戒飭之乃福建則有羅日光抗租拒捕之案山東則有張懷敬聚衆毆差之案江南則有王育英號召罷市之案廣東則有韋秀貞拒捕傷人之案而莫甚於山西安邑萬泉聚衆抗官守門索犯之肆爲猖獗也夫以普免錢糧而民不以爲恩加賑厚恤而民不生其感偶或地方有司辦理少不如意輒羣呼咆哮挾制官長爲督撫者或避卞急之名或存省事之見不詢根由不顧大體甚或紛處官員以圖結案夫百姓之敢於恣肆妄爲亦由平日不知尊

親大義而平日之不知大義則由於朕厚加之以恩膏而不先牽之以教化督撫亦惟知朕有愛民之心而不思朕有教民之責居恒煦嘔噢咻惟恐咈百姓之意百姓目無官長竟若官長去留可操之於其手及羣不逞譁然而起而官長則已掛名彈章以致益孂習爲故常猶劣子之倚慈母有所恃而無恐且抗衡焉不思守令者朝廷之守令敬守令所以尊朝廷普免加賑格外之矜恤也假如不蠲免不賑濟譬之父母不顧其子耳不得生怨忿之心乃既蠲既賑而轉不安分奉法即使有司

奉行不善胥吏夤緣爲奸國有常經民宜靜聽夫父母愛子亦愛其馴順者耳使其子縱欲而不能節之以禮爲非而不裁之以義至於扞法抵禍議者必歸咎其父母其父母亦必自愧過縱之失則今日之頑民聚衆干犯刑章朕得不引爲已過深自愧悔也歟然朕雖失教於前尚思勤懇誨廸於後以爲衆黎庶勸各督撫其倡率州縣諄切化導使愚民知敬畏官長服從教令勿復自蹈迷途以益朕過實厚望焉各督撫其遍行曉諭使遠所窮鄉之民咸悉朕意欽此

諭禁淫祀 乾隆十二年

上諭朕聞閩省風俗尚鬼信巫偶遇雨暘失時遂有無藉之徒意在斂錢肥己詭稱某處神佛靈應聚衆迎賽或將神像擡至街衢挾令地方官跪拜迎送種種惡習殊屬不經凡地方偶遇水旱自督撫大吏以至州縣有司固當竭誠致禱明神爲民請命豈有棍徒藉名聚衆擡持官長因而召爭起釁滋生事端甚爲風俗人心之害此風斷不可長嗣後著嚴行禁止倘有違犯即照律治罪地方官倘或悠忽從事姑息養奸即著該督撫參處他省或

有似此惡習者著該督撫一體辦理欽此

御製三禮義疏序 乾隆十三年

三禮之傳遠矣周禮六官河間獻王上之儀禮十七篇禮記四十九篇高堂生戴聖傳之漢唐以來箋疏訓釋無慮數十家考其義或相牴牾先儒嘗譏其聚訟要其掇拾灰燼之餘傳先王制作之舊得什一於千百好古者所爲鄭重而愛惜之也我

皇祖聖祖仁皇帝表章羣經旣

御纂周易折中而詩書春秋則以分授儒臣纂輯義疏

頒布海內惟三禮未就朕御極之初儒臣上言今

當經學昌明禮備樂和之會宜纂輯三禮以蒇五經之全爰允其請開館編校越十有一年冬告竣夫禮之所爲本於天殽於地達之人倫日用行於君臣父子夫婦朋友之間斯須不可去者天不變道亦不變此其本也其制度品節服物采章隨時損益屢變以適其宜者禮之文也三代去今數千年矣脩其教而教明循其道而道行謂三代至今存可也何則其本得也若其用之朝廷邦國名物器數之具周旋進退之儀雖先王處此必將變通以適其宜而不泥於其迹故言禮者惟求其修道

設教之由以得夫禮之意而已顧其教之不泯道之所由傳未嘗不賴於經好學深思之士讀其書有惜不能俯仰揖讓於其間者先王制作之精意尚可想見於抱殘守缺之餘則經傳之爲功也大矣鼎彝鈎劍之遺篆籀之蹟流傳有自尚摩挲而寶護之況制作之精意所賴以傳者歟獨其質於衆說無所取衷爰命校纂諸臣芟煩截浮約文申義敷暢厥旨至其說之不可强同者稍爲辨正而仍其舊葢其承傳各異必牽合附會比而同之則失其眞也滋甚故無取焉刻既成爲之敘論以發其

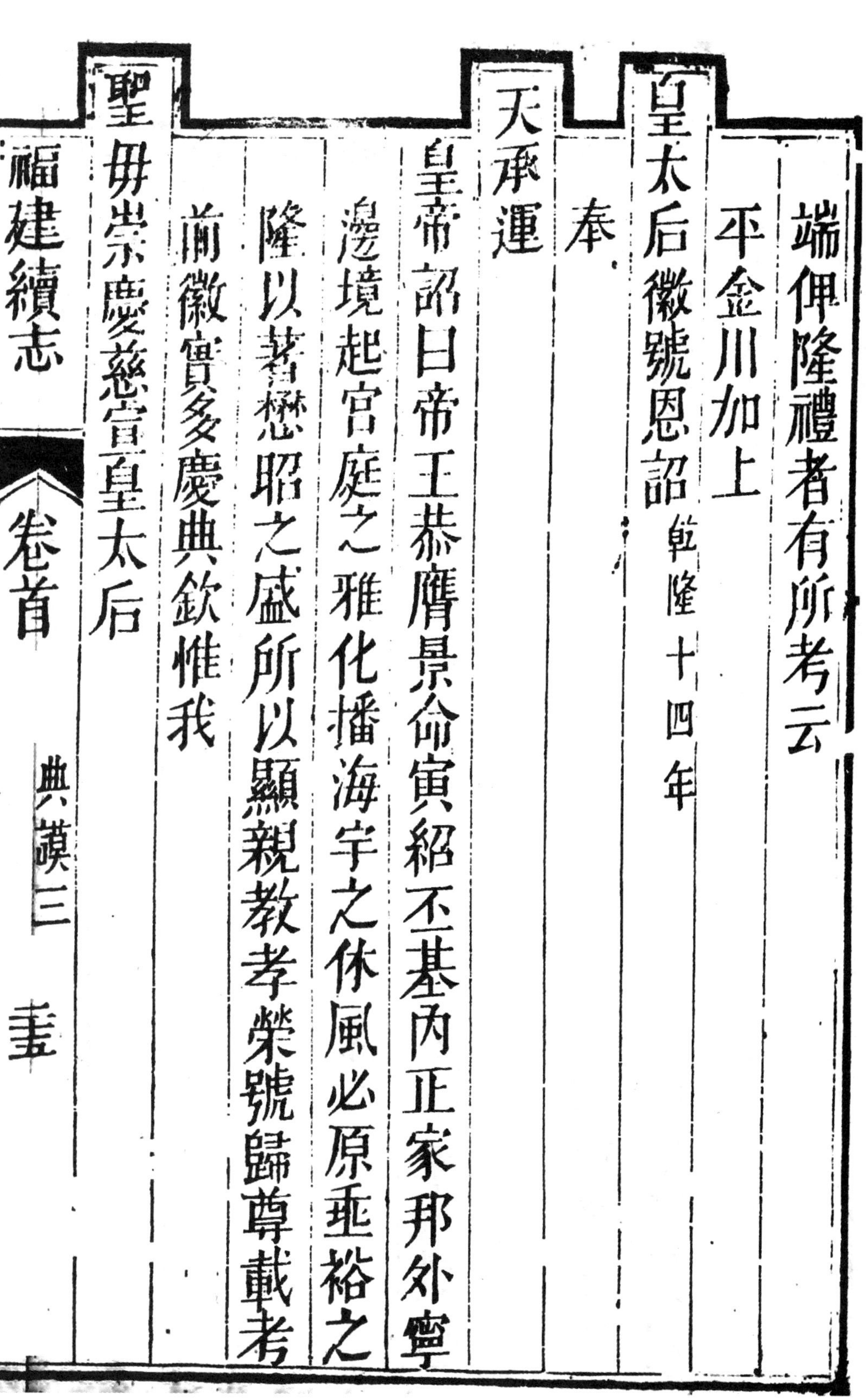
端俾隆禮者有所考云

平金川加上

皇太后徽號恩詔乾隆十四年

奉

天承運

皇帝詔曰帝王恭膺景命寅紹丕基內正家邦外寧邊境起宮庭之雅化播海宇之休風必原垂裕之隆以著懋昭之盛所以顯親教孝榮號歸尊載考前徽實多慶典欽惟我

聖母崇慶慈宣皇太后

仁垂教育
德溥生成
啓泰運以貽謀
體坤儀而立極頃以中宮虛位內佐需人乃
眷柔嘉俾宏繼體嫻妃那拉氏禔躬淑慎秉性端莊
克承
慈顧之恩允協順成之義雖正位之禮尚待於三年
而統攝之儀當循乎往制於乾隆拾肆年肆月初
伍日冊命那拉氏爲皇貴妃攝六宮事問安
蘭殿表範椒塗永敬奉乎

徽音以穆宜乎壼政至於遐方綏靖中外乂安丕成
不戰之功益荷無疆之
庥方當元勳冉闓嘉勇畧之宏抒禁旅揚威奉先聲
之大震審機宜於宵旰時切憂勤承
懿誨於再三深蒙訓廸仰體
好生之念用開祝網之恩金川土酋莎羅奔狠卡等
稽首來降革心效順兵戎載戢蠻服敉寧淳化般
流太和翔洽①此嘉祥之並集實惟
佑啓之多方宜駿
鴻稱以彰

校注：①洽

盛德謹告
天
地
宗廟
社稷於乾隆十四年四月初八日率王公文武羣臣恭
奉冊寶加上
聖母崇慶慈宣皇太后徽號曰
崇慶慈宣康惠皇太后尊養兼隆彌衍鴻圖之瑞顯揚
共戴永昭燕翼之祥盛典聿光湛恩用溥於戲廣
聖慈而錫福萬邦共樂平昇平昭

德範以承庥四海覃敷平愷澤布告天下咸使聞知

御製平定金川告成太學碑文 乾隆十四年

天畀我皇清握乾符俯坤軸函括萬邦悉主悉臣

五后纘承創守佑啓亦惟一二三藎臣布德宣力予日有

先後予日有禦侮用造我丕丕基罔有蘖芽罔不喣嫗長養游於大當粵有金川莎羅奔者居西蜀桃關以外界綽斯甲小金川之間向曾從征得受符檄與諸土司齒顧恃其險遠夜郎自大構釁鄰番各土司申訴封疆吏吏曰蔓之不圖豈其視爲甌脫乃請兵籌餉期掃其穴而司其事者或怯縮

以老師或慓狡以蓄志軍無適從事用弗集予心憫然念遠徼之不寧或致增防置戍重勞吾民大學士忠勇公傅恒義同休戚毅然請肩斯任乃命以經略印益厚集諸路軍芻粟相繼閭閻不驚卜吉於戊辰十一月之三日

禡牙以指所征朕親御武帳賜經略酒以行天氣和昶陽氣宣復都人士聽覩聳躍罔不忭喜謂霧布之旦暮至也乃歷燕晉驅秦隴越劍閣絕川江凌桃關之巘經天射之峻又日討軍實而教訓拊循之均其渴飲饑食同其曉行夜眠至於密贊機務

親草奏章則又經略獨勤其勞而諸武臣有所不
知有弗能共者恩威旣明士用益勵虔番落如戶
庭過部伍於衽席奸酋授首軍聲大振復以巨礮
擊其碉堅碉以摧將俟諸軍之集擣其中堅而番
首驟瞿駭喙稽首請降經略臣以彼罪重惡極窮
而乞生久或渝且借焉慮不允所請朕惟
天地之德在好生彼蟻潰而鼠駭者毋寧赦而宥之且
求降而盡殲之不可謂武殺不足以汚我斧也於
是經畧宣朕明旨登壇受降已巳二月之望日金
川平定捷音至京是役也深入數千里奏凱未七

旬而振旅之師多有返自中途未究其用者昔之成功巴蜀如建武之定公孫江陵之降李勢皆在版圖之內無足比數廷臣舉

皇祖朔漠

皇考青海成例請勒碑成均以示來許夫秉丹誠而運籌決勝永靖荒徼者經略大學士之力也商可否於帷幄衝石矢於行陣者叅贊大臣及諸將士力也朕何有焉惟是體

乾元之德凜佳兵之戒保大定功安民和衆庶可以垂則乎乃係之以詞曰維

天生人類聚羣分凡庶林林孰非我民有鸞而靡有誨

而謂豈伊異視遠近殊倫守在四夷稽古名言無

已用之寓義於仁蠢彼金夷恃其險阻蠶食豨張

謂莫我拒不靖不庭侵茲鄰聚駭奔叫呶以千①大

咎匪棘匪紓玁狁之故我張我伐玁狁之故我師

既集賊亦相持匪敢相持懼誅自支兩易寒暑救

功稍稽賊益以狂怒臂當車罪臣既誅以狥我師

朕咨於恒汝往視之朕咨於恒惟汝同德惟我庶

士亦久於役將茲旗兵羽林神策其勇熊羆其心

金不②何敵不摧何攻弗克齊以汝忠奏捷頃刻恒

校注：①干　②石

拜稽首臣敢弗櫜既禡既宜師出於京時惟一陽未逾五旬乃歷其疆前旌獵獵有節煌煌羣番迎驚謂自天降惟彼攸恃曰艮爾吉以偵以諜如鬼如蜮其恃爰誅其類股慄紀律是明戎兵是詰鑄礟攻碉其守以失惟是懼誅潛弗敢出其潛弗出乃旦夕延將齊我軍披其中堅大蘇大膊期月之前彼乃窮蹙乞降悚虔惟命是從六事求遵除道築壇肉袒羊牽糾糾緶琪乃虔之懇聿抵賊巢開誠以諭攜其一①酋軍門親赴悔罪歸誠車塵馬足腑斯撫之昭我王度昔②也雷霆今也雨露七縱諸

校注：①二　②昔

葛單騎汾陽曰我相臣於前有光晉爵錫服黼黻
龍章速歸黄閣左右贊襄休養生息惠鮮蜀邦我
武旣楊①無疆惟慶

諭舉經學乾隆十四年

上諭聖賢之學行木②也文末也而文之中經術其根
柢也詞章其枝葉也翰林以文學侍從年來因朕
每試以詩賦頗致力於詞章而求其沉酣六籍含
英咀華究經訓之閫奥者不少槪見豈篤志正學
者鮮歟抑有其人而未之聞歟夫窮經不如敦行
然知務本則於躬行爲近崇尚經術良有關於世

校注：①揚　②本

道人心有昔故侍郎蔡聞之宗人府府丞任啓運研窮經術敦樸可嘉近者侍郎沈德潛學有本源雖未可遽目為鉅儒收明經致用之效而視獺祭為工剪綵為麗者迥不侔矣今海宇昇平學士大夫舉得精研本業其窮年矻矻宗仰儒先者當不乏人奈何令終老牖下而詞苑中寡經術士也內大學士九卿外督撫其公舉所知不拘進士舉人諸生以及退休閒廢人員能潛心經學者慎重遴訪務擇老成敦厚純樸淹通之士以應精選勿濫稱朕意焉欽此

福建續志卷首

典謨

諭察吏 乾隆十五年

上諭朕宵旰靡寧勤求治理各省政績惟督撫是賴每見督撫到任必訾議前人之短乃甫經去任而訾議者亦復如前竟成套習蓋在因循不振者輙藉口與民休息而不留意於釐奸剔弊既至於縱弛其有一二號稱任事者又徒申號令務勾稽而無當於明作有功之實效是但知求之於民而未知求之於治民之吏也安民在於察吏各省民風

淳漓不一政務繁簡各殊而隨時整飭必專其責於親民之官古稱監司擇守令一邑得人則一邑治一郡得人則一郡治督撫有表率分疆之任不在多設科條紛擾百姓惟在督察屬員令其就現在舉行之事因地制宜務以實心行實政而總其成者復能慎持綱紀廣諮詢察視聽則闒冗怠事之流不敢以文具應上官而民情何有不得民事何有不興有治人無治法誠探本之論也著傳諭各省督撫共體此意不得以急遽煩苛為率作興事之術亦不得以蹈常襲故博寧人息事之名吏

戢則民自安朕於督撫等有厚望焉欽此

諭甄别學官 乾隆十八年

上諭向例各省教職六年俸滿該督撫學政公同甄别堪膺薦舉者保題送部引見其年力衰邁者咨部休致但督撫陋習既不肯輕保舉亦不肯多咨革是以保題固屬寥寥而休致者亦不多見惟使龍鍾衰老之輩濫竽戀棧無所區分甚視教職爲無足重輕初不計及爲造士之根本也前以選拔貢生爲教職之階曾降旨訓諭各督撫學政令其加意愼重嗣後教職除有劣蹟者隨時參劾外至

六年俸滿堪膺民社者保題其年尚強壯精力未衰可以留任者出具考語送部引見著准留任俟六年再滿仍如是甄別如年老人員即著咨部休致有願來京引見者照大計之例該督撫聲明給咨引見至訓導一官例止得陞縣佐該上司尤多忽略嗣後甄別之例與教職同著爲令欽此

諭重旌表 乾隆十九年

上諭山西巡撫恆文所題陽曲縣烈女薛開姐請旌一本內稱開姐自幼聘與王朝藩爲妻夫死誓不再適嗣伊父母以壻亡多日央媒行聘開姐遂自

縊死等語閱其情節開姐初志在於守節本可不死其死也皆伊父母貪得另聘財禮廹之使然耳廹至其女自縊又復具呈請旌冀領坊價所領尚浮於殯葬之費且領價之後建坊與否均未可知是國家棹楔之典適以飽伊不肖父母之慾槖於維持風化之道未爲有裨而轉以滋弊若謂未婚之女能矢志靡他捐軀就義或該撫酌量製給匾額發交本宅懸掛亦足慰貞魂於地下不必專疏請旌給與坊價嗣後各省有似此者即著照此辦理此本著發還無庸交部併傳諭各省督撫知之

欽此

諭賑恤 乾隆十九年

上諭喀爾吉善等奏臺灣彭湖等處颶風頓作沉失商漁船隻坍塌民房田禾間有刮損諸羅漳化二縣被災較重等語臺灣地居海外貧民猝被風災殊堪憫惻著該督撫查明被災戶口加意撫綏所有本年應徵地丁錢糧照例分別蠲緩乏食貧民酌借口糧妥籌接濟其坍塌房間擊沉船隻查明給與修費及掩埋之資仍督飭屬員實心查辦務使災黎均霑實惠于①應行撥運內地補倉米穀併

校注：①至

著暫停運留備賑恤之用該部即遵諭行欽此

諭重祀典乾隆二十年

上諭直省建立名宦鄉賢祠即古者瞽宗之祀所以崇德尚賢預斯祀者必其人實可當之無愧方足以光俎豆而式鄉閭其典綦重非於幾暇恭讀

皇考世宗憲皇帝上諭有江西撫臣謝旻請以原任學道高鑛崇祀名宦降

旨訓飭並詢問江西通省紳士應否崇祀令其據實

陳奏

皇考於崇祀一事

加意愼重如此所以爲世道人心計者具有苦心朕不勝欽感郎位以來各省督撫題請崇祀之人漸多該部或駁或准不過如所議行今見此

旨因憶近時大臣中曾有以祖父鄉賢具摺謝恩者召見九卿論及此事則郎尚書王安國左都御史楊錫紱之父其同時題請郎駁者曰徐景京則其子固非身列顯要者也設亦九卿祖父則該部亦必議准矣可見該撫之所請原在可駁可准之列而部臣之所議郎寓高手下手之心矣夫大臣身居九列部臣督撫義屬同官彼此瞻徇勢所不免郎

使採訪悉爲公當而悠悠之口難保其必無遺議
又況名實未必盡孚者乎且入祠既多朝貴先人
則潛德韜光之正士必且耻與爲伍崇祀大典將
不爲榮而以爲辱至實在政績茂著德望俱隆者
或子孫不能自振必轉致湮没無傳矣當其具呈
公舉雖托之輿論而主持爲首者仍係姻族衿士
貢諛徼賄何所不有風厲激勸之謂何不亦瀆典
章而褻名器乎朕亦非謂大臣祖父必不可入祠
也果使政事人品足爲衿式自必久而益彰何妨
待之十數年後而必及其子之備位大僚亟亟題

請以至公之舉而冒至私之名乎其入祠年歲已久者姑免追究所有王安國楊錫紱之父禮部行文各該省即為撤出從前具題之督撫及覆准之該部堂官俱著交部查明嚴加議處嗣後子孫現任九卿其祖父概不得題請入祠其身後鄉評允當者聽著為令總之狥情曲庇即黨援門戶之漸昔

皇考洞悉此等陋習尤加振刷如查嗣庭呂留良諸案實足以挽頹風而勵名教萬世子孫臣庶何忍不兢兢遵守使綱紀肅清俗尚敦厚乃國家之福即

四海臣民之福也倘以日久漸弛復萌故實將來
邠有查嗣庭呂留良不法之案朕亦非不能就國
憲以警凡頑者諸臣其共惕之欽此

御製平定準噶爾太學碑文乾隆二十年

遼矣山戎薰粥旃裘毳幕之人界以龍沙畜其騂
奚雖無恒業厥有分部蓋自元黃剖判萬物芸生
東夷西夷各依其地謬舉淳維未爲理據皇古莫
紀其見之書史者自周宣太原之伐秦政亘海之
築莫不畏其侵軼猾夏是虞自時厥後一二奮發
之君慨然思挫其鋒而納之宥然事不中機材不

剮用加以地遠無定處故嘗勞衆費財十損一得縉紳之儒守和親介胄之士言征伐征伐則民力竭和親則國威喪於是有守在四夷羈縻不絕地不可耕民不可臣之言興矣然此以論漢唐宋明之中夏而非謂我皇清之中夏也皇清荷

天之寵興東海撫華區有元之裔久屬版章歲朝貢從狩執役惟謹準噶爾厄魯特者本有元之臣僕叛出據西海終明世爲邊患至噶爾丹而稍強吞噬隣蕃闌入北塞我

皇祖三臨朔①漠用大破②其師元惡伏冥誅脅從遠遯跡

校注：①朔　②破

毋俾遺種於我喀爾喀厥姪策妄阿拉布坦①收其遺孽僅保伊犂故嘗索俘取地無敢不共逮夫部落滋聚乃以計籠哈密入西藏準夷之勢於是而復張

兩朝命將問罪雖屢獲捷而庚戌之役逆子噶爾丹策楞能用其父舊人乘我師怠掠畜於巴里坤擣營於和卜多於是準夷之勢大張然地既險遠主客異焉此勞往而無利彼亦如之故額爾德厄招之敗彼亦以彼貪利而深入也

皇考謂我武既揚不可以既允其請和以息我衆予小

校注：①坦

子敬奉

先志無越思焉旣而噶爾丹策楞死子策妄多爾濟那木札爾暴殘喇嘛達爾濟篡奪之達瓦齊又篡奪喇嘛達爾濟而酗酒虐下尤甚焉癸酉冬都爾伯特台吉策楞等率數萬人來歸越明年秋輝特台吉阿睦爾撒納和碩特台吉班珠爾又率數萬人來歸朕謂來者不可以不撫而撫之莫若因其地其俗而善循之且毋令滋方來之患於我喀爾喀於是議進兩路之師問彼罪慰安我新附凡運餉籌馱長行利戰之事悉備議之始熟經庚戌之艱

者咸懼蹈轍惟大學士忠勇公傅恒見與朕同而

新附諸台吉則求之甚力朕謂犁庭掃穴即不敢

必然喀爾喀之地必不可以久居若而人毋寧用

其鋒而觀厥成即不如志亦非所悔也故凡禡旗

命將之典概未舉行亦云偏師嘗試爲之耳塞上

用兵必以秋而阿睦爾撒納瑪木特請以春月欲

乘彼馬未肥則不能遁朕謂其言良當遂從之北

路以二月丙辰西路以二月巳巳各啓行哈密瀚

海向無雨今春乃大雨咸以爲時雨之師入賊境

凡所過之鄂拓克攜羊酒糗精迎恐後五月乙亥

（①）伊犁亦如之達瓦齊於格登山麓結營以待兵

逼萬我兩將軍議以兵取則傷彼必衆彼衆皆我

衆多傷非所以體上慈也丁亥遣阿玉錫等二十

五人夜斫營覘賊向賊兵大潰相蹂躪死者不可

勝數來降者七千餘我二十五人無一人受傷達

瓦齊以百餘騎竄六月庚戌回人阿奇穆霍集斯

伯克執達瓦齊來獻軍門準噶爾平是役也定議

不過二三人籌事不過一年兵行不過五月無亡矢

遺鏃之費大勳以集遐壤以定豈人力哉

天也然

校注：①至

天垂佑而授之事機設不奉行之以致坐失者多矣可樂成不可與謀始亦謂蚩蚩之衆云爾豈其卿大夫之謂既克集事則又曰苟知其易將勸爲之夫明於事後者必將昧於幾先朕用是寒心且準噶爾一小部落耳一二有能爲之長而其樹也固焉一二暴失德之長而其亡也忽焉朕用是知懼武成而勒碑文廟例也禮臣以爲請故據實序之其

辭曰

茫茫伊犁大幹之西匪今伊昔化外羈縻條支之東大宛以南隨畜獵獸蟻聚狼貪乃世其惡乃恃

其遠或激我攻而乘我緩其計在斯其長可窮止
戈靖邊化日薰風不侵不距不來其那款關求市
亦不禁訶始慕希珍終居奇貨吏喜無事遷就斯
恢漸不可長我豈懼其豈如宋明和市之爲既知
其然飭我邊吏弗縱弗嚴示之節制不仁之守再
世斯斬篡奪相仍飄忽萑苻夙沙華面煎鞏披忧
集泮非鴞食黮懷音錫之爵位榮以華裾膝前面
請願効前驅兵分兩路雪甲霜鋒先導中堅如壘
錯攻蓋以後勁蒙古舊屬八旗子弟其心允篤二
月卜吉牙旗飄颻我騎斯騰無待折膠泉涌於磧

蕪茁於路我衆歡躍謂有

天助匪啼我衆新附亦云黃髮未覩水草富春烏魯木

齊波羅塔拉台吉宰桑紛紛款納牽其肥羊及馬

潼酒獻其屠耆合掌雙手予有前諭所禁侵陵以

茶交易大愉衆情衆情旣愉來者日繼蠢達尨齊

擁兵自衛依山據淖惟旦夕延有近萬人其心十

千勇不目逃掄二十五日阿玉錫率往賊所銜枚

夜襲直入其邪揮矛拍馬大聲疾呼彼入旣離我

志斯合突將無前縱橫轢轆豕角鹿埵隴種東籠

自相狠籍孰敢攖鋒狐竄鼠逃將往異域徊步遮

之兕渠斯得露布既至告
廟受俘凡此藏功荷
天之衢在古周宣二年乙亥淮夷是平常武詩載越我
皇祖征噶爾丹命將禡旗亦乙亥年既符歲德允協師
貞兵不血刃漠無王庭在昔準夷弗恭弗聽令隨
師行爲師候尉昔時準夷日戰夜征今也偃臥知
樂人生曰匪準夷曰我臣僕自今伊始安爾游牧
爾牧爾耕爾長孫子曰無向非豈有今是
兩朝志竟億載基成側席不遑保泰持盈
平伊犁加上

皇太后徽號恩詔 乾隆二十年

奉

天承運

皇帝詔曰：朕寅紹丕基，統御中外，痌瘝念切，宵旰勤

求，惟期綏靖邊陲，乂安黎庶，俾享昇平之福，並臻

康阜之風。若乃絕域歸誠，膚功迅奏，纘

祖宗未竟之緒，綿社稷無疆之休，固事會之所期，實

懋昭之有自。彝章式著，慶典彌光。準噶爾部落，僻處荒

陬，未膺朝命，妄思雄長，陵擾諸番。昔我

皇祖聖祖仁皇帝勤三駕以親征

皇考世宗憲皇帝命六師而致討迨朕御極正及撤兵聊示羈縻准通貿易詎包荒之旣久乃骨肉之自殘而逆豎達瓦齊篡弒相尋人心瓦解始則車楞伍巴什等款關請附繼則阿睦爾撒納等率衆來降旣不忍拒之遐荒自當爲登之衽席是用揆機度勢命將出師因其向化之誠寄以前驅之任該將軍等同心戮力布德宣威大軍所至自噶爾丹多爾濟以及諸部各台吉喇嘛回民等莫不拜舞輸忱歡迎載道壺漿夾路耕牧不移遂直抵伊犁牧①其部衆撫綏安輯咸慶更生無血刃遺鏃之勞

校注：①收

奏擣穴犁庭之勝計自始事以迨捷聞曾未數旬
迅成偉績歷稽往牒所希逢在於朕心倍深兢業
此皆沐
蒼穹之默眷荷
列祖之鴻庥故能暢播遠猷光昭駿烈巳分遣皇子恭
詣
祖陵代行告祭謹於乾隆二十年六月初一日親詣
太廟躬申祇告併遣官祇告
天
地

社稷暨

先師孔子用申謝悃至朕日侍

璇宮親承①

懿訓溥②

慈暉於海宇

錫厚澤於生民仰惟垂裕之

恩宜晉顯揚之號茲於本月初七日率王公文武羣臣

恭奉冊寶加上

聖母崇慶慈宣康惠敦和裕壽皇太后徽號曰

聖母崇慶慈宣康惠敦和裕壽純禧皇太后兩階之文

校注：①承　②溥

德覃敷肇皇圖於有永萬國之歡心允洽介純嘏
以彌增用溥覃恩聿光盛典於戲廣
仁恩於茂育遠敷熙皥之隆崇
光烈之覲揚永慶綏和之治佈告天下咸使聞知

諭釐剔佐雜 乾隆二十一年

上諭近來外省督撫於道府大員及正印官尚留心稽察至於佐雜等官往往視爲微員置之不問不知佐雜秩卑體褻與吏胥最近素相朋比遇有地方詞訟等一經批委輒思因以爲利奸胥串合舞弊甲賄則左甲乙賄則左乙兩賄則權其輕重而

左右之或兩授而和釋之夫蠹螣雖微必害良稼小民其奚堪此各該督撫皆有察吏安民之責其務申明憲令加意釐剔①勿以惡小而姑容之俾政平訟理副朕勤求民瘼之至意者②通行傳諭知之

欽此

諭慎選同考 乾隆二十一年

上諭外省鄉試同考官例於州縣內之科目出身者考試入簾然該督撫往往視爲具文率以地方不甚緊要而辦事平常者充其選及或年力已近衰頹精神不能周到亦得濫竽其列夫衡文之柄雖

校注：①勿　②通

在主考而分房閱薦必須藻鑑精明方不致有魚目之混且應試舉子大省或數逾萬人主考官即搜查落卷又豈能遍閱無遺如分校之得以從容詳審乎今歲鄉試屆期所有各省同考官其令該督撫等慎重遴選精加考試擇其年壯學優者共襄試事以副國家掄才大典鎖闈不過匝月本任即繁劇原有委員代理於地方亦何致貽悞即可將此通行傳諭知之欽此

諭慎重科舉 乾隆二十一年

上諭鄉試磨勘一事前已有旨令於下科爲始將來

詳加覆勘自不致視爲具文惟是三塲試藝篇幅
繁長士子風簷寸晷中檢點偶疎輙干指摘其以
磨勘獲咎者轉得有所藉口且設科立法程才無
取繁文虛飾今士子論表判策不過雷同勦說而
閱卷者亦止以書藝爲重即經文已不留意衡文
取士之謂何此甚無謂也三塲試以書藝經文足
覘素養繼之五策更可考其抱負之淺深又何庸
連篇累牘爲耶嗣後鄉試第一塲試以書文三篇
第二塲經文四篇第三塲策五道其論表判概行
删省至會試則旣已名列賢書且將拔其尤者備

明廷制作之選淹長爾雅斯爲通材其第二塲經文之外加試表文一道即以明春會試爲始鄉試以乾隆巳卯科爲始著爲例如此則士子闈中不得復諉之於日力不給而主考亦可從容盡心詳較無魚目碔砆之混且鄉試第二塲止經文四篇斯潦草完篇者當在所黜專經之士得以抒夙學而淺陋者亦知所奮勵去浮文而求實效斯足稱國家賓興大典可傳諭該部遵行再向來會試例不磨勘未足以昭愼重亦著寛至庚辰春榜後奏請一體派員磨勘欽此

諭慎重科舉 乾隆二十二年

上諭前經降旨鄉試第二場止試以經文四篇而會試則加試表文一道良以士子名列賢書將備明廷制作之選聲韻對偶自宜留心講究也今思表文篇幅稍長難以責之風簷寸晷而其中一定字面或偶有稍落輒①下貼例未免仍費檢點且時事謝賀每科所擬不過數題在淹雅之士尚多出於夙構而倩代強記以圖僥倖者更無論矣究非核實拔真之道嗣後會試第二場表文可易以五言八韻唐律一首夫詩雖易學而難工然宋之司馬

校注：①干

光尚自謂不能四六故有能賦詩而不能作表之人斷無表文華贍可觀而轉不能成五字詩帖者況篇什既簡司試事者得從容校閱其工拙尤爲易見其卽以本年丁丑科會試爲始現在各省會試舉子將已陸續抵京該部卽通行曉諭知之欽此

諭甄別教職 乾隆二十二年

上諭各省教職六年俸滿例由該督撫學政公同甄別前經降旨令將堪膺民社者保題其年力未衰可以留任者一併出具考語送部引見但教職一

官寒氊可念遠道孤征舟車僕從之資不無多費僻在邊省者轉瞬六年尤爲僕僕嗣後各省甄別教職雲貴川廣福建湖南甘肅等省俱著改爲八年舉行一次俾得寬其程限至來京時亦不必專檄獨行聽其從便結侶請咨送部引見其六年保題縣令及餘近省分仍著照舊例行欽此

諭愼牧令保舉 乾隆二十二年

上諭牧令於民最親其賢否所繫最重前恐外省督撫各存意見登之薦剡者未必盡出於至公而實在循良之吏或致淹滯有十年不調之嘆是以降

古令將歷俸十年以上者送部引見蓋恐實有才具可觀久屈下僚冀得簡拔數人以供驅策且示鼓勵乃數年陸續引見各員多屬尋常供職之人求其才猷出色者甚少類皆庸庸者流適膺簡僻小邑得以存拙故可姑容其至十年之久者幸耳卽如今日之廣東陽江縣知縣李青廣西武緣縣知縣嵇坊其人殊無足觀較之督撫題陞薦舉之員相去甚遠可見數年來各督撫於保題陞調尚不敢逞其私意屈抑人材嗣後此等俸深人員如本人情愿引見仍照例送部其有不愿者聽不必

僕僕道路徒費往返然人才具雖限之於天而志由自立果能實心任事必有實惠及民所當奮勉向上爲國家有用之員上司自有聞見若該督撫等因有此旨遂不秉公詳慎狥情濫舉或於闒茸衰庸之輩曲爲隱庇以博寛大之名則大非委任封疆之意矣著將此通行傳諭知之欽此

諭平定伊犂全部二道 乾隆二十三年

上諭準噶爾一事自用兵以來伊犂既已蕩定而哈薩克汁阿布賚等亦輸誠內嚮實皆仰荷

上蒼之默佑

列祖之鴻庥獨因阿睦爾撒納逋逃未獲以致勞我師旅於今三年蓋此賊一日未能成擒則西事一日不能就緒不得不極力追捕以為邊圉久遠之計非朕之好為窮兵黷武也從前所降諭旨甚明去歲聞阿睦爾撒納竄入俄羅斯境內俄羅斯向為和好之部定議彼此不許容留逃人況阿睦爾撒納之罪大惡極尤非他逃人可比當令理藩院行文俄羅斯薩納特衙門向索今據辦理俄羅斯邊界事務哈爾哈親王桑齋多爾濟等奏稱俄羅斯比爾哈的差圖爾馬齊比什拉等前來併移文內

稱阿睦爾撒納逃至伊境渡河被溺隨撈救拘禁旋因患痘身死今將屍獻出等語若惟恐不能取信於天朝而亟亟以獻屍為確據者夫以阿睦爾撒納之貪殘狡詐貽害生靈負恩悖叛天良絕滅即暫逃於顯戮必難逭於冥誅斷無久延視息之理其為死也諒無可疑而俄羅斯之收留叛賊始未嘗不欲撫而用之及其已死無可希冀然後獻出亦係其實在情節然彼既已謹守舊約克全信義為詞自不當逆料其詐拒而不受更行深責也且國家之所期務獲者不過一阿睦爾撒納耳今

其人已死其屍已得準噶爾全局自可以告厥成功朕惟以大公之心爲順應之舉斷不肯恃我國威誅求過當萬一所獻不實意圖欺罔則其曲自在俄羅斯彼若妄生事端則朕可以上告

天地而下對臣民再與師問罪亦未爲遲而無知苟安之徒亦無從議朕爲好武矣始議向俄羅斯索取阿睦爾撒納時衆人之意未必不竊議又生邊釁是總不知駕馭外藩之道示之以謙則愈驕怵之以威則自畏此二言若子孫世世能守實大清國億萬年無疆之庥也即如漢唐宋明和親稱姪歲

幣屢增是亦謙讓之極矣而於邊患寧稍救耶俄羅斯既已收留逃賊若不嚴行索取彼必不將屍獻出設從史貽直陳世倌所議且將遷就隱忍竟似叛賊一入俄羅斯遂無可如何者所謂唾面自乾之爲朕甚耻之朕於軍國重務惟有乘機度勢因物順理不但初無搆釁於俄羅斯之心即此用兵三年雖未如康熙雍正年間之久而朕已慮衆人之勞時切於懷特因叛賊未獲萬難中止初非朕之本懷也向使從前在事諸臣果能訊合機宜則叛賊自不致逃竄即逃竄亦當早爲弋獲何至

輾轉愆期此用人不當實朕之愧然統計連年軍興徵調皆出自公帑不但未加賦閭閻而賑恤有加於往歲此亦天下臣民所共知者今逆屍已獲伊犁全部悉入版圖徐謀耕牧纘成

皇祖

皇考未竟之緒而自古未通中國之哈薩克亦皆稱臣納貢其於我皇清疆宇式廓萬年久安之道爲有益矣朕亦不更置論至葉爾啓木哈什哈爾等回部原可計日平定不必更煩動衆所有阿睦爾撒納身屍俟解到之日驗明戮示以彰國憲先將此

通行曉諭知之欽此

上諭前據桑寨多爾濟奏稱俄儸斯比爾哈的爾等移咨內稱阿睦爾撒納出痘身死作速遣人往認等語當經降旨令桑寨多爾濟速派人前往認明阿睦爾撒納屍骸解送京師今據桑寨多爾濟差親王齊巴克雅蘭品爾會同俄儸斯之哈畢坦普爾楚克抵得爾吉悉伯地方詳認阿睦爾撒納屍骸肌肉完整並無朽壞且面貌宛然但據伊等告稱薩那特衙門尚未有遣送阿睦爾撒納屍骸之信是以哈畢坦等未敢輕與等語據此則阿睦爾

撒納之死盜屬確鑿無疑雖哈畢坦等因未奉伊
薩那特衙門文移未敢遽將阿睦爾撒納之屍骸
遣送然前此業經移知俄羅斯薩那特衙門令其
送出薩那特衙門接到時自當令比爾哈的爾解
送蓋伊等從前報知阿睦爾撒納身死之後尚恐
時屆炎暑屍骸易變再三移催作速遣人往認將
來所存僅一枯骨伊等必欲留之何用再朕前經
降旨令將阿睦爾撒納屍骸解送京師特以阿睦
爾撒納情罪重大雖已自斃亦應懸之藁街以昭
顯戮耳今阿睦爾撒納罪惡貫盈已伏

天誅現今遣往之人會同詳悉驗明確實已屬毫無可疑則是俄羅斯將阿睦爾撒納之屍即行解送與否均屬無關緊要可以不必深論矣著將所奏識認阿睦爾撒納屍骸確實緣由傳諭中外知之欽此

諭飭水師　乾隆二十三年

上諭各省水師所設兵弁目以熟諳水務爲要向來水營將備積習遇有考選拔補恐提督等專以弓馬較優劣轉就其中稍能騎射者申送而該提督等亦遂不察其果諳水務與否漫爲去取夫使既

習水務又嫻弓馬誠爲出衆全材但水師所重全
在能識風雲熟知沙線以及通曉駕駛等事若專
較騎射是輕其所重而重其所輕將實在熟諳水
務之兵丁轉致一槩終老殊非設立水師本意嗣
後除內河水師仍照舊例拔補外其出巡外洋各
兵弁著該管官於統領出巡時留心查察權水務
之緩急驗技藝之高下分別等第詳記檔案預行
申報遇有考拔督提等可按籍而稽外委則以一
等之兵丁拔補千把則以一等之把總外委考補
如一等不敷卽用二等庶不致所試非所用而嘗

務可收實效至水師保送俸滿千總尤當詳慎著
各督提等嚴行考核併發隔營統巡大員帶領出
海試驗如果嫺習水務准其送部引見其或本營
濫行保送及隔營扶同徇庇者即行查明參處其
著爲令欽此

諭慎倉儲乾隆二十三年

上諭據劉慥奏州縣出借倉穀每年秋收後多不上
緊催完至春輙捏報還倉旋即詳請出借不過令
舊借之戶換一新領等語各省倉儲向例春借秋
還青黃不接之時貧民既得資其接濟而秋後即

照數徵收穀石可以出陳易新兼不致侵蝕懸欠至次年又可查核待借貧戶再行借給若不如期催令完納而以舊欠作新領則出借之項年復一年不肖胥役得從中影射侵蝕更有欠戶逃亡事故日久遂致無著者且舊時借領之戶尚欠而現在待借之戶甚殷倉貯既虛勢不能另爲籌給是名雖設倉備借仍屬有名無實大非愼重儲積賑恤困乏之意晉省既有此弊他省諒亦皆然嗣後各督撫務當嚴飭所屬實力奉行除緩徵州縣外所有民欠倉穀各令依限還倉勿復仍前玩視其

有捏欠作完以欠作領即查明叅處庶俾借欠不致久懸蠹弊可清而緩急有備可通行傳諭知之欽此

諭重考績 乾隆二十四年

上諭向來內外文武三品以上大員遇京察軍政之年援例自陳文具相沿無裨實政曾經降旨停罷第念伊等洊陟崇階並由特簡其人賢否優劣雖已均①在洞鑒然其間亦不乏旅進旅退苟圖持祿戀棧之人若以平時既無大過足干吏議又不援例甄核任其迴翔日久必致職業不揚甚非澄敘

校注：①均

官聯之道嗣後吏部于京察時將在京之尚書侍郎以下至三品京堂以上在外之總督巡撫分列爲二本兵部於軍政時將在京之都統副都統在外之駐防將軍都統副都統各省之提督總兵官分列爲三本繕具簡明履歷清單進呈候朕鑒裁以重考績大典著爲令欽此

諭重磨勘 乾隆二十五年

上諭秦蕙田等進呈磨勘順天等五省鄉試試卷所有簽出應行處分各卷頗見詳愼均交部照例辦理惟試卷內有詞意紕繆之甚者於文風士習殊

有關係卽今日召入諸大臣及磨勘大臣誰無司衡之任不得不爲明切宣示俾衆共知之制義一道代聖賢立言務在折衷傳註理明詞達爲尚前因士子多喜爲剽竊踳駁之詞不惜再三訓諭俾以清眞雅正爲宗並將選定四書文頒貯內簾令考官知所程式乃今科順天鄉試中式第四名邊嚮禧文內竟有飲君心於江海之語揆其命意不過如飲和食德常言耳而蕪鄙雜湊遂至不成文義此豈字句小疵可比雖不宜以一語擯棄亦何至濫厠前茅若他卷尋常紕謬正不可悉數蓋由

典試事者不能別裁僞體而所好或涉新奇士子揣摩效尤不知墮入惡道此病自有科目以來皆所不免唐時韓愈以試文類於俳優爲恥且甚其詞曰人笑之則以爲喜人譽之則以爲憂可見有司尺度一不足憑深爲處士之累然其毅然以道自任尚思回狂瀾於既倒況大臣等將以文學侍從甄拔羣材而可不秉經樹則端後進之蘄向乎有明決科之文流派不皆純正但如歸有光黃淳耀數人皆能以古文爲時文至今俱可師法國朝人文蔚興前如熊伯龍後如李光地葦並 根據理

要而體裁自見閎整至若張照等之步趨李光地亦知彷彿先民矩矱雖所詣不深要尚不失於正茲因抽閱試卷特降旨明白宣諭使衡文作文者咸以正風尚厚人心為務愈見前次勅部定例磨勘裨益宏多又匪直為屏斥貝文起見也將此通諭中外其明體朕意仍將此旨錄於至公堂俾嗣後司文者知所警惕欽此

諭儆天戒　乾隆二十五年

上諭序臨北至一陰始生薄蝕適逢益切乾惕古帝王克儆天戒不敢以宿離有常度為解朕亦同此

志彌月不雨蒿目增憂幸節屆晉青麥稔可望然盛
滿爲虞匪藉遇災知懼始斤斤動色諮警爲也前
歲日食下詔修省而建言者或毛舉細故摭拾浮
詞雖不足深尤究無裨實政又凊理刑獄間歲已
勑部舉行踵事不已正昔人所稱赦非善政者應
天以實不以文朕方側席省躬所有本月朔內廷例用
龍舟上年旣以禱雨不行今雖際時和並飭停罷
用申祇荷
天仁示戒之至意諭衆知之欽此
諭日月合璧五星聯珠勿宣付史館乾隆二十六年

上諭昨據欽天監奏明年元旦午時日月合璧五星聯珠并繪圖呈覽請宣付史館朕以七政同躔五運淩犯或所時有靈臺占候者轉指爲瑞應以飾聽聞則大不是因召諸王大臣及監臣等面詢據勒爾森等五緯連貫相生不侵次舍實叶吉占並非以祲爲祥等語朕於天文象緯素未深究從不强不知以爲知但思日月五星行有常度史傳所載高陽氏時五星聚於營室年代荒遠已難具論即如漢高祖元年五星聚東井宋開寶元年五星聚奎殆千有餘年始一遇而其爲實爲僞亦莫可

究及我朝雍正三年二月合璧五星聯珠相距宋時亦已七八百年今自乙巳至辛巳章部甫及兩周何以遂應再覯耶據監臣奏稱較前慶爲尤昭明則安知將來不有議此度之亦不昭明者耶邇日西陲大功底定版圖式廓遠踰二萬餘里海宇晏安年穀順成內外諸臣大法小廉人民樂業其爲祥瑞孰有大於此者乎又如今冬京師風日晴暖正在望雪之際而六花壘降四野霈霑直隸河南山東山西等省并陸續奏報得雪而諸回城新闢耕屯亦有盈尺告豐之奏此則祥瑞之實而可

徵者不在乎合璧聯珠始足彰
蒼符應也在監臣等職司觀象詎不敢妄相附會以
爲潤色隆平之舉而揆之於理終難深信即使懸
象著明星文表異實爲我國家世運亨嘉之盛瑞
惟當益加兢業保泰持盈用以上承
靈庥以與我天下臣民共享大平之福耳至謂元旦
嘉兆適逢
慈寧七旬大慶之年可徵
萬壽延年之祝朕惟心識之而默叩
乾貺若必宣付史館垂爲慶牒則各省文武大吏

必競以甘露慶雲等事紛紛入告將日事虛文轉

致貽誤實政殊非朕敬

天勤民宵旰圖治之至意所奏不必行仍將此宣諭中

外知之欽此

皇太后萬壽恩詔乾隆二十六年

奉

天承運

皇帝詔曰帝王恭膺景命孝治爲先肅奉徽儀恩施

用溥際大平之上理遡源必始於宫闈昭尊養之

隆文行慶聿昭於海寓萬國被康寧之福千秋揚

頌禱之聲顯號遐宣蕃釐茂集欽惟

聖母崇慶慈宣康惠敦和裕壽純禧皇太后陛下

仁心篤慶

懿德凝庥

含章允協於坤元

厚載常昭於泰運

恩垂啓廸勗宵旰以維勤業廣敷施勅幾康於無斁

托

慈雲之普覆闓澤羣霑仰

愛日之長懸陽和徧煦

壽宇開而版圖式擴春臺陟而嘉應駢臻茲逢辛巳

之仲冬恭慶七旬

聖壽自天申命聿昭保定之符率土騰懽特著尊崇之

義爰祗告

天

地

宗廟

社稷於乾隆二十六年十一月二十日率王公文武羣

臣恭捧

冊

寶加上
聖母崇慶慈宣康惠敦和裕壽純禧皇太后徽號曰
崇慶慈宣康惠敦和裕壽純禧皇太后茀祿永綏光啓
壽昌之運彛章具舉化敦敷錫之原鉅典攸昭隆
恩式展於戩介
慈耋而錫福萬年之景祚彌長崇
慶典以推恩四海之歡心畢洽布告天下咸使聞知
諭重銓政　乾隆二十八年
上諭向來親老改補近省者赴補時即照例歸部坐
補原缺得缺後然後引見但等該員等在部需次

動輒經年其材具尋常者原不妨稍待時日倘其中或實有出衆之材坐令淹滯未免可惜嗣後著照病痊赴補之例一體帶領引見候朕酌量降旨分別錄用又例稱此項人員內在改補之缺一經卓異即改入新班免其坐補原缺同一養親而得邀薦剡遂爲終南捷徑恐日久漸開夤緣趨避之風將來此等改補近省卓異人員並著該部於引見時將緣由附摺聲明其公當與否自難逃朕洞鑒如此則有用者既可及鋒而試而卓薦者亦可杜干進之門無枉無縱於銓政更爲平允著爲例

欽此

諭愼重封疆 乾隆二十九年

上諭督撫爲封疆表率地方遇有重要公務應親身前往董理者自不得陷出養安坐乖職守前屢降諭旨甚明第大員所過之地有司皆其本屬未免預備館舍盤餐夫馬勞費日滋即經定制申禁並督撫通飭裁減而陋習終難盡革朕意欲杜屬員等供應之流弊仍當先清該督撫巡查之本源即如督撫辦公出省輕騎減從固分所宜然惟攜帶幕賓胥役及舊案卷箱二節率視爲途次必需之

①頂以致輿擡傔衛儲偫驛騷勢難抑制職此之由殊不思其人既由敭歷洊階制撫於吏道自當明練何至倚幕胥爲行止竟至刻不可離且所巡歷不過爲一事而往豈有此一事該督撫尚不能辦而必資幕友必需通省歷任之成例焉用如許車馬篋籢重煩牧守等疲於奔命爲耶嗣後督撫等務須加意省約屏去繁文幕僚中如所備一時急需繕摺之類許其酌帶一人自給資斧其緊要簿件亦只自貯行笥不令屬邑供頓此外一切無益冗費槪行删除以免猾吏巧爲逢迎及家人長隨

校注：①項

借端勒索倘因防弊之故將來轉以慎重出巡托詞爲下官惜費是又懲羹吹虀全不知事理之輕重豈朕委任督撫之意耶將此通諭知之欽此

諭旌表節孝　乾隆二十九年

上諭崔應階題請旌表烈婦邢氏等一本援引雍正十三年冬季恩詔各省皆然未免故套相沿于良法美意殊未領會國家令典遇有孝子順孫義夫節婦核其實行如果堪膺旌獎封疆大員原可隨時據實題旌以勵風化若援遠年恩詔爲例是以激揚實政幾爲粉飾具文致有司不過奉行故事

而小民亦且視為泛常豈核實表彰之意著通諭
各該督撫嗣後旌表節孝但應確核事蹟據實題
請勿得沿襲舊文以致習焉不察欽此

遵

旨議奏臺灣冒籍 乾隆二十九年

上諭御史李宜青條陳臺灣事宜一摺所奏應行與
否且不具論而其用意之取巧器小已大失言官
之體該御史奉差巡臺地方之事皆其職分所難
諉第同差滿漢二員考成均屬一體見聞所及理
宜和衷共酌會銜入告卽意見容有參差亦應據

實聲明專摺奏請乃李宜靑既不於在臺時彼此會商至回京復命亦未聞一言及此及至差滿日久挾此爲獨得之秘羅列見長彼以建白博名爲者存心鄙瑣固當如是耶此等伎倆猶得以嘗試爲得計耶李宜靑著傳旨申飭至所奏各條亦不必以人廢言仍著交部議奏欽此欽遵于本月十六日抄出到部除先行遵

旨申飭外臣等按款核議恭呈

御覽一奏稱考校首嚴冒籍及鎗手頂替等弊原設立廩保童生互結法至詳也臺灣四縣應試多

福興泉漳四府之人稍通文墨不得志本籍則

指同姓在臺居住者認爲弟姪公然赴考教官

不及問廩保互結不暇詳至竊取一衿輒褰裳

以歸是按名爲臺之士實則臺地無其人臣於

上年抵臺行文觀風四縣生員只八十餘卷詢

之該處官吏據稱俱在內地夫庠序之設凡以

宏獎風教使居其土者知所向方今臺屬南北

二路廣袤一千數百餘里計其莊戶不下數萬

而博士弟子員寥寥不少概見則皆內地冒名

之所致也查臺地考試從前具有明禁非生長

臺地者不得隸于臺學

聖朝作養邊陲之至意人所共見又定例入籍二十年亦無原籍可歸者方准予寄籍考試今四府人士其本籍不患無可以應試之處而遠涉重洋或兩地重考或頂名混冒兢

功令而竊榮名莫此爲甚請將內地冒籍臺屬各該學文武生員照冒籍北闈中式之例悉改歸本籍仍請

勑下該督撫飭行兼管提督學政之臺灣道嗣後府縣試及該道考試應作何設法稽查識認精細

其稟保等不敢通同徇隱及受財等弊斯則海
邦皆鄒魯而作人之化無遠勿屆矣等語查全
書內載臺灣向因新闢讀書者少多係泉漳各
處冒籍今臺灣文風日盛何必借才異郡嗣後
歲科兩試飭令該地方官查明現住臺地有田
有產入籍既定之人取具鄰里結狀方准送考
如有冒籍臺地入學者將該地方官題參議處
本童照冒籍例治罪等語茲據該御史奏稱臺
灣四縣多福興泉漳之人指同姓在臺居住者
認為弟姪公然赴考是立法非不嚴密而日久

漸至廢弛應如該御史所請
勅下該督撫及臺灣道轉飭地方官查明的係入籍二十年以上並無原籍可歸者方准考試如有冐籍赴考者除將本童及廪保照例治罪外地方官一併查叅議處至現在已經冐籍入學各生亦應照乾隆二十一年清查順天冐籍之例勒限一年改歸原籍如地方官奉行不力該督撫卽行指名叅處等因于乾隆二十九年十一月初八日奉
旨依議欽此

頒發周易述義詩義折中春秋直解 乾隆三十年

上諭前輯周易述義詩義折中春秋直解告成于從來傳注離合異同之處參稽是正允宜津逮士林而梓刊訖工未經頒發著將此三書每省各頒一部依式鋟版流傳俾直省士子咸資誦習其原本即庋藏學宮以示嘉惠廣厲至意該衙門即遵諭行欽此

諭敬避

廟諱御名 乾隆三十年

上諭前據福建學政紀昀條奏敬避

廟諱御名一摺經大學士等會同禮部議覆請將偏旁各字缺筆書寫原屬臣子敬謹之意嗣經武英殿校改書版推廣字類如率衒等字亦俱一律缺筆朕思

廟諱御名偏旁字畫前代如石經刊本俱係缺筆自應仿照通行但祇可令現在臨文繕寫及此後續刊書版知所敬避若將從前久經刊藏之書一概追改未免事涉紛擾至上中嵌寫之字與本字全無關涉更可無庸迴避嗣後如遇

廟諱御名應行敬避缺筆之處仍照舊例遵行外所有

武英殿頒行字樣及紀昀所請改刊經書之處俱
不必行將此通諭中外知之欽此

諭省會書院 乾隆三十一年

上諭據楊應琚奏甘肅蘭山書院於去歲延請丁憂
在籍之府丞史茂來主講席一摺此甚非是史茂
係回籍守制之員理應閉戶以盡三年之禮至讀
禮之餘或在家課訓子弟自屬分所應爲古人尚
有廬墓終制者卽不能取法亦當杜守里門若竟
住居省會書院教授生徒與地方官長賓主應酬
則與居官何異此不過冀得膏火以資贍給遂置

禮制於不問微特人子之心難安其又何以爲多士表率乎督撫有維持風教之責縉紳中積學砥行足備師資者諒不乏人何必令丁憂人員靦居講席是應聘者固不能以禮自處而延請之地方大吏亦復不能以禮處人於風化士習頗有關係恐他省不無類此者特爲明①切曉示通諭知之欽此

諭飭郵政 乾隆二十二年

上諭吳紹詩奏伴送暹羅國貢使禮部員外郎湯永祚攜帶伊子同行沿途託雇民夫並將德安縣家

校注：①切

人鞭責滋擾據該縣禀報經司道等逐一質訊推原索詐得贓之處箸屬子虛請將湯永祚及揑報之知縣蘇璚交部查議等語所奏非是湯永祚伴送外藩貢使乃攜帶伊子沿途騷擾即應參奏治罪至奉差人員經過驛站滋事地方官往往不敢與較該縣蘇璚據情禀報尚屬强幹之員乃吳紹詩因其所報畧有不實與湯永祚一體奏請議處俾兩敗俱傷是將來驛站各員心存畏懼一任馳驛之人橫行滋擾悉皆隱忍不言勢將益無忌憚其何以飭郵政以肅使軺且該撫摺奏意在調停

兩可曲爲宛轉其詞原屬不合湯永祚著革職交
刑部治罪吳紹詩並著交部察議至所稱若撤留
另行委員伴送恐外藩不免詫異有關國體之語
尤屬不知事體伴送貢使官員于所過地方多事
貢使亦豈不知該督撫即能據實糾參覊留待罪
另派委員伴送正足使外藩陪臣知天朝大法小
廉紀綱整肅于國體豈不爲增重何轉慮其妄生
詫異乎嗣後有此等情事該督撫一面參奏一面
卽將差員撤留另派妥幹知府同知一員伴送著
爲令吳紹詩摺并發並將此通諭中外知之欽此

諭督撫貢物 乾隆三十二年

上諭督撫大吏向不令其歲時進奉屢降諭旨甚明其有以土物充貢如紙筆香扇等類尚可留備賞賜之用亦藉以聯上下之情從不使其購珍奇以滋靡費此中外臣工所共知者昨廣東巡撫王檢貢物內有小珍珠一項甚爲不取夫珠寶饑不可食寒不可衣于實用有何裨益業令奏事處發還恐各督撫尚有未能盡喻朕意者著將此明白通諭知之欽此

臣等謹按古之聖王綏猷廟堂外康寓甸其綱

維萬事之畧疇咨告戒之文日出海隅罔不祇
若聲教故典謨之書史臣紀之至於郡國外史
祇取徵采土風然遇懿言醇行型訓方俗雖在
微末猶備錄焉況渙汗所頒
皇猷炳煥者哉卜閩處東南海嶠
國朝以來吏民沐浴
德化
列聖綏柔教養之澤家諭人曉前志首述
典謨所以識遵道之盛也我
皇上丕承

先烈振紀陳綱慶越邃古臣等嚮嘗簪筆

起居仰承

天語今續纂通志自乾隆元年之

睿誥宏章謹登厥要而

祖宗訓典復敬爲補遺以垂示方國永永遵守亦前志所未備也臣廷芳臣嗣富拜手稽首恭識

福建續志卷首終

星野

辨星土者昉自周官保章氏厥後史漢書志竝云二十八舍分主十二州又謂中國於四海以内東南爲陽陽則歲星熒惑塡星占街之南西北爲陰陰則太白①辰星占在街北而後世測驗獨以二十八舍爲準蓋嘗綜而計之天地之大六合之遥杳②冥荒忽孰從而測其度亦孰從而測其度之所屬古之君子將欲窺天而不可得因稽三百六旬日月之行經宿相值或廣或縮

校注：①白　②杳

以定其度而即以一度爲得地千四百餘里其旨要先哲未能詳也閩古會稽邊徼甌粵之域去揚州較遠攷諸往紀班孟堅言斗主江湖復言斗吳也又爲粵婺女粵也又爲齊晉書南斗十二度至須女之七屬揚州漢晉之書固已齟齬不同已前志據陳卓所列以會稽入牛一度用蔽全閩然勝國天文分野閩之列郡竝隸牛斗郡邑紀載東甌爲女虛之交泉州既屬牽牛而安溪獨占須女準諸千四百餘里爲度之說莫有合焉昔李淳風以星歷名當世至語分野

竦誚後賢然則是果有定論哉邇博釆①天官書說折衷於西法庶談天者自得之續星野志

福建分星之次（以十二次而言）

周禮保章氏注星紀吳越也

福建所次之星（以二十八舍而言）

爾雅星紀斗牽牛邢疏星紀吳越

史記天官書牽牛婺女揚州（漢書天文志同）

漢書地理志吳地斗分野粵地牽牛婺女分野（按地理志以會稽屬吳又云少康之後封於會稽後爲楚所滅十世至閩君搖復立爲越王是粵仍兼會稽）

後漢書郡國志自斗十一度至婺女七度曰星紀之

次於辰在丑於律爲黃鐘斗建在子吳越之分野

晉書天文志隋書地理志同

春秋緯元命苞牽牛流爲揚州分爲越國

魏志陳卓云會稽入牛一度

吳志虞翻云會稽上應牽牛之宿下當少陽之位

唐書天文志南斗牽牛星紀也初南斗九度中南斗二十四度終女四度南斗在雲漢下流當淮海間爲吳分牽牛去南河寖遠自豫章迄會稽南踰嶺徼爲越分

唐僧一行云自岷嶓至東甌閩中是謂南紀爲越門

宋史天文志須女占越分

元史天文志斗四度三十六分六十六抄入吳越分

按周天易覽斗二十四度至二十一度福建

明史天文志福建布政司所屬皆牛女分經緯圖本牛七度女十一度福建福州泉州興化延平邵武汀州漳州福寧牛分野建寧女分野

福建星紀距度

漢三統歷自斗十二度至婺女七度爲星紀

費直說周易自斗十度至女五度爲星紀

蔡邕月令章句自斗六度至女二度爲星紀

皇甫謐帝王世紀自斗十一度至婺女七度爲星紀

北魏李業興正光歷自斗一度至牛五度爲星紀

唐一行大衍歷自斗九度餘千四十二抄十三太至女四度爲星紀

宋元祐觀天歷自斗九度至女六度爲星紀

南宋紹興統天歷自斗四度三十五分九十二抄至女二度九十五分七抄爲星紀

元西征庚午元歷自斗四度三十六分六十六抄至女二度九十一分九十一抄爲星紀

許衡郭守敬授時歷自斗二度七十六分八十五抄至女二度六分三十八抄爲星紀

明清類天文分野自斗三度至女一度爲星紀

國朝西法赤道自箕三度七分至斗二十四度二十分黃道自箕四度十一分至牛一度五分爲星紀

按以上諸書所載各有異同考以占驗之法左傳昭公三十二年吳伐越晉史墨曰越得歲而吳伐之必受其殃卜者曰歲在星紀時閩地屬越則言星紀者可信後漢書永康六年彗星出於斗牽牛牽牛吳越故海賊浮於會稽時閩地屬會稽則言斗牽牛者可信然猶統越與會稽而言也史記天官書元光元

狩越之亡熒惑守斗是時閩越徙民江淮是言斗者有徵矣唐景福元年有星孛於斗牛占者曰越有自立者其時王潮起於閩中是言斗牛者有徵矣二者皆閩事而一屬斗一兼屬斗牛後之言星野者將何所折衷耶大抵歷代占測之術有里差歲差宮度之不同

我

朝用西法定周天爲三百六十度與古之所云三百六十五度者其法已一變矣且古雖用歲差法而宮與星①仍不易西法則以中氣過宮

校注：①仍不易西

①恆星有歲進之差故宮無定宿而宿以遞居各宮其理尤爲纏密前志從陳卓之說又據鄭宗驪星經每星一度當地一千四百六里有奇皇甫謐帝王世紀每星一度地二千九百三十二里與此不同以爲閩距會稽不上數百里隸牛一度無疑今以西法考之赤道起箕終斗則閩分野已越元枵黄道起箕終牛則閩分野當仍屬星紀江南通志云今江南之地或宿屬斗末改爲牛初然則閩之隸牽牛之度者其終古不變也歟

雜占附

校注：①恒

史記天官書吳楚之疆候在熒惑占在鳥衡　丙丁
江淮海岱

漢書天文志吳越亥

春秋緯文耀鉤徐揚之州屬權星按福州屬北斗第四星

晉書天文志熒惑主楚吳越以南

唐書天文志杓以治外故鶉尾爲南方負海之國

宋史天文志天市垣二十二星其東垣南第六星曰
吳越亦爲星紀之次

星經玉衡北斗第六星主揚州以五巳日候之丁巳
爲吳郡會稽

北極出地度附

明史天文志福建省北極出地二十六度

東西偏度附

西法福建偏東一度

福建續志卷一 星野 六

福建續志卷一終

建置沿革

昔揚子雲言東南一尉候官是也後漢稍列爲縣三國吳及晉五朝建郡析州日漸殷富嗣此以來披荆而啓宇度地以居民或仍舊觀或更新㢀前志言之長已顧所紀十府二州爲縣六十有一今縣六十二蓋其時福鼎未置也列郡之表十而總部闕如則執要未詳也夫以瀕海數千里間星域鱗連雲藩綺錯不爲綜舉大綱何以徵升降異致乎且前志距今才二十九年

耳

天子文思旁被休養涵濡雖巖陬澤邑地闢民聚式

廣幅員乃增而紀之且謹傚

大清一統志規式裒益其表後之觀者亦可以覘

盛世太平之驗也夫志續建置沿革

福建省布政使司

禹貢淮海維揚州山海經閩在岐海中周禮職方

氏掌七閩九貉賈公彥疏楚叔熊自濮如蠻其子孫分爲七種故謂之七閩攷史記楚世家韋昭國語解叔熊乃周宣①王時人七閩是其子孫不應先見於周官②且閩屬會稽爲禹後無餘所封國楚子孫在蠻③江上亦非閩地惟鄭康成注閩蠻之別也七者周④所服國數其義較確

校注：①宣王　②且閩屬會稽為禹　③蠻江上亦非閩地惟　④所服國數其義較確

閩始見於經然猶屬荒服也初夏少康封庶子無餘於會稽南至海二十六傳至無疆越世家句踐至無疆六世滅於楚又七世至騶無諸自立爲閩越王秦并天下廢爲君長以其地置閩中郡晉書地理志始皇初并天下分爲三十六郡其後興師踰江平取百越復置四郡一曰閩中無諸從諸侯滅秦及佐漢擊楚有功高帝五年復立爲閩越王王閩中故地都冶史記東越列傳作都東冶顏師古注冶即今候官縣是也惠帝三年分閩越地立搖爲東海王都東甌建元元年閩越擊東甌東甌請舉國徙江淮其地復屬閩越後閩越擊南粵天子救南粵閩越王郢發兵據險其弟

餘善殺郢降立無諸孫丑爲越繇王立餘善爲東越王元鼎五年餘善反元封五年繇王居股殺餘善封東城侯帝以閩越數反覆徙其民江淮間虛其地其逃遁山谷者稍出自立爲冶縣考宋書地理志杜氏通典皆作立爲冶縣是縣乃漢置也舊唐書文獻通考三山志皆作自立爲冶縣則縣乃其時逃遁之民自推雄長私立名號漢因撫而存之也二說不同互存備參屬會稽郡會稽典錄元鼎五年除東越因以其地爲冶併屬於此後漢建武二年改爲侯官都尉永和六年分會稽爲東南二部東部爲臨海都尉南部爲建安都尉建安初領縣五侯官今福興泉漳四府建安今建寧府南平今延平府漢興今浦城縣其一史①闕書三國吳永安三年以南部爲建安郡

校注：①闕

三十國春秋會稽太守①王朗奔東冶侯官長商升②爲朗起兵孫策署賀齊南部都尉討升齊遊兵建安立都尉南末安③二年孫休郎建安南部都尉府置建安郡按建安自此與會稽並列爲郡直隸揚州領縣十建安建平吳興東平將樂昭武綏安南平侯官東安晉泰康三年析建安郡地置晉安郡建安領縣八建安吳興東平建陽將樂邵武延平綏安按晉書地理志及文獻通考俱云領縣七闕綏安考舊志邵武府沿革及邵武府志綏安縣吳永安中置晉義熙元年改綏安爲綏城隋廢唐旋復是晉時有綏安而史闕書也晉安領縣八原豐新羅宛平同安侯官羅江晉安溫麻俱隸揚州元康元年隸江州晉書地理志有司奏揚州疆土廣遠於是割揚州之建安晉安等十郡因江水爲名置江州宋因之建安領縣六吳興將樂邵武建陽綏城沙村晉安領縣五侯官原豐羅江晉安溫麻泰始四年改晉安郡爲晉

校注：①王朗　②升　③三年孫休

平郡（宋州郡志不載見明帝紀）尋復改晉安梁天監中析晉安郡地置南安郡普通六年三郡屬東揚州（宋書地理志孝建元年分揚州五郡置東揚州前廢帝省東揚州併揚州梁書高祖紀普通五年分揚州江州置東揚州是梁復置乃以三郡屬之）陳永定初置閩州領三郡天嘉六年州罷仍舊光大二年升晉安郡爲豐州領建安南安二郡（陳書廢帝紀光大二年割東揚州晉安郡爲豐州舊志作元年悞）隋開皇九年改爲泉州（太平寰宇記以州之泉山爲名）廢建安南安二郡爲縣大業初復爲閩州三年改爲建安郡（以邵武縣屬臨川郡）領縣四（閩建安南安龍溪閩爲治所）唐武德元年改爲建州（四年移州治於建安）五年析南安縣置豐州六年析閩縣

置泉州（七年歸邵武縣屬建州）八年置都督府（治泉州）領泉建豐三州貞觀元年隸嶺南道（唐六典作屬江南道）廢豐州併入泉州嗣聖三年置漳州十六年置武榮州旋廢復置景雲二年改泉州爲閩州改武榮州爲泉州（今泉州始此）於閩州置中都督府領閩泉建漳潮五州開元十三年改閩州爲福州（元和郡縣志因州西北福山爲名）十九年置泉山府兵二十一年置福建經略使（治福州按唐書方鎮表開元二十一年置福建經略使領福泉建漳潮五州福建之號始此舊志作始於大曆六年者誤）二十二年割漳潮隸嶺南二十四年開福撫二州山峒置汀州天寶元年改隸江南東道（唐書地理

志開元二十一年分江南道爲東西又改福州爲長樂郡復領漳潮二州十載復割漳潮歸嶺南至德二載置經畧軍寧海軍乾元元年改爲都防禦使唐書方鎮表是年改福建經畧使爲都防禦使兼寧海軍使復爲福州都督府上元元年升節度使領福泉建汀漳潮六州是年漳潮復來屬寶應元年兼領溫州未幾溫州仍歸越州大歷六年改節度使爲都團練觀察處置使新唐書作元和間置福建觀察使領福泉汀建漳五州元和間廢經畧寧海軍後地爲王潮所有乾寧三年升爲威武軍節度使五代梁開平三年封王審知爲閩王貞明六年置大都督府唐長興四

年王延鈞僭號（建國曰閩）升福州爲長樂府晉天福六
年升建州鎮安軍爲節度使旋改鎮安軍爲鎮武
軍八年王延政僭號於建州（建國曰殷①後復稱閩）開運二年
以福州爲東都（方輿紀要作南都）增置鏞鐔二州南唐滅
閩泉州指揮使留從効據漳泉二州南唐改泉州
爲清源軍授從効節度使改鎮武軍爲永安軍又
改忠義軍漢乾祐元年福州屬吳越復爲威武軍
三年南唐改鐔州爲劍州周廣順元年改威武軍
爲彰武軍宋建隆三年陳洪進復據泉漳二州乾
德二年改清源軍爲平海軍授洪進節度使太平

校注：①殷

興國三年錢氏及洪進俱納土復爲威武軍領福泉建汀漳劒六州省鏞州增置邵武軍隸兩浙西南路四年置興化軍（地理通釋五代之軍皆寄治於縣隸於州宋始自置屬縣與府州並列）雍熙二年改爲福建路景德三年置安撫使大觀元年升爲帥府四年罷紹興三十二年升建州爲建寧府（以孝宗封藩故）建炎三年復升安撫使爲帥府景炎元年升福州爲福安府（以端宗即位福州故）元至元十四年置福建廣東道提刑按察司十五年改府爲路置福建行中書省以統各路十六年改置宣慰使司二十年復置行中書省二十二年改置

宣慰使司併入江西行省二十三年復改置行中書省升長溪縣爲福寧州二十四年改爲行尚書省二十八年復改置宣慰使司併入江西行省改福建廣東道提刑按察司爲福建肅政廉訪司二十九年復置行中書省元貞元年升福清縣爲福清州大德元年置福建平海行中書省徙治泉州二年改泉州路爲泉寧府三年改行中書省爲宣慰使司都化帥府徙治福州元史地理志至元十五年置行省於泉州十八年遷福州十九年復還泉州二十年仍遷福州二十二年併入江浙行省按舊志本三山續志與史不合方輿紀要黃氏曰三山續志作於元致和間必有所本至正十六年復

改置行中書省二十六年置福建行樞密院明洪武元年置提刑按察使司改路爲府二年置福建行中書省領福汀漳泉建寧邵武興化延平八府改福寧福清二州爲縣九年改行中書省爲承宣布政使司成化九年復升福寧縣爲州直隸布政司

國朝因之府八曰福州興化泉州漳州延平建寧邵武汀州州一曰福寧康熙二十三年海島蕩平以其地置臺灣府雍正十二年升福寧州爲府升永春龍巖二縣爲州直隸福建布政使司今領府十

州二

福州府本秦閩中郡漢初閩越王都此在今越王山南布政司北元鼎五年爲治縣建安初爲候官縣吳永安三年屬建安郡增置東安縣晉太康三年分建安立晉安郡遷治今城領原豐即今閩長樂福清縣地新羅即今上杭長汀武平龍巖等地宛平未詳同安即今同安縣候官即今候官古田閩清永福福安縣地羅江未詳晉安改東安爲晉安即今晉江惠安莆田仙遊縣地溫麻即今連江福寧府地八縣宋泰始四年改爲晉平郡領縣五省新羅宛平同安三縣尋復故梁天監中析晉安縣置南安郡陳永定初爲閩州刺史治所尋州罷天嘉六年以郡

爲豐州隋改豐州爲泉州大業初復爲閩州尋改爲建安郡俱治閩縣領閩建安（即今建寧府）南安（即今南安縣）龍溪（即今漳州府）四縣（隋平陳廢南安郡新羅等六縣俱省）唐武德初改爲建州四年移州治於建安縣六年升閩縣爲泉州領閩候官長樂連江長溪（即今福寧府地）五縣（析建安屬建州析龍溪屬泉州析南安屬豐州）嗣聖十六年增置萬安領縣六景雲二年改泉州爲閩州開元十三年改閩州爲福州二十七年增置古田領縣七二十九年增置尤溪領縣八天寶元年改爲長樂郡改萬安爲福唐永泰中析候官尤溪地增置永泰領縣九乾元

元年復爲福州五代梁乾化元年以梅溪場增置閩清縣領縣十唐長興四年僞閩升爲長樂府改福唐爲福清以羅源場爲永貞縣感德場爲寧德縣歸化場爲德化縣領縣十三晉開運二年僞閩以爲東都漢乾祐元年福州屬吳越領縣十一析尤溪歸劍州析德化歸泉州周廣順元年僞爲彰武軍宋初復爲福州增置懷安縣天祐五年改永貞爲永昌乾興元年改永昌爲羅源崇寧九年改永泰爲永福領縣十二淳祐中增置福安領縣十三景炎元年端宗即位於此升爲福安府元至元十五年改爲福州

路二十三年升長溪爲福寧州以寧德福安二縣屬之元貞元年升福清爲州領州二縣十一明洪武元年改爲福州府屬福建布政司二年改福清福寧二州仍爲縣領縣十三成化九年復升福寧爲州以福安寧德屬之領縣十萬歷八年省懷安入侯官領縣九

國朝因之附郭曰閩侯官外七縣曰長樂福清連江羅源古田閩清永福雍正十二年析古田雙溪地增置屏南領縣十

各縣建置沿革舊志有簡畧錯誤者另爲標出餘不重載

閩縣本漢冶縣地後漢爲候官縣地晉太康三年析置原豐縣宋書州郡志作建安典船校尉置梁改爲東候官縣隋復改爲原豐開皇十二年始曰閩縣五代唐長興四年僞閩改爲長樂淸泰二年復舊晉天福六年又改長樂七年復舊宋元明皆爲閩縣

國朝因之

長樂縣本晉原豐縣地隋爲閩縣地唐武德六年析置新寧縣尋改爲長樂初在敦素里之平川上元初防禦使董玠以地卑潦徙吳航頭即今治五代梁乾化元年王氏改曰安昌唐同光初復舊長興四年僞閩改爲候官改閩爲長樂候官爲閩典

清泰二年復舊晉天福六年復改爲安昌七年復

舊宋元明皆爲長樂

國朝因之

福清縣本唐長樂縣地嗣聖十六年析置萬安縣天

寶元年改爲福唐五代梁開平二年僞閩改爲永

昌唐同光元年復舊長興四年始曰福清方輿紀要縣志

云石晉避諱改福唐爲南臺蓋不知閩之改

福清而遂改也舊志作晉天福間徙治南臺宋太

平興國四年屬太平軍八年復隸福州元元貞初

升爲州明洪武二年復爲縣

國朝因之

古田縣本候官縣地唐開元二十九年舊志作二十七年開山洞置閩中記開元二十八年都督李亞卯奏溪洞遺民劉疆林溢等歸命明年命下立縣後又析候官尤溪二縣地益之新唐書及方輿紀要俱作本候官尤溪二縣地永泰二年析置與舊唐書元和郡縣志不合宋太平興國二年遷治水口端拱元年復舊元明俱爲古田

國朝因之

永福縣本候官尤溪二縣地唐永泰二年析置新唐書云咸通二年析連江及閩縣地置名永泰宋崇寧元年改曰永福方輿紀要避哲宗陵名元明皆爲永福

國朝因之

興化府本梁南安郡地陳天嘉五年陳寶應爲章昭達所敗逃於莆口即今府治隋開皇九年析置莆田縣莆初作蒲後以頻有水患故去水從莆屬泉州尋廢唐武德五年復置屬豐州嗣聖十六年析莆田地增置清源縣屬武榮州州尋廢縣改屬泉州今福州十七年復屬武榮州景雲二年改武榮州爲泉州今泉州天寶元年改泉州爲清源郡改清源爲仙遊縣五代晉以後縣屬清源軍宋太平興國四年析泉州游洋鎮置太平軍復析泉福二州地置興化縣以福州之福清來屬領縣二尋改太平軍爲興化軍五年以泉州之莆田仙遊來屬領

縣四（舊志作領縣八缺福清）八年移軍治所於莆田以福清還屬福州領縣三宋末改爲興安州元至元十五年改爲興化路（皇慶二年移興化縣於廣業里湘溪爲興化新縣）明洪武元年改爲興化府正統十三年省興化縣（其地分隸莆田仙遊）領縣二

國朝因之附郭曰莆田外縣一曰仙遊

泉州府本漢候官縣地（三十國春秋孫策攻會稽太守王朗朗敗浮海至東冶候官長商升爲朗起兵今府治有朗山傳爲朗登眺處）吳永安三年析候官地置東安縣尋廢晉太康三年置同安縣屬晉安郡縣尋廢梁天監中析晉安縣置南安郡並置龍溪

縣以屬（治晉安）陳屬閩州復置豐州隋廢郡爲縣復析縣地置莆田縣屬泉州（今福州）尋省莆田縣後又屬閩州及建安郡唐武德初屬建州五年析爲豐州領南安莆田龍溪三縣貞觀初省豐州入泉州嗣聖十六年析泉州之南安莆田龍溪置武榮州（治南安）析莆田置清源領縣四州尋廢縣還隸泉州十七年復置景雲二年改武榮州爲泉州（今泉州始此）屬閩州都督府開元八年析南安置晉江（卽州治）領縣五二十九年析龍溪置漳州領縣四天寶元年改爲長樂郡尋改清源郡改清源縣曰仙遊乾元

元年復爲泉州光啓二年州爲王潮所有五代唐天成四年僞閩升大同場爲同安縣長興二年升歸德場爲德化縣四年升桃林場爲桃源縣晉天福三年改桃源爲永春八年升武安場爲長泰縣開運二年南唐滅閩漢乾祐二年升爲清源軍以留從効爲節度使從効卒陳洪進繼有其地周顯德二年南唐升小溪場爲清溪縣宋乾德二年改爲平海軍以洪進爲節度使太平興國二年洪進納土復爲州屬威武軍後周廣順元年晉改威武軍爲彰武軍是時泉州爲留從効所據不外屬至是洪進納土乃復以泉州屬焉五年以莆田仙遊屬

興化軍以長泰屬漳州領縣六六年析晉江置惠安領縣七宣和三年改清溪爲安溪元至元十五年改爲泉州路大德元年置福建平海行中書省以州爲治所元史以泉州與琉球相近易得其情故二年改泉州路爲泉寧府三年改行中書省爲宣慰使元帥府尋罷至正十八年立泉州分省明洪武元年改爲泉州府領縣如故

國朝因之附郭曰晉江外大縣曰南安惠安同安安溪永春德化雍正十二年升永春爲州以德化隸焉今領縣五

漳州府本晉晉安郡地梁天監中府志作大同四年置龍溪縣①時有九龍戲於北溪因以名縣屬南安郡隋開皇九年郡廢屬泉州唐嗣聖三年左郎將陳元光討平潮寇陳謙等請於泉潮間建州以抗嶺表遂置漳州方輿紀要以漳②水為名並置漳浦縣開元四年徙治李澳川即今漳浦縣治二十二年改隸嶺南經畧使二十八年析漳浦置懷恩領縣二二十九年省懷恩以泉州之龍溪來屬天寶元年改爲漳浦郡還屬福建與諸州俱隸江南東道十年復屬嶺南乾元二年復爲漳州上元元年又還屬福建大歷十二年以汀州之龍巖

校注：①北溪 ②水

來屬領縣三貞元二年徙州治於龍溪五代晉開運中南唐改爲南州時刺史董思安以其父名章故宋乾德四年復爲漳州太平興國三年屬威武軍五年以泉州之長泰來屬領縣四元至元十五年改爲漳州路至治中析龍溪漳浦龍巖三縣地置南勝領縣五至正十六年改南勝爲南靖明洪武元年改爲漳州府成化四年府志作三年析龍巖置漳平正德十二年析南靖置平和嘉靖九年析漳浦置詔安四十四年析龍巖及延平之大田永安地置寧洋隆慶元年析龍溪漳浦地置海澄領縣十

國朝因之附郭曰龍溪外九縣曰漳浦海澄南靖長泰龍巖漳平平和詔安寧洋雍正十二年升龍巖縣爲州以漳平寧洋隸焉今領縣七

漳浦縣本南粵綏安縣地舊志作龍溪縣地潮陽志綏安晉屬義安郡府志郎今潮州府按此與建州之綏安縣異地唐嗣聖三年與州並置爲州治府志以其南有漳水因以名縣初在梁山下之雲霄開元四年徙於李澳川開元二十八年析置懷恩明年省入漳浦貞元二年徙州治於龍溪宋元明皆曰漳浦

國朝因之

延平府本漢侯官縣地建安初析侯官置南平縣郎今

（府治吳志賀齊傳齊討商升侯官平南平等三縣復亂齊進兵復討之）晉太原四年改為延平縣宋明帝時縣廢唐武德三年置延平軍（舊志上元元年改為劍州攷府志及史書俱不載）五代梁唐時王氏改為延平鎮尋改為永平鎮王延政僭號升鎮為龍津縣尋置鐔州復析置延平縣（見方輿紀要舊志缺載）晉開運二年南唐復改州為延平軍制置鎮改龍津為劍浦省延平縣（方輿紀要鐔州初置時治龍津後改治延平尋還治劍浦而以延平縣省入）三年改為劍州領延平（按方輿紀要云二年省延平舊志後云三年領延平等縣當必有誤）劍浦富沙（舊志云富沙未詳）三縣漢乾祐元年南唐復以福州之尤溪汀州之沙縣來屬升永

順爲順昌縣領縣六宋太平興國四年①更名南劍州以別利州路之劍州以建州之將樂來屬省延平②富沙二縣領縣五元至元十五年改爲南劍路大德六年改爲延平路改劍浦爲南平明洪武元年府志作二年改爲延平府景泰三年析沙尤二縣地增置永安領縣六嘉靖十四年析尤溪增置大田領縣七

國朝因之附郭曰南平外六縣曰順昌將樂沙尤溪永安大田雍正十二年以大田縣隸永春州今領縣六

順昌縣本漢建安縣地唐貞觀三年析置將水場嗣聖四年分爲鐲科鎮景福二年改爲將水鎮後改

校注：①更名　②富

爲永順塲隸建州五代漢乾祐元年南唐升爲順昌縣隸劍州方輿紀要唐景福二年升爲順昌縣隸建州南唐保大三年改屬劍州

宋元明皆曰順昌

國朝因之

將樂縣本漢建安縣地三國吳永安三年析置將樂縣屬建安郡隋開皇十二年省入邵武隸撫州唐武德五年復置七年復省嗣聖五年析邵武復置屬建州舊志云仍隸撫州按隋①開皇中邵武屬撫州時縣已廢特地屬之②耳及唐武德間再③置則改屬建州舊志於建寧府[illegible]軍④載之甚詳嗣⑤聖間復再置其時邵武府⑥隸建州將樂爲縣在邵⑦武南當撫越邑地屬之⑧理[illegible]寧化縣志云武⑨德五年析綏城縣⑩地置將樂縣[illegible]

校注：①開皇 ②耳及 ③置則 ④載之甚詳 ⑤圣間 ⑥隸建州將樂 ⑦武南 ⑧理 ⑨德五 ⑩縣地置將樂

建水之北隸臨川屬撫州按此時縣屬建州①②舊志誤至府志云武德間置縣亦隸撫州尤誤

元和三年復省五年復置晉開運二年僞閩升爲鏞州南唐復爲縣仍屬建州宋太平興國四年始來屬元明復舊

國朝因之

建寧府本漢冶縣地屬會稽郡後漢永和六年分冶地爲會稽東南二部都尉此爲南部吳錄東部臨海是也南部建安是也建安初析候官地置建安南平漢興三縣孫策遣賀齊進兵建安以爲南部治所十年析建安置建平縣三國吳永安三年改爲建安郡領縣十

校注：①無　②疑

詳見前晉太康三年析候官東安二縣置晉安郡領縣八詳見前宋元嘉中省南平東平二縣析南平置沙村縣領縣七隋開皇九年郡廢爲縣屬泉州大業三年屬建安郡治所在今福州唐武德初改建安郡爲建州四年移治建安即今府治方輿紀要云以建溪爲名領唐興今浦城建陽將樂綏城閩建安六縣六年析閩縣置泉州七年以邵武來屬省將樂入邵武領縣五舊志作領①縣誤七八年省建陽入建安領縣四貞觀三年省綏城入邵武領縣三永徽六年復置沙縣析沙縣領縣四嗣聖五年復置建陽將樂二縣領縣六天寶元

校注：①領

年改爲建安郡改唐興爲浦城乾元元年復爲建州十二年析沙縣屬汀州領縣五五代晉大①福六年僞閩改爲鎮安軍旋改爲鎮武軍方輿紀要王延政據建州請於其主曦欲以州爲威武軍曦以威武乃福州舊號因以州爲鎮安軍延政②目改曰鎮武軍八年地屬南唐改爲永安軍尋改忠義軍升歸化塲爲歸化縣永安塲爲建寧縣松源鎮爲松源縣領縣八宋開寶八年復曰建州改松源爲松溪太平興國三年屬威武軍府志屬兩浙西南路五年析將樂屬南劍州升邵武爲軍而以歸化建寧二縣屬之領縣四端拱元年升爲建寧軍淳化五年升崇安塲爲

校注：①天　②自

崇安縣領縣五咸平三年升關隸鎮爲縣領縣六治平三年析置甌寧縣領縣七熙寧三年省甌寧元祐四年復置政和五年改關隸爲政和紹興三十二年升爲建寧府以孝宗舊邸故元至元十五年改爲建寧路元史作二十六年明洪武元年復爲建寧府景泰六年增置壽寧領縣八

國朝因之附郭曰建安甌寧外六縣曰建陽崇安浦城松溪政和壽寧雍正十二年以壽寧屬福寧府

今領縣七

建安縣本漢候官縣地建安初析置方輿紀要本志云建安十二

年孫策所置孫權初建安民亂討平之以置自建安故名歷代仍舊

國朝因之

邵武府本漢建安縣地三國吳永安三年升昭武鎮爲縣又析建安地置綏安縣屬建安郡晉元康元年改昭武爲邵武太寧元年改爲鄭陽宋永初元年復改邵陽爲邵武義熙元年改綏安爲綏城隋開皇九年縣廢綏城亦廢十二年復置邵武縣並故綏城縣地屬隸撫州大業初隸臨川郡唐武德四年析邵武復置綏城七年改隸建州先是綏城屬建州至是邵武亦屬焉貞觀三年省綏城入邵武嗣聖五年析邵武地置將樂府志作是年復置綏城誤

乾符五年置義寧軍觀察使治郡城五代晉天福初改邵武爲昭武漢時南唐復改爲邵武罷義寧軍尋復升歸化場爲歸化縣永安場爲建寧縣俱屬建州宋太平興國五年初置邵武軍以建州之歸化建寧來屬六年析邵武之財演鎮置光澤縣領縣四元祐元年改歸化爲泰寧元至元十三年改軍爲路明洪武元年改路爲府

國朝因之附郭曰邵武外三縣曰光澤建寧泰寧

汀州府本晉晉安郡地太康三年置新羅縣宋時縣廢唐開元二十四年開福撫二州山峒置汀州轄

以長汀溪爲名治新羅大歷四年徙白石村即今治領長汀黃連龍巖三縣天寶元年改爲臨汀郡改黃連爲寧化乾元元年復爲汀州大歷十二年析龍巖屬漳州以建州之沙縣來屬五代晉開運二年南唐析沙縣歸劍州領縣二宋淳化五年升上杭武平二塲並爲縣領縣四元符五年析長汀寧化地置清流領縣五紹興三年以蓮城堡爲縣領縣六元至元十五年改爲汀州路改連①城爲連城明洪武元年改爲汀州府成化六年以明溪鎮爲歸化縣領縣七十四年析上杭地置永定縣領縣八

校注：①蓮

國朝因之附郭曰長汀外七縣曰寧化清流歸化連城上杭武平永定

寧化縣本晉綏城縣地唐乾封二年析置黃連鎮開元十三年升爲縣李世熊縣志是年福州長史唐循忠於潮州北界福州西界檢得避役百姓共三千餘户奏開復因居民羅令紀之請升黃連鎮爲縣二十六年開山峒置汀州蓋置縣在置州之先舊志作縣置於二十四年恐誤天寶元年改爲寧化宋元明仍舊

國朝因之

福寧府木①漢候官縣地晉太康三年析置溫麻縣方輿紀要本侯官縣溫麻船屯地屬晉安郡隋②開皇③九年縣④廢邵武

校注：①本　②隋　③皇　④原衍，改“唐”字德六年析溫麻廢縣地置長溪縣旋省入連江爲寧遠鎮嗣聖十九年復置開成中析縣地及古田縣地置感德場五代唐長興四年僞閩升爲縣曰寧德宋淳祐五年析長溪置福安縣元至元二十三年升長溪縣爲福寧州領寧德福安二縣屬福州路明洪武二年改州爲縣成化九年復升爲州直隸福建布政司仍領縣二

國朝雍正十二年升爲福寧府增置霞浦縣爲府治以建寧府之壽寧來屬乾隆四年復析置福鼎縣今附郭一縣曰霞浦外四縣曰福安寧德壽寧福

鼎

福鼎縣本霞浦縣地

國朝乾隆四年總督郝玉麟　奏析望海育仁廉江遥江四里置縣

臺灣府本古荒服地隋開皇中虎賁中郎將陳稜略地至澎湖文獻通考琉球國在泉州之東有島曰澎湖明永樂間內監鄭和下西洋嘗泊舟於此嘉靖四十二年地爲海寇林道乾所據尋遁入占城今廣南地天啓元年海寇顏思齊引倭屯聚其地鄭芝龍附之尋歸荷蘭崇正八年荷蘭築臺灣赤嵌二城

國朝順治十八年舊志作十七年誤鄭芝龍子成功寇江南敗績歸進據之康熙元年僞改臺灣爲安平鎮赤嵌爲承天府總曰東都南北路設天興萬年二縣成功死子經改東都爲東寧二縣爲二州南北二路及澎湖各設安撫司康熙二十二年福建總督姚啓聖用間諜陰散其黨以傅爲霖爲內應事泄爲霖遇害啓聖仰遵

廟算命靖海將軍施琅帥舟師攻虎井桶盤嶼克之乘勝進師澎湖平成功孫克塽降明年設臺灣府領縣三附郭曰臺灣外二縣曰鳳山諸羅雍正元年增置彰化縣今領縣四

永春州本南安縣地隋置桃林場寰宇記作唐長慶二年置誤五

代唐長興四年閩書作三年僞閩升爲桃源縣晉天福三年改曰永春宋陳知柔永春縣記①謂縣作於唐寶歷元年名縣志載永春縣記宋開寶二年立與舊志閩書縣志不合宋元明俱屬泉州府

國朝雍正十二年升爲州直隸福建布政使司以泉州之德化延平之大田來屬領縣二

龍巖州本晉新羅縣苦草鎮地開元二十四年升爲龍巖縣府志縣志皆云是年以苦草鎮爲新羅縣天寶元年更名龍巖又云以地有龍巖河故名屬汀州大歷十二年改屬漳州宋元明仍舊

國朝雍正十二年升爲州直隸福建布政使司以漳州之漳平寧洋來屬領縣二

校注：①謂

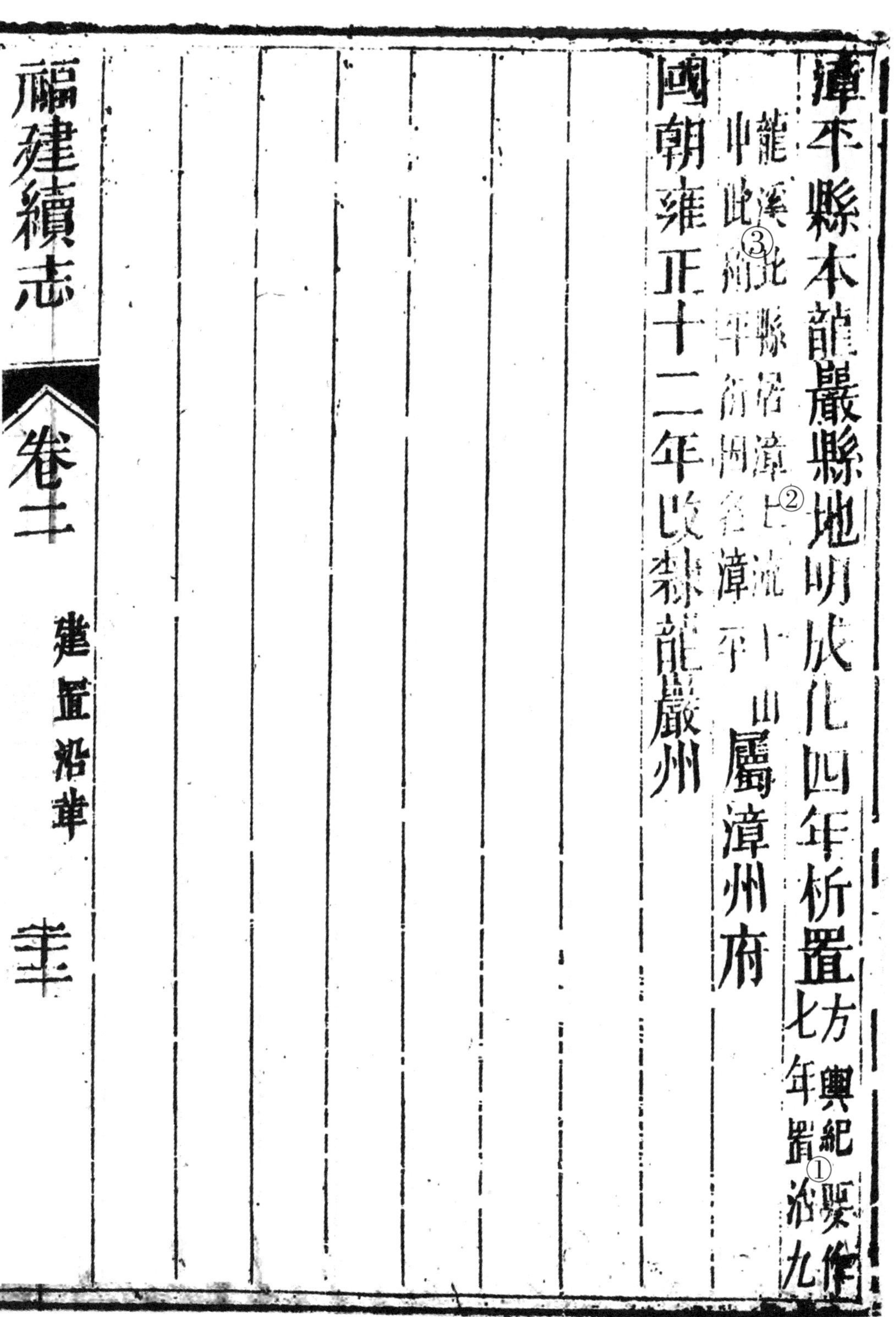

漳平縣本龍巖縣地明成化四年析置方輿紀要①作七年置治九龍溪北縣治漳上②流千山中此③稍平衍因名漳平屬漳州府

國朝雍正十二年改隸龍巖州

校注：①治　②上流千　③稍平衍因名

福建續志卷二終

建置沿革表

朝代	福建
國朝	福建[2]省布政使司 [1]領府八州二康熙二十三年領府九州一
夏商周	揚州 七閩地
秦	閩中郡
兩漢	閩越國 高帝五年立騶無諸爲閩越王 揚州會稽郡
三國吳	揚州 建安郡 永安三年改會稽南部爲建安郡
晉	揚州 建安郡 晉安郡 太康三年析建安郡置
宋齊梁陳	江州 建安郡 晉安郡 南安郡 梁天監中
隋	泉州 開皇九年改豐州爲泉州廢建安南安二郡爲縣 閩州 大業初復
唐	嶺南道 建州 武德元年改建安郡爲建州 豐州 五年析南
五代	福州 大都督府 梁貞明六年升長樂府 唐長興四
宋	兩浙西南路 威武軍節度使 太平興國三年復領
元	福建行中書省 至元十五年罷二十二年併入江西行省尋復故二
明	福建布政使司 洪武元年改路爲府領福汀漳泉建寧邵武興化延

校注：①領　②省

雍正十二年領府十州二

武帝時平東越屬會稽郡

會稽

南部

後漢置侯官都尉後又分治縣地爲會稽東南二部

江州　康元元年改隸

析晉安郡置

東揚州　普通五年分揚州江州置三郡屬焉

閩州　陳永定初

建安郡　三年州廢改爲郡

安縣　置

泉州　六年析閩縣地置

泉州都督府　八年置領泉建豐三州貞觀初

年升福泉　建汀　漳劍

東都　六州　晉開省鏞　運元州　年僞　閩改

邵武　領福泉建汀漳鏞鐔七州

軍　興化　軍

鏞鐔二州俱王延政所置南唐改鐔

俱太平興國開置

福建

十八年又併入江西行省二十九年復故

十八府

福寧州　成化九年升福寧縣爲州直隸布政司

閩屬南部建安都尉

置領三郡

東揚州

天嘉六年罷閩州三郡仍屬東揚州

豐州

光大二年以晉安郡

廢豐州併入泉州

漳州

嗣聖三年析置

武榮州

十六年析置

閩州

州爲劍州

彰武軍

周廣順元年改

路

雍熙二年省不隸兩浙

爲豐州領建安南安二郡

都督府 景雲二年改領閩泉建漳潮五州是年改武榮州爲泉州

福建 經略

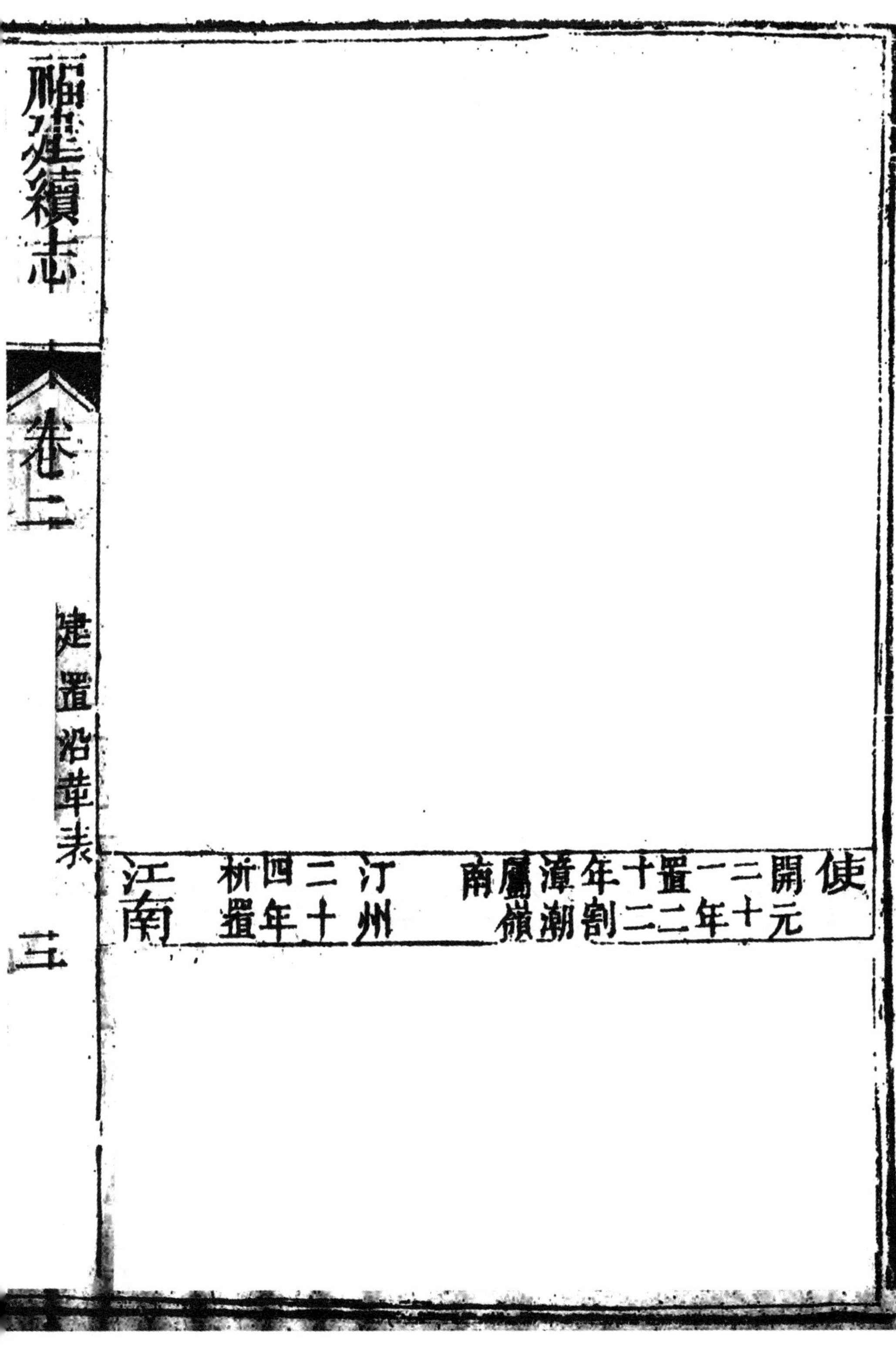

使開元二十一年置二十二年割漳潮屬嶺南

汀州二十四年析置

江南

東道天寶元年改隸

長樂郡元年改復領漳潮二州

福州都督

府 乾元元年復改經略使爲都防禦使兼寧海軍使

福州節度使 上元元年

升領福泉建汀漳潮六州

福建觀察使

大曆六年置

威武軍節

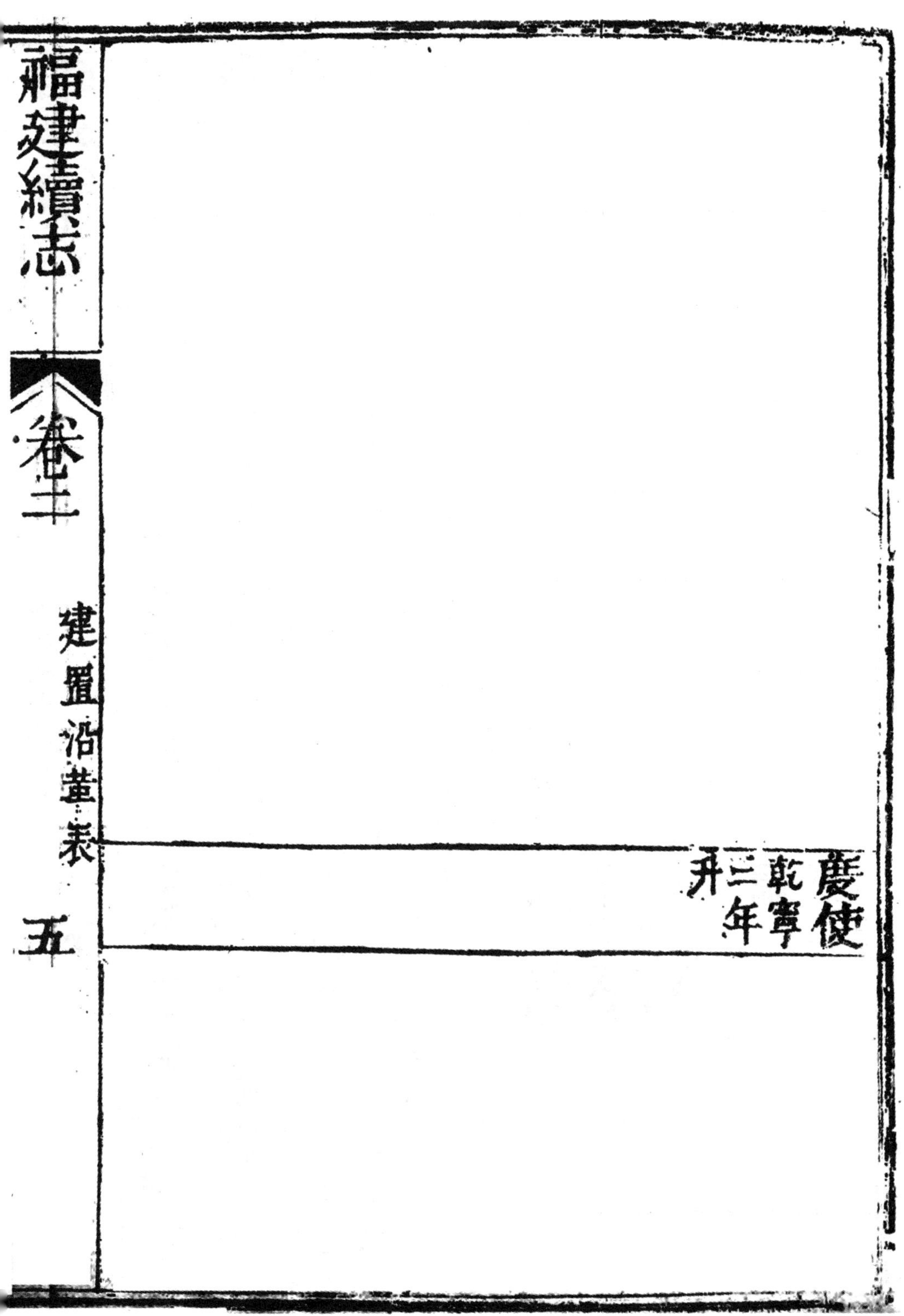

慶使
乾寧
三年升

福州府
領縣九雍正十二年領縣十

元封後置冶縣建安初有候官縣

建安郡　永安三年置

晉安郡　太②康三年析建安郡置

晉安郡　晉平郡　泰始四年改尋復故

泉州　開皇九年改　閩州　大業初改　建安郡　大業三年改

建州　武德初改　泉州　武德六④年改　閩州　景雲二年改　福州　開元十三

福州　長樂府　唐時僞閩改　福州　漢時吳越復

福州　福安府　景炎③元年升

福州　福安路　至元十五年改

福州府　洪武元年改

校注：①封　②太　③景炎　④六

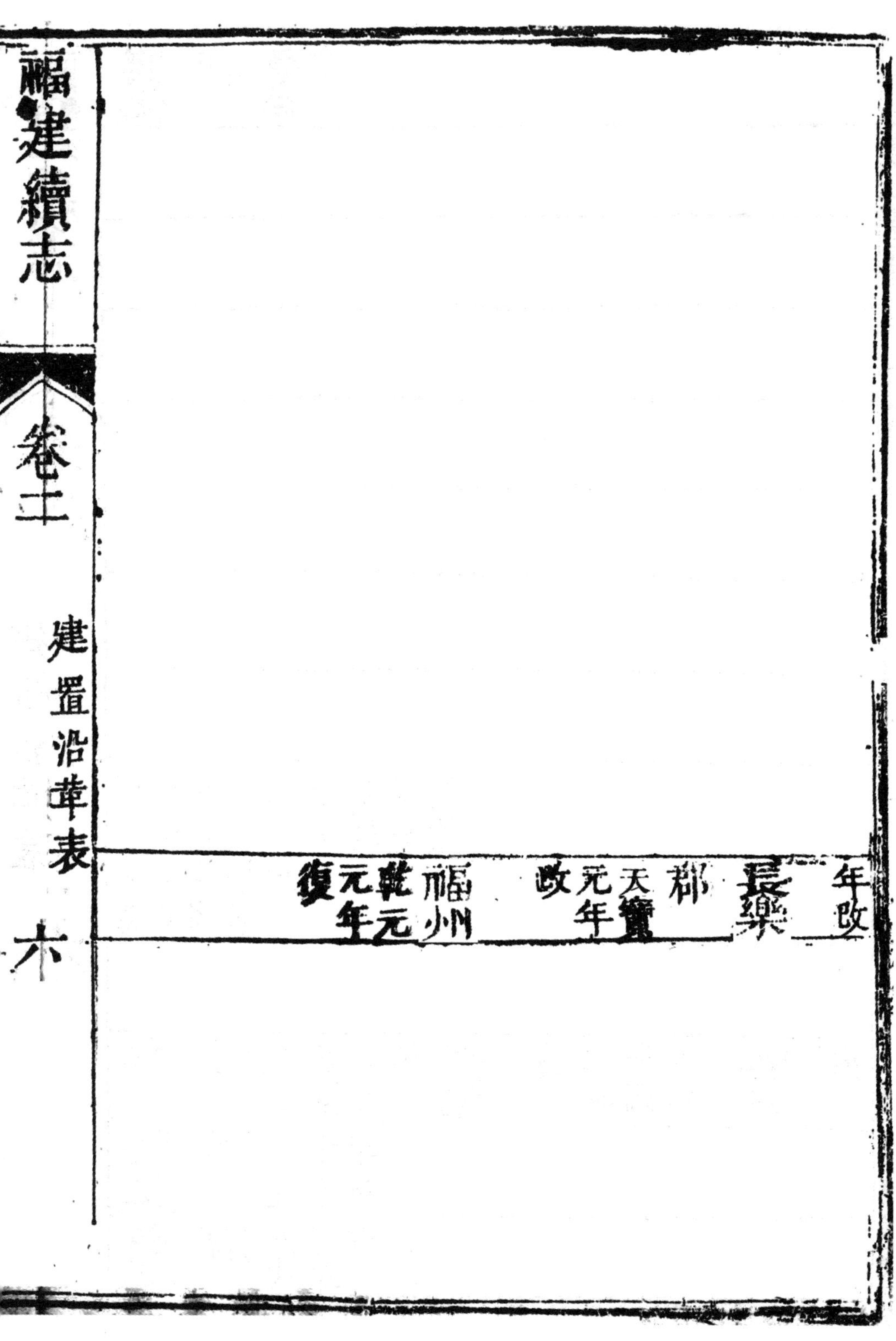

年改長樂郡天寶元年改福州乾元元年復

興化府
領縣三

開皇九年析南安縣地置莆田縣屬泉州尋廢

武德五年復置屬豐州

太平軍
太平興國二年置

興化軍
太平興國中改

興安州

興化路
至元十五年改

興化府
洪武元年改

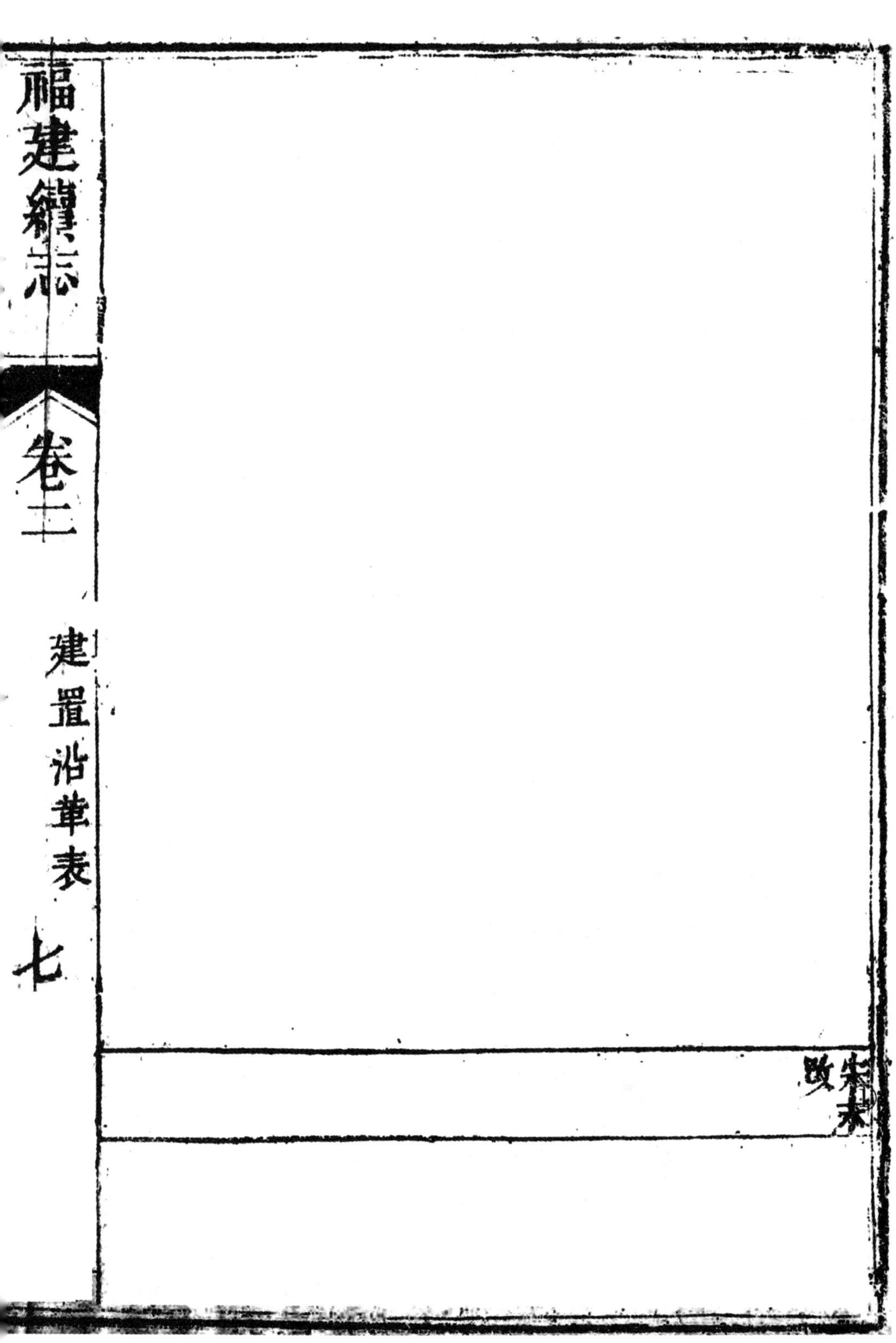

福建續志　卷二　建置沿革表　七

宋[1]末改

校注：①末

泉州府　領縣七　雍正十二年領縣五

南安郡　梁天監中析晉安縣地置

開皇九年郡廢屬泉州

豐州　武德五年析置領南安莆田二縣貞觀初州廢併入泉州　武榮州　嗣聖十六

清源軍　漢乾祐二年升

平海軍　乾德二年改　泉州　太平興國三年復

泉州路　至元十五年改　泉寧府　大德二年改

泉州府　洪武元年改

年置尋廢十七年復置

泉州　景雲二年改按今泉州始此

清源郡　天寶元年

改

泉州

乾元元年

元年

復

漳州府 領①縣十 雍正十二年領②縣七

梁天監中置龍溪縣屬南安郡

開皇九年郡廢屬泉州

漳州 嗣聖三年置開元二十二年改隸嶺南 漳浦郡 天寶元年改還隸福建十年又

南州 晉開運二年南唐改

漳州 乾德四年復

漳州路 至元十五年改

漳州府 洪武元年改

校注：①②領

改隸嶺南漳州乾元二年復上元元年還隸福建

延平府
延平府 領縣七 雍正十二年領縣六
建安 初置南平縣即今府治屬建安郡
太元四年改南平縣為延平縣
宋明帝時縣廢
開皇間郡廢屬泉州
延平軍 武德三年置
延平鎮 梁時偽閩升 永平鎮 唐時偽閩改 鐔州 晉時偽閩
南劍州 太平興國四年改
南劍路 至元十五年改 延平路 大德六年改
延平府 洪武元年改

改

延平軍晉開運二年南唐改

劍州三年南唐改

建寧府 領縣八 雍正十二年領縣七

建安都尉 建安八年置

建安郡 永安三年改

建安郡

建安郡

建安郡 開皇九年廢郡爲縣屬泉州大業初改泉州爲閩州三年又改閩州爲建安郡治福

建州 武德四年移州治於建安 建安郡 天寶元年改 建州 乾元元年

建州 鎮安軍 鎮武軍 俱晉 天福 閩偽 閩改 永安軍 忠義

建州 開寶八年 後 建寧軍 端拱元年 改 建寧府 紹興三十

建寧路 至元十五年改

建寧府 洪武元年改

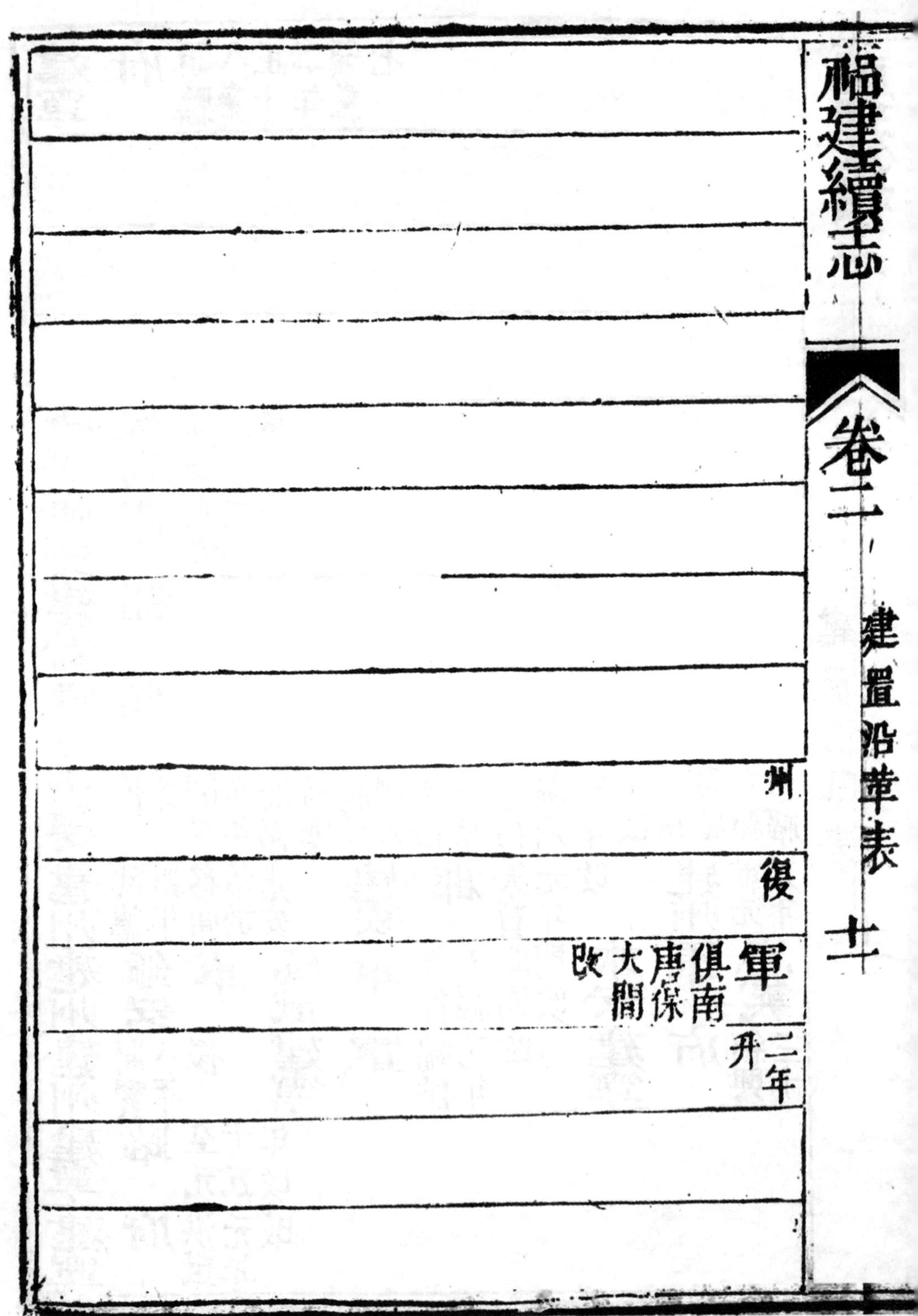

州

復

軍　俱南唐保大間改

二年升

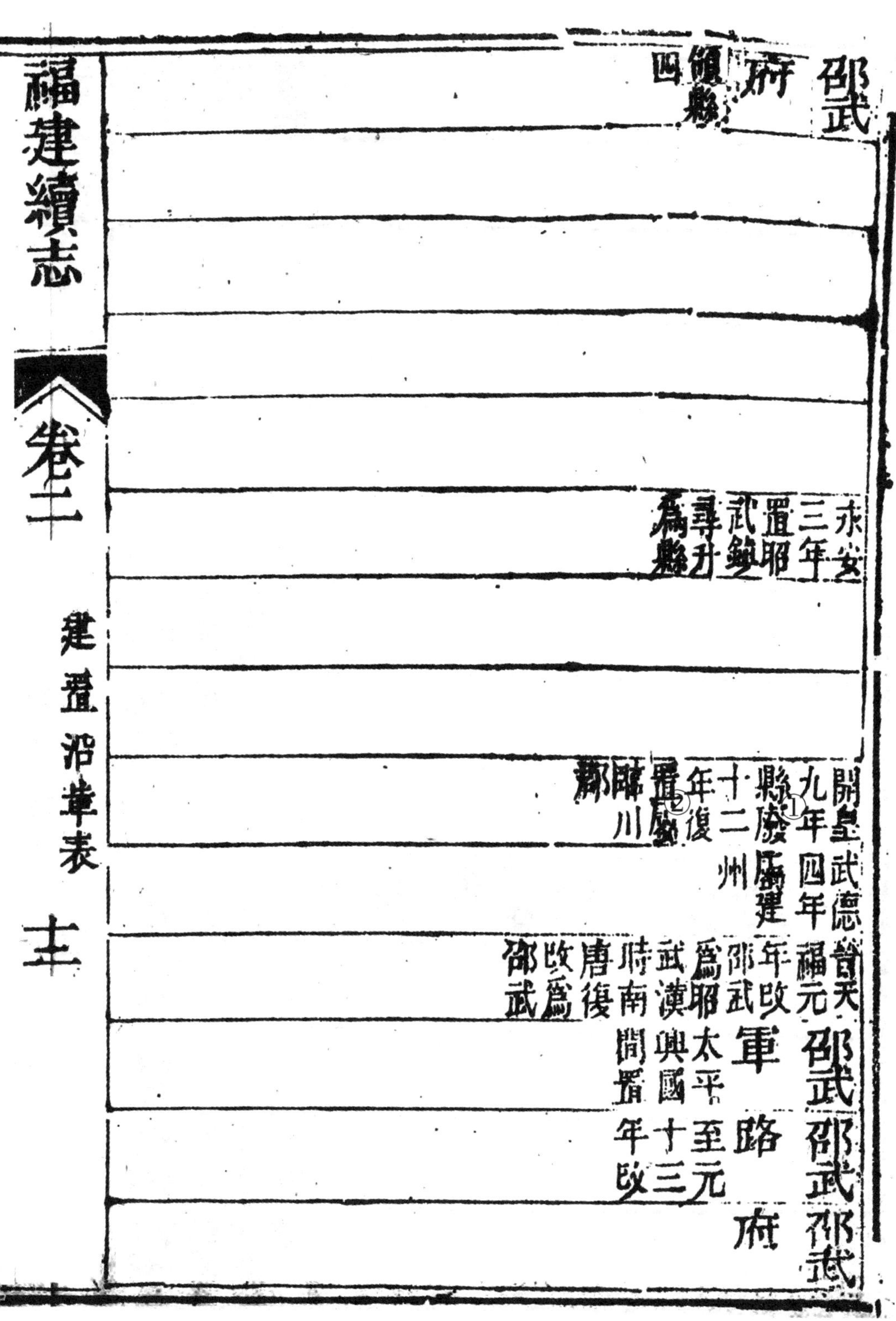

邵武府
領縣四

永安三年置昭武鎮尋升爲縣

開皇九年縣癈①十二年復置屬②臨川郡

武德四年屬建州

晉天福元年改邵武爲昭武漢時南唐後改爲邵武

邵武軍
太平興國間置

邵武路
至元十三年改

邵武府

邵武

校注：①廢　②屬

汀州府
領縣八

太康三年置新羅縣
宋以後縣廢

汀州
開元二十四年置
臨汀郡
天寶元年改
汀州
乾元元年復

汀州

汀州

汀州
至元十五年改

汀州
洪武元年改

福寧府	雍正十二年升領縣四乾隆四年領縣五
	太康三年置溫麻縣屬晉安郡
	開皇九年縣廢
	武德六年析溫麻廢縣地置長溪縣屬福州
福寧州	至元二十三年升長溪縣置屬福州路
福寧州	洪武二年改州爲縣成化九年復置隸福建布政使司

臺灣府康熙二十三年置領縣三雍正元年領縣四

永春　川少雍正十二年升領二縣

桃源縣　原[1]桃林場[2]地唐長興四年僞閩升爲縣　永春縣　晉天福二年僞閩改

永春縣

永春縣

永春縣

校注：①原桃　②場

龍巖州　雍正十二年升州領縣二

新羅縣地

龍巖縣　開元二十四年置屬汀州大歷十二年改隸漳州[1]

龍巖縣

龍巖縣

龍巖縣

龍巖縣

校注：①漳

福建續志卷三

山川一

扶①輿之內元會不能移封圻不得而易者山川是也是故禹貢綱紀九州必表名山川澤山海水經山川古今記諸書徵舉奇邃君子譏之司馬子長班②孟堅誌河渠地理莫不原本山川以爲遞作攷古者咸折衷焉七閩處東南邊徼然武夷玉華霍林之鬱秀劍谿之險江海之廣深奇觀靈蹟往往而在前志固嘗紀之矣而顧以騁登臨誇名勝爲無取因而甄蒐勿廣何哉今

校注：①扶　②班

夫興雲雨出珍恠①亶②化機屏蔽區域此其大端也至於寓形寓③宙見奇峰萬仞高摩天經洪濤瀾汙④蕩若無外則激昂襟期智勇皆⑤奮及山明翠淺清風徐來皎月印水則又與道相涵⑥脩然物表四時之序明晦之殊其足導斯人之性情紀榮衰於當世者胥山川之助也爰廣見聞俾無脫瀾⑦績山川志

福州府

城内河 詳見舊志 國朝康熙間總督姚啓聖金世榮先後開濬乾隆二十八年糧驛⑧道朱珪重濬

校注：①怪　②暢　③宇　④汗　⑤皆　⑥涵　⑦漏續　⑧道

城外河、三山志一自通仙門之南入通仙橋西行經洗馬橋別分一支通韭菜橋又東西分爲兩支名玉節水西會於夾城濠一自美化門之西入教場南過寧越門外九仙橋西踰宿猿洞過西門迎仙橋入西湖至遺愛門濠橋一自通仙門之東北行至臨河務水門分支壕遶外城而北過行春門外樂遊橋又繞而西至湯井門接去思橋河尾

閩縣 東山興遂勝里東山名同在江右里府志西連盤石東接象嶺有石洞明朗深邃內二石如牀曰仙石牀

南竿塘山 在五虎門東大海中府志峰巒屈曲

有六澳與連江北竿塘山對峙按南竿塘屬閩縣前志誤入連江

新安山　在仁惠里閩書上有石牟相傳自會稽飛來有嶺曰大步

大定江　在南臺江南岸

善溪　在桑溪里府志峽有二潭下潭廣六丈深不測距上潭五里即閩王郢第三子射鱔處初名鱔溪宋淳祐間改今名三山志唐太和元年觀察使張仲方禱雨於此立應

羅溪　在至德里府志有懸巖瀑布舊傳有龍蟄焉

龍逕溪　在合北里府志又有岊溪浩溪孟溪俱

與此溪會流

荷溪　在嘉登里地名龍井

直瀆新港　在河尾口府志明宏治十一年督舶鄧內監開濬以便夷船往來嘉靖二年給事謝蕡疏請塞新港郡守汪文盛踵成之未幾復潰戊午巳未間島夷入寇順流至河口焚殺殆盡萬歷十五年郡守汪鏜築隄壩天啓三年潰於巨浸水利道葛寅亮復塞之　國朝康熙初復開乾隆十年巡撫周學健疏請塡塞十三年村民以旱塞新港不便請於巡撫潘思榘重濬之

侯官縣 馬牧山 在城內越王山麓方輿紀要南唐攻福州自馬牧拔砦而入即此

鳳凰山 在湖西府志上有高風臺元貢師泰築朱子有和林擇之鳳凰山詩

梧桐嶺 在四十三都通谷山北府志五代晉天福四年閩人作亂王昶出北關至梧桐嶺為衆所殺又里許為大嘉山今呼李公山有宋丞相李綱墓前志以墓在葛岐者誤

太平山 在城北十國紀年王延翰葬閩縣太平山即太平地藏也宋為普同墳地今屬侯官

黄巖山　在方山西萬歷府志歲大旱鄉人禱雨於此

潁江　在城東南源出山山谷間一名蜆源

龜溪　在十九都府志溪多産龜俗呼源口

黄石溪　在城西北府志經白沙入大江即石嵒江上流

黄溪　出城北黄巖山西府志南流注延潭浦入

洪塘江

甘蔗洲　在十都府志與白龍洲相聯絡大江流於洲北後衝於洪水江徙而南二洲遂隔水相望

長樂縣

名山　在縣北里許府志上有雲壇歲旱

禱此邑主山也

龜山　在縣東永勝里名勝志有白龍巖以白龍院僧居此故名又有石人峰山石皆黑一峰獨白如人立獅子石蓮花峰山下有白雲溪

茸盛山　在二十三都府志惟石鱗壘外濱大海爲省會之障有隱約巖外屈曲而中平曠

旂山　在二十都縣志高與御國後竹並障海濱麓爲寶鵲山下有壘石巖

摩頂巖　在十九都縣志朱子與陳叔友講學處朱子有摩頂巖講學處詩叔友子公榮甫八歲朱子嘗摩其

頂曰此子他日當爲朝家出力後公榮與子宗傳姪老成倡義勤王死於難

松下江　在縣東南縣志東通大海西界福清縣

福清縣　玉屏山　在城北隅府志有石如玉故名

萬石山　在六十都　名勝志峰曰翔鳳洞曰石賓曰飛來曰隹塘巖曰靈栖曰宜遠曰仙掌高丈餘酷似人掌下一石承之若龜趺然莊曰花林曰茶園其洞大者可容萬人石崚嶒森列視福廬尤多

鐘門嶼　在海中閩書玲瓏如鐘聞古有鐘溺此潮退後猶露蒲牢四圍斥鹵而此泉獨淡有井逼

海深不可測

七仙巖　在避義里閩書有七仙隱此故名洞狹而紆①通長樂界

雙嶼　在江陰里閩書二山突起海中中有古井泉甘冽不涸又有蔡道人巖百年洞

迎仙港　在縣南府志源出興化與桃源水合流至迎仙市子魚潭歷黄芽墩合蒜溪東滙逕江出江口入海

關溪　府志一自七星巖一自青陽嶺至橋下合流經龍首河注龍江

校注：①紆

連江縣　黃巖山　在縣西北府志巖石幽異遊[illegible]而北曰陳坂山中有棋盤石仙人跡

雲峰山　在縣西府志下有月石又有寶溪山大溪繞其右

岱江　在東岱山下府志注蟾步浦口之流爲海濱要口

雩溪　在利安溪下流洄鑿深邃合利安之水入於浦

寶溪　在縣西二十里府志源出雲峰下達羅崙環遶民居如寶帶又西二十里曰蘆溪山隈之泉

出焉又曰牛溪滙橫溪鼇峰長熙甫邊四水入於江

陳溪　距縣七十里府志納侯官古田羅源寧德四縣水入於江

鯉溪　在鑪峰北相傳中有赤鯉能興雲雨又有撫溪源自鹿池達盆砌浦入於海

羅源縣

呂洞嶺　在縣東南閩書中有巨石如劍痕苔蘚不生傳爲呂仙試劍處又西南有逍遥洞閩書有欄盤石激水有聲

環溪　在縣治南會南北二溪水達松崎江

古田縣西山　在縣西北二里峻絕干霄窮冬積雪不化

文筆峰　在縣南峰聳而銳故名

摸天嶺　在縣東南闗疊石磴盤紆峻極雲際爲福州建寧孔道

建江　在縣南二十里府志源出延平經團溪俗呼水口灘石至是乃盡

大溪　在縣城南溪有二源俱自北來至縣南合流又大溪南爲嵩溪會衆派水達於建江

東西二溪　府志與感溪一名錦溪甘溪一名藍溪俱滙於

大溪中有灘聲如珮玉鳴曰鳴玉灘

屏南縣

玉印山　在城東南府志頂有巨石方正如印又東有山亭亭如蓋曰御傘山

獅子山　在三都府志中有巖瀑布數十丈聲聞數里

珪峰　在四都府志三峰矗起如筆架又有石髓巖巖下有桃源洞深廣丈餘爲行人孔道

三十六坡　在七都府志自下而上約十五里有白水漈飛瀑懸崖而下又十都龍漈巖羅峰十六都忠洋漈皆有飛流數十丈

龍昇峰　在十一都府志又名龍江第一峰上有寨中有虎婆巖虎婆洞靈石巖靈石洞一爲駐雲山兩石相峙矗出諸山之上又曰嶠山上有雁來峰高出雲表有石笏石門曰羅漢巖峭壁千尋有卓錫泉留雲洞諸勝

雙髻峰　在十四都府志有石廣數十圍三面峭壁後僅容趾昔有牧豎見仙人奕於石上又名仙峰

龍江　府志源自辰[1]溪至此分爲兩水中有卧龍阜又有黛溪路下溪廻龍溪

校注：①辰

閩清縣

白巖　在縣西南府志懸崖峭壁高數十尋中有懸魚洞倒鐘巖石門龍洞珍珠簾諸勝其旁爲轉頭山山水尤勝又二都有雌雄山相傳朝開暮合曰沈子巖巖下水中鐫有字水淺則見又十二都有龍爪石臨澄潭時有紫雲傳昔禱雨時見龍懸爪石上雨隨至

建江　在縣北府志上通延平古田之水與梅溪合流

福清縣

溪中山　在縣南二十里閩書兩山夾溪四五十里皆亂石鳴瀨山石叢攢人形物象莫可名

寫似武彝道中

中和山　在縣東南崖府志上有仙篆不可識三山志仙書有二一在仙人山一在中和寺黄坑之崖宋歐陽修嘗稱其無鐫①刻之迹知指畫成文欲以蕃彝書字圖②號譯之未暇也名勝志開闢之初字雲林寶籙壓山川未易以今字通也按仙篆有三一在羅漢寺之仙巖一即歐陽公所賞者

雙溪　在縣前府志發源於西北會於將軍山下流歸東南日外巽流日內巽流宋陳誼復有外巽流內巽流記

小雄溪　在龍興源出興化諸山至龍塘噴爲瀑三十餘丈瀉入塘中

湖汰潭　在縣西府志源出閩清又鯤潭在十二

校注：①鐫刻　②圖號

都龍潭在二十九都潭上有洲形如牛月名牛月洲

三十五灘 在縣西府志源自德化而下溪石峻嶒濤浪迅駭較建溪尤險

興化府

莆田縣 浮山 與靈川里浮山名同 在尊賢里縣志由紫霄巖蜿蟺而來山側有瀑幽深瑩潔兼智泉鐘潭之勝而險絶過之

天壺山 在縣北四十里閩書高並壺山古有天壺巖洞壑奇邃樹木蒼鬱

澄渚山　在仁德里名勝志一名陳渚唐林藴讀書於此

三山　在興教里闞書平田中三山突起一名華蓋宋府志作烽火山云舉燧之地

芝山　在醴泉里闞書巖石嶙岏林木蓊鬱爲海濵勝景山巔有萬松庵明柯潛讀書處

百丈山　在廣業里闞書形如華蓋亦名華蓋峰有峴峯院石室僧崇演辟穀於此中有客廳古仙石塔石傘石樓重元六巖西爲仙壽峰邑人方詠延陳升之夏竦曾公亮偕其子次彭肄業其中旁

日蔣山有巨人跡石棋枰石泉諸勝

羅漢峰　在郡城南名勝志相傳有僧薄暮過此見一古刹榜曰羅漢院樓閣危聳鐘鼓之聲聞於外遂止宿及旦一無所見因以名山

萬玉山　在國清里縣志一名周坑山山多奇石明給事黄謙有萬玉山庄

南日山　在平海衛東大海中閩書與琉球相望明初設寨於此詳見軍制又有湄洲嶼宋林光朝讀書處小嶼一名侯嶼潮退有石橋可渡唐觀察使柳冕牧馬之所又曰演嶼宋幼主泊此①爲[illegible]

校注：①為元兵所追

江中忽演一嶼以蔽舟遂免石上鐫演嶼聖蹟四字

逆仙溪　在待賢里縣志由蘆溪合桃源白水諸水入於海

杉溪　在縣西北縣志發源長壽山下接大松藔湖二溪遶於北萩蘆溪分爲二派左由萬安溪注江①口右由②漏頭注新港

百丈溪　在縣東　閩書自兜率山經報親橋又一支入福清界

澳溪　在縣南縣志發源自澳嶺漲洙及吉官鳳

校注：①口右　②漏

①搏三溪水達於海

仙遊縣

北斗岐山　在縣西縣志有七石錯布歷歷如斗里名璇珠始此

鷄子城山　在縣東昔越王築城於此故名圖經靈異非人力所爲何氏兄弟嘗經此

紫幙山　在縣南縣志峰巒秀峭時有烟氣籠罩其上若紫幔然其旁爲雲峰山橫亘數里司農卿王邁宅在焉俗呼王邁岐下有桃花溝

銀巖山一名白岩　在縣東北閩書山產奇石礄砢玲瓏縣志又有玳瑁山下爲龜臺岡西爲瞻山奇秀峙

校注：①搏

立旁有九仙巖

附鳳巖　在縣北縣志中分二澗滙於石盤有石削立如屏鐫曰小夾漈

天馬山　在縣東縣志懸崖峭壁有七漈曰日丹室曰龍首曰藥槽曰雲門曰天津曰松關又有五峰曰天馬曰鼇柱曰雙兕曰海日曰天梯

仙門洞　在縣西閩小記何氏九仙所宅兩崖壁立十許仞澗上巨石夾漈瀑布十數級漈窮處鷄犬桑麻別爲一區又五里至分水山界晉江

太平港　在縣東南縣志受楓亭溪沙溪之水入

於海吉蓼小嶼莆禧平海諸商船咸集於此北爲

雙溪港

何巖水　在縣東北縣志其源有三一自谷目溪歷碧溪瀨溪滙於木蘭陂一自楊梅溪歷大陂大洋溪滙於鯉湖下莕溪一自蓮花峰歷蕭溪俱入於海

泉州府

晉江縣　八尖山　在府城北八十里閩書山長十里許大小纍纍其尖有八

舟隆①山　在府城清源山東府志有石夫地千尺

校注：①峰

懸崖若風帆因名

豐山　在府城北五十里閩書以旱祈禱以望豐年故名山頂有雙髻峰上有白水巖涓若瀉漿

黎山　府志在府城東南十五里黎山爲郡勝概一曰靈山山左有盤石可觴百人中一巨石如九兀然動搖名碧玉毬

靈秀山　在府城南五十里隆慶府志上有小巖海潮至則石濕退則石燥

瞻迹嶺　一名覆鼎峰一名瞰若嶺在府城東北十五里明統志一名斟酌嶺五代留從効嘗於此斟酌軍事云

校注：①懸　②丸　③靈

植璧港 在府城南府志納玉瀾浦龍湖磁湖諸水入於海

陳坑港 在府城南府志有石壁沿岸而來受井尾烽火二埭及西湖諸水入於海

安海港 在府城西南府志發源柏峰山歷九溪大盈鎮海二橋與靈源山滙於東埭逕此入海

南安縣 玉枕山 在縣北二十里府志遠望如枕高標雲霄下有清水巖

大安山 在縣西北二十里府志山嶔崎險絕不能以武闘書傳有栖真巖可容數百人有泉雖旱

不涸又石鐘山有石叩之聲清越如鐘

英山　在縣西北五十里縣志三峰聳立如屏旁有一峰爲翁山形若老翁居其下者多壽考後有三山並峙曰三公山有石佛滴水古蹟翁山獅子雲從湖內七巖俱擅奇勝又其旁爲妙峰山

鸛石山　一名福壽山　在縣西三十里縣志初有鸛巢其上鳴則雨宋李郕以其上下相承狀如鼓名石鼓山

松崎山　在縣西南閩書平坦可三百丈氣候常煥古名陽調坪有泉禱雨輒應

壺公山　在縣南六十里閩書山形如倒壺一名太平中有天竺巖其陰爲虎岡山

黃漸山　在縣南八十里接同安界閩書縣第三重案山也又名鴻漸亦名黃菊山麓野菊叢生山腰有石竅盈涸應潮前志載入同安而名勝不詳

蓬萊嶺　在縣北五十里縣志嶺極高峻羣峰錯列俯瞰闤闠

雙溪　在縣西北二十里府志一發源於永春滙永江村塔口便口鄭山洪瀨白蚌灣下白葉諸渡水一發源於安溪滙羅溪翁溪朱淵國水莊水羅

水龍光諸渡俱達於雙溪口出金溪黄龍溪注銅江入海

惠安縣　蟠龍山　在縣治北府志自雲峰東平臥龍蜿蜒而來如龍蟠然

九峰山　在二十九都縣志羣峰爭雄其數有九北爲文筆山初名香爐三石錯峙旁象鼎耳中凸如爇香狀學宫當其陽

靈瑞山　在二十八都府志爲縣治屏嶂上有巖東麓有龍泉閩書東北麓有大石隱隱成山字如刻畫狀

崢山一名尖山一名淨峰在二十七都閩書下臨大海圓淨尖秀多如水嚙射者高處可觀日出

報劬山一名覆船在縣西南閩書有寶蓋巖天香石牛頭石坐禪堂龍濟潭諸勝其西爲虎窟山極險峻明置虎寮砦於此

太白峰一名蓮花峰在十六都宋郡守蔡襄大書太白峰三字於石又東北海濱有圭峰元知州盧琦家其下

片瓦巖在縣西五里府志峰巒高聳巔覆戶①石如瓦上有洞嵌空玲瓏可坐百人下有石室

校注：①巨

清水巖　在三十一都閩書山石撐持自成室宇扣之空竅遞答鏜然有聲頂有泉澄澈大旱不涸

添崎港　在縣東北府志納證果鎮如諸溪水入於海

峰崎港　在縣東府志納茭布驛坂南坑洋坑諸溪水入於海

洛陽江　在縣西南府志與晉江分界納沙溪郭溪白巖溪澳溪之水入於海見晉江界內川

同安縣

同山　在縣東北里許閩書一名梅山與大輪山對峙石鐫大同二字朱子筆也

香山　在縣東北四十里府志山巔有石狀如爐晨夕雲烟裊裊其上初名荒山邑令朱嶶改今名

豪山　在城南三十里下有廟宋王明叟豪山記巔有龍潭將雨則龍擊水如鐘磬聲時有蠏五色出潭旁朱文公眞文忠公先後禱雨皆應

御踏石山　在縣西南十五里龍窟村閩書有三巨石接連水中宋幼主自龍窟登舟由大擔嶼入廣後人名窟曰龍名石曰御踏

西山　在縣西十里府志亦名天龍上有西上巖石罅有聖泉四時不涸

北辰山　在縣東北二十五里名勝志閩王時爲①

北鎮上有巖巖側有十二龍潭唐時建廟於此朱

子有題北山詩

蓮花山　在縣西北三十里府志以形名一名金

冠又名夫人巔有巖朱子題曰太華

三重山　在縣西三十里方輿紀要複嶺重岡高

聳千仞

洪濟山　在嘉禾嶼中閩書去縣七十里一名厦

門一名鷺島廣袤五十餘里而洪濟最勝有雲頂

巖留雲洞一片瓦風動石七星石諸景雞鳴時登

校注：①為

絕頂遥望海日如火輪旁爲蜂窠山虎山山下有龍湫亭龍洞又有金榜山唐陳黯讀書處石高十六丈名金榜石上刻談①元石三字有薛嶺薛令之之後自長溪徙此時稱南陳北薛臨海有釣魚磯黯垂釣處又貢當港口有動石潮至自動有浮沉石潮至則浮退則沉

洒洲嶼　在縣南四十里當縣丙方故名又有鼓浪嶼石刻鼓浪洞天四字白嶼寶珠嶼離浦嶼夾嶼大擔嶼相傳宋幼主過此擲棄器物以浮舟後漁人於此得古硯小擔②嶼大鐙嶼小鐙嶼邱葵③[illegible]

校注：①當“談玄石”，避諱改元　②擔　③家

此烈與唐牧馬監在焉

文圃山　在縣西六十里名勝志南濵大海記云山土無頑石木無荆棘松蘿幽邃洞谷自然山下多文士故名

安溪縣

產坑山　在永安里閩書唐處士周朴寓此其前有塘又名周塘山

黄蘗山　在縣南名勝志一名午山舊傳有人入山遇仙旬日方歸中有五峰巖

烏巖山　在依仁里府志有瑞蓮巖石室可容二百餘人前有池嘗產雙蓮又有貴湖龍安二巖龍

安一名青林巖之最大者前有石笋卓立溪心號

爐峰

龍塘山　在依仁里府志懸瀑數十丈下有龍塘

潭前有拜石上有龍門嶺山勢巉岏古有驛通同

安縣

觀音山　在光得里府志有石室天然牖户可容

百人其疊嶂而來者爲大湶山有數十丈潭湶水

清碧

佛天山　在崇信里閩書一名佛耳五代詹敦仁

隱此

大屏山　縣志望若紫屏四時常有雲氣中有獅子巖蟠虵巖仙人跡虎囓洞諸勝洞有石筍壁立十餘丈下臨黄水潭

鶴頂山　在珍山鄉府志高峰插漢惟秋冬時露山尖巔可望千里外爲泉巨鎮

陳五郎山縣志作五閩山在感化里閩書山最高可眺海中有石平廣裂痕若砌成者有巨人跡下有龍潭禱雨輙應障水口者有五山

碧翠山　縣志一名魁山下爲龍貫山兩峰夾峙國朝李文貞光地闢成雲洞於此

雪山　在感化里閩書上常積雪有古廟歲旱禱之若巖溜滴瀝卽雨

蓬萊山　在崇善里閩書舊名張巖有清水巖宋禪師普足道場

惠林巖山　在來蘇里宋崔道人修眞於此令陳宓額曰惠林又名月峰巖

崇信里溪　府志源自九峰山西南流遷龍涓里達漳州龍溪縣界

還集里溪　源自同發山逆流西北注於漳州之北溪

漳州府

龍溪縣　天公山　在縣北三十里漫潭上游縣志上有瀑布飛瀉數十丈圖經云天公所居九域志陰雨時聞簫鼓聲

高明巖山　在縣北寶珠灘上縣志與花山遥隔三十里時有鐘鼓雞犬之聲

甲子峰　在縣北昇平保縣志矗立青霄常有雲氣覆其上凡海舶遠歸恒望此爲標準

九龍山　在縣北三十里唐書地輿志龍溪隋縣有九龍山其下有九龍水又有金溪水宋陳堯佐

詩人生五馬貴山有九龍遊①縣南十里有第山即間第山前志分作二山誤

田裡港　縣志納南河詩浦溪之水出陳洲入於大溪

華封溪　縣志上通大深歷②漫潭至香洲潑滙長泰之水出兩峽達柳營江三义③河與西溪會

漳浦縣　將軍與　在縣東南大海中圖經唐陳元光當駐兵其上故名一云漢閩越王封力騶等爲吞漢將軍據險以拒漢兵故山澳多以將軍名其旁有石城嶼與萊嶼與府志七都有魚腸嶼與竹嶼與十七

校注：①同　②歷漫　③叉

都有大小桑嶼大小澉嶼

海澄縣　普賢港　在九都

南靖縣　峰蒼淵　閩志源出峰蒼嶺至新寨過仙橋而入雙溪又有三脚淵與峰蒼同源經三脚橋達深渡溪

平和縣　新巖山　在新安里府志為大峰山之別支中有銅鼓山兜寶峰瑞雲四巖

詔安縣　羊角山　在五都峰頂府志石屏屹立旁一石雙岐若羊角然故名山堂肆考山之有角者日巉一在西蜀一在閩東南海上疑即此山中有石鼓石船鼇頭研池風動石嘯臺

諸勝西曰青雲洞有三鯉石鳳尾松

甘山 在川陵山南大海中閩書天將風雨其狀變幻若屏若屋若獅象之形四圍皆海中有一井水獨淡相傳仙人遺柑其上故名

九侯山 在縣北二十五里縣志九峰並列圖經夏禹庶子封於會稽其後子孫九人入閩殁而爲神各主一山閩書史記無疆爲楚所滅子孫散海上今龍巖詔安各有九侯山或當時所居也中有石門棋盤石天然橋諸勝詳見前志按前志載烏山透邐而北九峰並列云云不載九侯山三字失之混矣

延平府

南平縣 九龍山 在縣長安北里閩書九峰蜿蜒

如龍右有獅子巖巖左有石壁立峭聳曰禪巖石

雲蓋溪　府志源出尤溪下流合羅源溪水入三溪又大芹石橋溪亦發源尤溪界會伏溪大源溪水至石橋下入三溪其大源別派西流爲開平里溪

吉溪　府志源出建安經普安遷喬等里達大溪又有遵教里溪亦發源建安界

順昌縣　靈龜洞　在石溪都閩書洞有靈龜石色紫如金又有石如鐘磬魚鼓扣之淸越旁有通天藏雲蓮花三洞又驛站都有仙掌巖兩石相合如

掌下有泉極甘美

西南溪一名大溪府志源出將樂至縣治與礶砧溪合流會沙縣溪至劍溪因名雙流

將樂縣

龍棲山　在縣南羣峰峭拔千尋緣坑行鳥道縈紆林木幽映下有潭相傳有龍潛焉

三石山　在縣西南閩書上有三石色紅白如人形俗呼三郎石南曰雪裡山土膏如雪由山麓闢徑盤折三十餘里接沙縣界

仙人塘山　在大里都閩書與獅子雪裏二山鼎峙上有曲池霧滃則天必雨名仙塘側有泉曰仙

泉

庸嶺（未詳其處）閩書古嶺也法苑珠林東越閩中有庸嶺高數十里即此（名勝志庸嶺在邵武縣）

大靈峰　在縣東北百里其巔巖穴嵌空傳有靈物居之方輿紀要峰巒峭拔樹木陰翳人跡罕到

龍頭巖　在縣王華都閩書巒峰秀絕旁一石似虎名虎頭巖有石門山下通山頂其中明爽可居

沙縣

鳳岡山　在縣治府志邑鎮山也

越王山（俗呼越王寨）閩書相傳越王屯兵於此山頂有越王墓又有石棋局下有漈峽

將軍山　在十七都府志山勢高峻宋紹定間都捕使陳①韡擣賊巢於此②被之故名

玉山　在五都閩書中有玉溪際飛流二十餘丈又有石橋石窟

虎口溪　源出順昌府志會赤溪黃沙溪之水入太史溪

尤溪縣　登高山閩書作王釜山　在縣西北府志屹起羣山之間邑人九日遊眺處

鸕鷀山　在二十四都三面壁立鸕鷀灘環其下一徑盤旋至巔若羊腸然鄉人嘗避寇於此

校注：①韡擣　②破

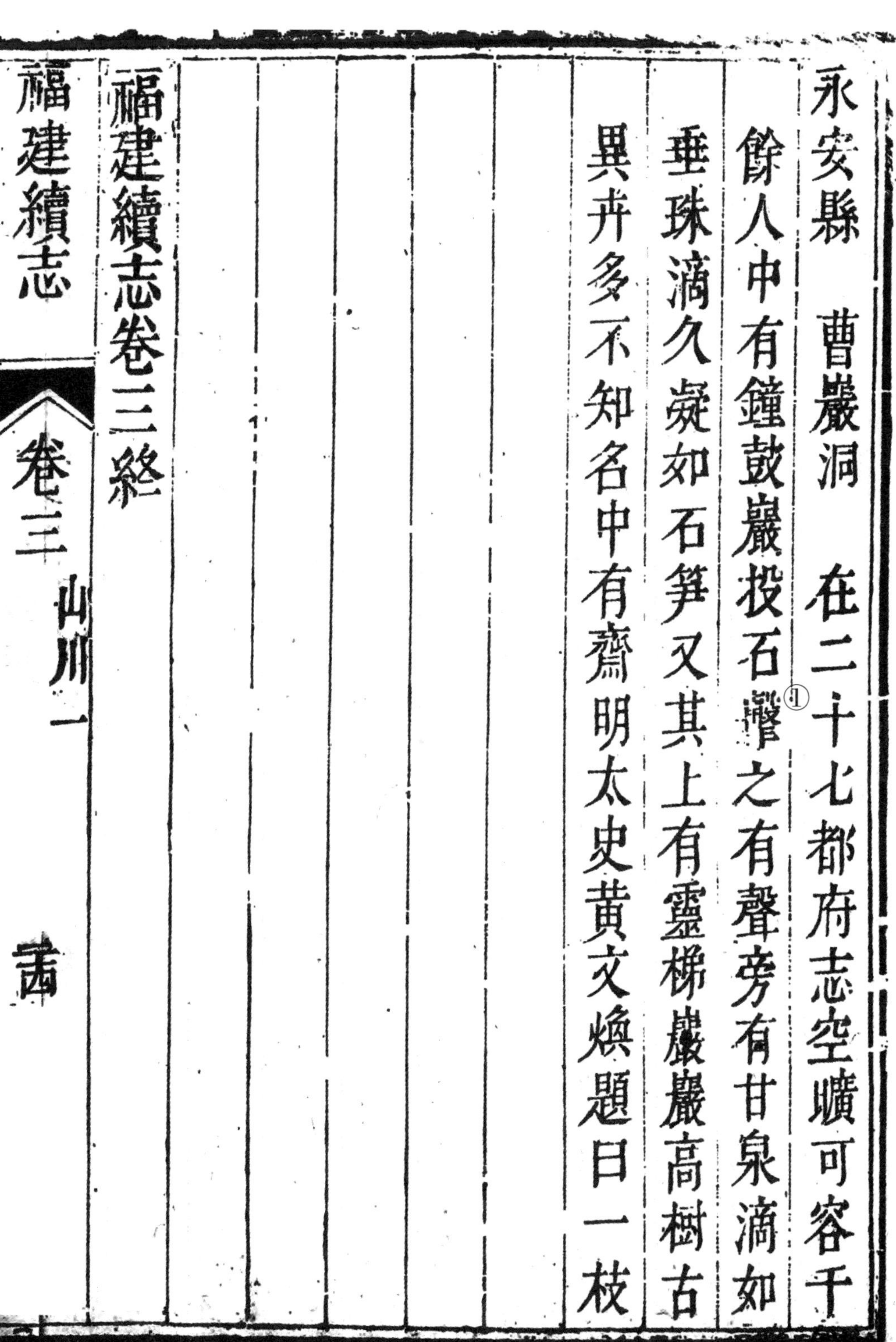

永安縣　曹巖洞　在二十七都府志空曠可容千餘人中有鐘鼓巖投石擊①之有聲旁有甘泉滴如垂珠滴久凝如石笋又其上有靈梯巖巖高樹古異卉多不知名中有齋明太史黄文焕題曰一枝

福建續志卷三終

校注：①擊

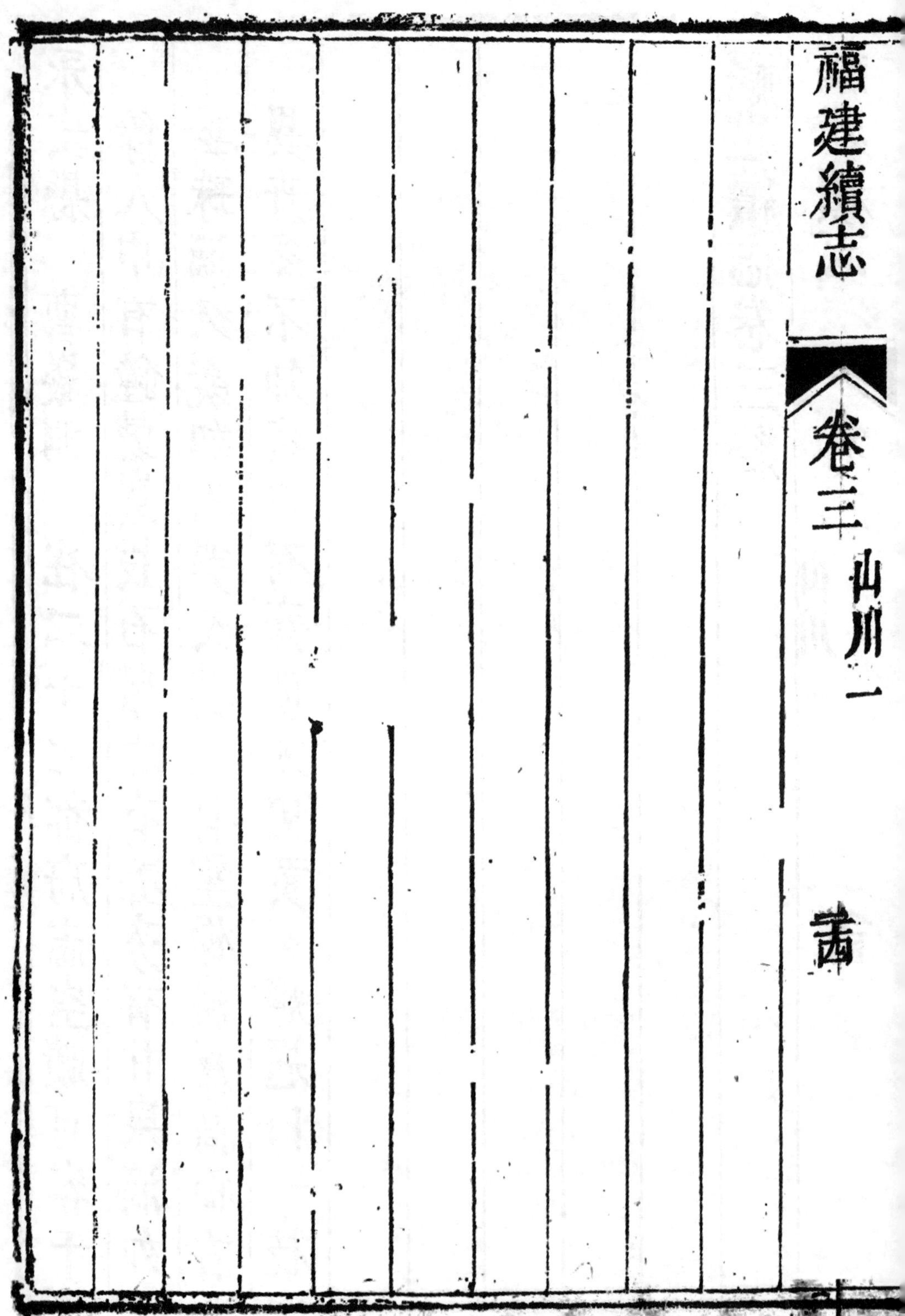

山川二

建寧府

建安縣　屏風山　在縣西南四十里方輿紀要羣峰拱揖左右中一峰截然壁立空翠①間狀若屏風

靈地嶺　在房村上里閩書相傳梅福修煉於此又有大雪嶺方輿紀要嶺高寒至冬常有積雪

東安溪　源出甌寧界府志注東溪又有古老嶺溪源出法雲山下入大溪

甌寧縣　華陽山　在高陽里府志峻峭凌霄上有

校注：①間

石門龍洞石鐘鼓旱則考鐘伐鼓雨立至又崇安里有大雪山飛瀑千仞有三潭常若風雷之聲神龍居之亦邑人祈雨處

西峰（一名鷲峰）在紫溪里府志層巒幽邃暑月亦寒昔有張氏樵採於此遇仙遂羽化去又名張大仙巖巖半有洞中有棋枰棋子纍纍不可出閩書洞中可坐百人有鼎爐石牀石有五坎皆盛石髓洞左右有二石廚頂峭立樵牧不至名勝志昔有九仙居之

徐將軍巖　在崇安里府志與白①石巖相連巖極

校注：①白

高廣唐末黄巢之亂有徐將軍駐兵於此人爭依之得活者千餘人

井寨葉墩諸溪　府志井寨葉墩溪源出梅岐里又麻溪溪盧峰溪吉陽溪平溪躍鱗溪天寶山前小溪諸水俱達大溪

建陽縣　黄陽山　在興賢下里府志峰巒雄峻中有菴朱子嘗著書於此手自題匾閩書傳匾時有夜光僧以爲椎金塗之菴有桐木椰亦朱子時物光遂絕

桃源洞　在三桂里閩書四面皆山一逕紆入桃竹叢立有古塘大旱不涸下有竅通大潭洞口有

井泉甘冽汲之聲若銅壺之漏

崇安縣　武夷山　綿亘百二十里閩書閩祀山也武夷山志入山第一峰曰天柱（即大王峰詳見前志）左爲徐仙巖道人徐熙春蛻骨處右爲仙鶴巖麓爲禪巖與仙鶴巖對峙者爲望鶴臺臺際有復古紫雲二洞下爲仙桃澗與天柱之麓相連屬者曰幔亭峰（詳見前志）峰半有漢祀壇即武帝以乾魚祀武夷君處也頂有宴仙壇即武夷君設幔宴鄉人處也北有換骨巖（一名均峰）雲虛洞（俗呼仙女梳粧樓）即孔莊葉三仙修眞處也換骨巖側有化鶴巖三姑石其東南壁上

有聳雲上下二洞溪南爲獅子峰見前志峰西爲大小觀音巖越三里許爲石瓶巖竹盤巖七賢峰後爲鷄子巖赤霞巖其在觀音巖之西者曰兜鍪峯見前志峰陰有詠歸堂及九峰書院後爲太極巖其在赤霞鷄子二巖之西南者曰藍原即藍仁藍智故里也原之東有毛竹洞其秀峭爲諸峰冠者曰玉女峰見前志麓有題詩石下爲浴香潭峰北爲仙館巖一名學堂巖有石若几榻然玉女之西爲凌霄峰見前志上有企仙臺駐隼洞定命橋語兒泉飲釉峰太平巖諸勝南爲虎嘯巖見前志巖右爲馬枕

峰西爲倉基嶺嶺南爲石門巖西爲靈巖見前志而飛舄臺浴仙池則靈巖上之勝也與靈巖對峙爲樓閣巖稍偏爲藍巖溪北爲仙榜巖溪轉而近雷磕灘者曰小藏峰見前志其勝則有宴仙巖會仙巖浴伽巖吏隱亭金井澗仙遊巖由宴仙巖而左削立千仞者曰大藏峰見前志其勝則有仙史館臥龍潭與大藏峰並峙而高過之者曰鳴鶴峰其勝則有凝眞洞仙機巖李仙巖魚度澗雲藏岡而諸峰對峙之勝者爲仙釣臺內有船盛甕甕爐鼎之屬爲題詩巖仙人許碏題詩於此爲小九曲上有泊

菴希眞巖金谷巖金谷洞朱子鐫小九曲三字於巖壁居溪山之正中者曰隱屏峰麓有雲橋雲路石其右爲接笋峰（隱屏接笋俱見前志）下有鐵象伏虎二巖中有泉曰雪花曰澹曰玉華塘曰仙浴其爲隱峰之案曰晚對峰（見前志）折而北爲仙跡巖石上有二窩如膝痕然爲丹爐巖其爲山之弁冕者天遊峰（見前志）旁有妙高臺仙遊館峰右爲仙掌峰（見前志）前爲石門巖又前爲水雲寮而立壁峰橋樹澗山當巖仙山菴皆其勝區也其在溪北而不見溪者曰三仰峰（見前志）峰右曰三隱臺臺畔曰東華巖後曰

象峰前曰三疊峰峰右曰天壺峰見前志中有琅玕巖一名欄杆巖。桃花澗通仙橋鐘模石溪南爲大姥巖城高巖從三仰右麓綿延而西曰鼓子峰見舊志山半石罅有虹板仙蜕麓有石鼓書堂及謝烈婦碑山中有涵翠巖活水洞潮音洞峰之左有紫芝峰環佩巖臨溪有大小廪石廪石之左橫亘數百尋狀若垂幛曰幛巖左爲仙巖又左爲雲巖越儒林祠而九曲溪之山乃盡其在山北者曰排峰巖中有白雲莊曰梅巖曰馬頭巖曰馬鞍巖昔有毛女結廬其上又名毛廬峰曰鐵郎寨曰磜金巖曰梧桐窠曰杜鵑巖曰紫嶺曰師陀峰曰丹霞嶂曰霞濱巖曰珠子洞曰曼陀　曰自花巖中有蝙蝠洞曰劉官寨曰龍頭洞曰白崖麓爲梅花莊曰棠嶺曰桃源洞曰節巖中有莫庵　國朝誠親王額曰洞天花雨曰章堂巖中有雲水洞曰流香澗水邊多生山蕙香蒲曰清涼峽兩岸夾立十餘里如行委巷中曰天柱峰在清涼峽口與溪南天柱同名異地旁爲飛來峰曰青獅巖下有石竇九曰九星泉曰翠竹窠曰黎道巖曰蓮花嶺曰集賢峰曰喬巖曰蘆岫曰鵬峰

浦城縣　嵩山　在總章里府志山有龍井禱雨多

應其下爲巴獸潭名勝志左右皆石壁舊傳有惡獸潛於潭中類書云浦城縣有獸名鰷神豕身人首出水邊石上張平子潛以足指畫地圖其形

松溪縣　使君巖　在豪田里閩書昔刺史王汝休嘗發兵收復此地故名旁爲香婆巖宋嘉定間邑有張氏女業爇香輙焚剩香於巖下或依巖宿數日不食後化去人因以名其巖

政和縣　紫雲巖　在縣東北閩書巖介浙閩間高擅雲表諸山川一覽可盡右有龍湫可祈雨其旁爲首①巖山勢如屏絶頂平衍爲居人避寇處又硼

校注：①白

坑洞在縣西方輿紀要洞據懸崖石壁間中寬廣容百餘人

石龜溪　源出長嶺至鐵山口入七星溪又胡屯溪納黃嶺坑水出池棟亦入七星溪

邵武府

邵武縣　鳳書山　在二十八都府志山勢奇聳形如飛鳳啣書故名麓有鳳池泉

繡溪　府志中有巨石宋謝源明鐫繡溪二字於上水達大溪

光澤縣　麈溪　在六都建安記邵武縣溪源出縣

西烏嶺　撫州南城界謂之麀溪府志卽西溪之源　按是時光澤未建縣故記屬邵武

建寧縣　巖峰山　在客坊保縣志有二峰並峙又名雙峰先儒劉剛中築室讀書其上今室爲禪院

登高山　在里心保形如覆鐘產白竹閩書其東爲石鼓潭

白鹿山　在安吉藍田二保間縣志與金鐃遥峙爲邑雄鍾頂有仙人菴仙人床仙棋盤諸勝閩書相傳有白鹿遊食其間　縣志越王射白鹿於此

白雲峰　在永城保縣志山極高峻白雲常覆其

上五雷峰在其西筆架峰在其東峰左爲仙山巖又楚下保有雙仙峰石磊砢①如斵有仙人跡棋盤仙橋合掌諸石右爲海雲巖前爲峩嵋峰

仙湖嶂　在饒村保山巔平衍有湖閩書名仙女湖又黄楊坪在饒山地勢平曠南唐宋齊邱敗建州屯兵於此頂有龍潭深不可測每風雨冥晦則龍出焉一名龍歸潭明統志作龍平潭

寶山　在都下保方輿紀要厥土白壤可以陶下有蘭溪窑

蟠湖嶺　在上黎保抵江西南豐界閩書上有湖

校注：①如斵

瀦水不涸大峰在其南高五百丈下有小峰高二百丈

周平溪　縣志源出高營尾會西溪至横山溪合流入大溪

安寅溪　縣志源出西城坑歸安溪溪源出巖下桂羊溪源出江西界俱入大溪

黄溪　縣志其源有二一自藍田保一自安寅保俱滙諸水入大溪

泰寧縣　爵嶺　一名同龍嶺一名甲嶺　在縣東南縣志兩峰聳峙嶺當其坳朱子嘗宿於此　閩書小坳李氏遺琴一張朱子爲書悔①庵

校注：①悔

字①

梅林溪　府志導道峰下流過將樂界又長興溪亦接將樂之水俱入大溪

汀州府

長汀縣　七寶山　在縣東南方輿紀要宋置尚寶場採銀錫於此

寅湖　在縣東北二里周百步方輿紀要以方位名湖深莫測中一小阜雖水溢不沒又子湖在縣東辛湖在縣西周七十步亦俱以方位名

寧化縣　朝光巖　在溜泉側名勝志玲瓏曲折天

校注：①二

光射[1]人竹筏沿泝其中難窮

凌雲峰　在縣北泉下里閩書高拂雲表下有龍潭深傳有龜浮水面溪水即漲鄉人恒取其水以禱雨

清流縣　馬跡山　在縣北四十里府志元陳有定屯兵處其南有石龍山四圍石砌如城亦有定壁壘也

盈山　在北團里府志一名老人山峰巒峻峭林木鬱蓊爲邑中勝景

東隘嶺　在縣南一里方輿紀要懸崖絶壁有一

校注：①射

天①當關之險東有崆峽嶺閩書山勢臨水中通一

道②至巔絶高陳有寨置關於此

鄭家坑溪　在縣北府志滙各坑山水至南岐入

正溪

歸化縣　龜山　在縣東五里閩書以形名又一在

石桁村宋楊時誕育於此下有甘潭清可三丈水

極甘冽

北斗巖　在縣西北五里閩書山石環抱中平坦

有池相傳星墜成窩又名星窟巖

黄窠水　在縣東十里閩書發源將樂界至清平

校注：①夫　②道

橋入桁溪

連城縣　彭屋山　在縣西以宋彭孫居此故名其近者曰蕭坑山閩書明萬歷間築閘鑿石其上石隙中有徐欽徐昌四字

石鐘巖　在縣東北閩書俯瞰石壁秀柱層崖峭然殊觀又縣南有白仙巖峰巒俱白洞穴甚寬

上杭縣　九仙巖　在縣南十里府志中有曲流古洞雙橋雲履亭諸勝

武平縣　龍濟巖　在縣城南三里閩書林木森茂石徑窈深洞前有龍牙石珠簾泉

聚靈溪　在城東閩書源出靈洞山由西門流入繞城東出合於化龍溪

永定縣　石麟山　在太平里府志石洞深窅燃炬乃可入中有石案旁有泉流乳穴丹室諸勝又縣東有白雲山四週皆竹一名竹城山

福寧府

霞浦縣　牛跡山　在城南五十里棠源滌頭閩書山脊①兩凹相向如牛蹄跡溪水圍繞至跡痕乃沒入地潛流四十餘丈復出入於海傳有仙人乘青牛飲此水爲之涸

校注：①脊

南峰　在城南名勝志峰頂岐爲三亦名三台山下有菴徑路詰曲有古榕樹蟠根成門

展旗峰　在濕麻里府志里有十奇峰展旗之外又有旓檀林文筆峰石鑑軒壽山屋翠羅屏湛恩池偃杉塔湟槃石仙人塚諸勝

筯竹山　在高羅東方輿紀要與臺官澳屏風四隴諸山皆在烟波浩淼中

峻巖　在城南百里閩書俗呼峻灘上有二大石相疊搖之可動旁有石筍高千餘丈

白巖　在城南府志岸壁峻峭有龍井水繞南山

可貲溉田

池家嶺　在二十八都閩書中有石淵深百餘丈

有石門上有巨人跡方輿紀要石門俗呼仙人洲

楊梅嶺　在三十七都閩書舊產楊梅東抵五里

臺西抵十八溪宋嘉定間令楊志甃石爲道名楊

公路

馬跡嶺　在城西南閩書以形名又有石室石棊

盤傳爲仙人所居

松山港　府志上接白巖前溪之水前有沙洲海

舡泊此

長溪　府志源自西山由府城西繞自南而東入於海又東溪石牛溪俱在三十九都

三澗　府志分爲三支中澗流最深東西二澗俱達北城外濠入內濠由南城內外濠滙於海

福安縣　龍山　在城西北府志楓栢成林秋爛若錦下有龍山書院

仙境山　在縣西二十里名勝志恠石巉峩巖洞寬廣石門封固相傳有三人服唐衣冠入洞跡之不見

瀨山　在縣西南十五里名勝志絶頂有積善巖

石洞幽邃刻米元章題名巖半有仙掌痕扣之有
聲下有石龜潭古讖云石龜沙合狀元生
芹山　在三十一都閩書有石室巍然中容數十
人巔有石珠雲起則雨
覆鍾山　在三十三都閩書上有魏虞二仙石旱
禱多應
天池山　在九都府志亦名東山又十三都有天
池峰池水清冽
牛嶺　在十九都閩書其高接天府志上有隘與
寧德分界

金雞嶺　在縣西南三十里名勝志相傳有金雞出入巖中又名金雞巖閩書一名五嶺爲五路之會有守隘有徐氏子名岳年七歲題詩壁間尚存

雙巖嶺　在三十四都閩書宋韓世忠討范汝爲屯兵於此

白鶴嶺　在縣東南三十里名勝志南有柳屯巖相傳有異人乘牛至此里有失牛者追之人牛俱泯猶有牛蹄跡印石上洞有女三常乘白鶴出入自稱洪三娘後不知所之閩書嶺下有龜井泉與潮盈縮相應

獅峰　在縣南四十里三山志作西峰有十奇曰獅子峰金雞石卧牛石鹿跑泉雙髻峰筆架峰石梯峰環翠亭伏虎橋廣化門又有九曲嶺合掌嶺紫藤峰仙師嶠其下爲柏柱村宋鄭虎臣居此

巖湖障一名石坂障　在縣北五里高二三十仞閩書其平如掌半巖有穴下有湖名巖湖縣志旁小澗逆流而北古讖云巖湖石坂障溪水倒流上

鐵仙障　在縣西北方輿紀要三峰峙秀林木陰森亦縣之勝也府志相傳爲仙舍

更漏巖　在縣北六十里名勝志兩峰屹立有瀑

百餘丈沿崖而下俗呼百丈漈聲若更漏故名旁有樂道巖巖東有石堂

百辟巖　在二十九都方輿紀要宋少帝集勤王之師於此詳見古蹟

青林洞　在三十六都黃崎鎮閩書高峰峭壁流泉古樹迥絕人境府志明知縣張蔚然搆亭臺其上

寧德縣　碧山　在縣郭東府志盤蜒逶迤豐隆奇秀爲邑巨鎮

仙茅山　在縣南名勝志舊傳茅仙兄弟煉丹於

此有虛土堆擊之有聲名曰神仙土鼓相近有五馬峰五峰列峙狀如伏馬縣南諸山至海邊垂盡之處而五峰突起高出海上

霍童山見前志 列仙傳作霍桐閩書白玉蟾云此山週環九十九峰名著者三十六景勝者四十八曰大童峰峭壁凌空中多紫氣頂有仙蹤丹竈曰小童峰高亞大童有仙井泉甘冽曰紫帽峰曰紫芝峰宋時産紫芝十五本高丈餘曰蓮花墩有仙荷花大如箕或山上田中生無定所曰雙髻峰兩峰並峙後爲葛仙翁巖有丹爐丹竈曰馬鞍山以形

名曰九仙峰上有菴菴初成時有九客寓宿旦化鶴去曰仙萊坪舊傳有仙橋架於峰頂二仙童持萊籃從橋過有老嫗曳之橋遂斷因名其地爲折橋坪爲仙萊曰飛來峰隋諫議黃菊隱此曰玉女峰後有石筍曰筆硯峰曰菩薩峰曰香爐峰唐司馬承禎修煉飛昇峰上曰卓筆峰曰右弼峰曰左弼峰仙經云茅君爲左弼仙官韓衆爲右弼仙伯上有仙壇茅君會羣仙之所壇西南有石廊三十餘丈石室盈丈曰羊廚峰曰展旗峰曰一劍峰尖峭揷空口那羅巖窟中有石室數丈寺在石室內

頂有石搖之則動曰煉丹巖有司馬承禎擣藥臼①曰鳳凰巖隋黄諫議二女丹鳳赤鳳於此昇仙曰擣米巖上有臼曰懸鐘巖曰合掌峰曰獅子巖宋儒陳普居此曰響山巖兩巖對峙人語響應曰霍林洞乾符中金衣仙人修煉處曰赤城洞曰蝙蝠洞曰支提山曰説法臺曰袈裟臺曰化成林曰金燈峰支提山以下俱詳前志 曰棋盤石曰三品石曰桃洲渡曰雲錦屏曰仙石橋横跨澗上有石盤石盂玉鏡香爐皆天成也曰玉露井一名海鰌井中有鰌甚巨時浮井面曰甘露寺粱時二僧飲甘露抗水飛

校注：①臼

昇去曰仙巖寺曰辟支巖辟支佛棲巖下寺有石
龜石桃曰雪花林曰鶴林官三山志云沛國王元
甫吳郡鄧伯元鹽官褚伯玉皆於此修白霞丹景
之法杜光庭以爲第一洞天

石碑山　在二十二都府志山有石狀如碑碣其
旁爲寶青山棋盤山靈峰上有洞

石壁嶺　在四都府志石壁森峭上有甖井極甘
冽逸邏爲仙人巖名勝志上有雙掌痕深數寸又
百步溪邊石上亦有雙掌及馬蹄跡對山有仙人
坐痕

萬石巖　在飛鸞嶺下闊書巖如室可容數百人中有石竈石井石床石几旁有石舟兩岸間有不橋橫跨

蘆坑峰　在六都名勝志屹立如列戟二水夾流境極幽勝其旁爲隱仙嶺有石室在海中者爲官扈山

中滐山　在八都名勝志山自龜山分支兩峰相對飛泉中注爲三派山當瀑流之中下有金仙洞

石屏峰　在二十都府志峰列如屏上有葛仙巖旁爲雙柱峰

西湖　在縣西府志宋儒陳普鑿　國朝乾隆七年知縣周天福重濬

壽寧縣

半月山　在城西隅府志以形名

東山　在縣西二十里府志登之可望浙閩諸山

棋盤山　在縣西五十里府志傳有仙人對奕於此局跡猶存

天池山　在縣東三十里閩書山巔有池清泚不竭

鐵仙障　閩書三峰秀峙石林陰森仙人所居

七星巖　在縣西二里府志有七巖如疎星布列

北溪　府志源出浙江慶元縣桃嶺經雙港沙潭達於海

福鼎縣　桐山　即今縣治山府志舊多産桐左右兩溪夾岸亦名桐川東二里爲阮家尖相傳阮侍郎隱此爲福全山蓮花岡龍山循東而南爲鐵場山曲而上曰南陽爲縣右護

紫荆山　在城北五里其後爲御屏山旁有白虎巖右爲龜峰左爲雙髻山府志山最高處有一覽軒昔徐公履衛子堅遊此名勝志宋秘書郎高曇居此山下光宗御書容齋二字賜之

積穀山　在二都閩書峰巒清峭有清泉一泓(①)歲旱禱此多獲豐年其旁爲鳳桐山壽山又有蓮花嶼金嶼兩山高峙如門相近爲巽城山車頭山魚山

草堂山　在六都舊名靈山唐林嵩築草堂於此改今名閩書上有巖泉雖旱不涸里人禱雨有蜂出巖中俄而石壁流液甘霖隨應府志作蟛〻蜞見則雨

黃崎山　閩書窮海也有屏風山爲障又有文星明山朱子避僞學禁到此止焉作中庸序於民家窮鄉無紙寫序於屏屏後舁入州庫府志黃崎山稍(②)

校注：①泓　②稍

上爲仙營橋大巖凌空駕海宛然一橋

秦嶼　府志俗呼小三山一名玉榕方輿紀要在州南海中爲防戍要地

太姥山 見前志霞浦界內 閩書參名勝志高十餘里周遭四十里舊名才山力牧錄云黄帝時容成先生嘗居之石枰石鼎石臼尚存王烈蟠桃記堯時有老母種藍家路旁飲道士以醪遂得九轉丹砂之法仙去因名爲太母山漢武帝命東方朔勅天下名山又改母爲姥唐開元間都督辛子言泊舟海岸夢仙吏告以聄奭姑將之蓬萊司風雨者先驪宜

移舟避之既覺如言果風雨暴至少頃澄霽雲霞絢綵有鸞鶴笙管之音因繪圖以進勅有司春秋致祭乾符間勅建國興寺於山麓設住持僧師待圖其峰凡二十二日新月豸冠神羊毬頭寶旌仙女仙童仙仗迎仙象簡星珠團玉碧鍔帷石三靈揞天閩書作抗天捧玉摘星飛蓋靈龜龍角天圭後增以摩霄仙掌石虎懸鐘石筍天柱撥雲卓筆童子蓮花石鴉飛仙棋盤隱屏爲三十六峰後復增以金峰錦屏鉢盂三台疊石曝龍三枝三靈和尚爲四十五峰而摩霄尤奇西向爲州鎮於省會諸山

東南北三面皆海浙之溫台及南粤五嶺皆隱隱可辨相傳太姥乘九色龍摩霄而去因以名峰云巖之屬曰老鴉湧米羅漢荷葉新戒天冠扞巖石之屬曰浮屠和尚彈丸鍾離蟠桃兜鍪大盤玉匣屏風蟹鈴獅子仙人鋸板玉筍牙籤九鯉朝天獨鯉朝天天門小盤洗頭盆雲板浴盆仙足金剛鹿啣花雷轟三台曝龍頂天石龜石門石鸚鵡石象石兎石筍石麒麟石船石鼓石鐘石樓石鼎石僧其尤勝者曰一線天石兩石對立百餘丈中劈小徑僅容一人天光漏入長可半里洞之屬曰石巖

絶澗重岡詰曲可四五里懸石塞路下有洞高三尺許入三百武達玉湖菴曰觀音曰落星巨石側立道周投石鑄而入峭壁夾立如巷長十餘丈一墜石懸空塞路從其下穿入復有石洞豁然石斷架竹爲橋者三乃達竹園曰黄龍曰團玉曰十八羅漢曰七賢曰小觀音曰丹穴曰半雲曰小巖有二巨石對峙如門曰滴水懸巖倒覆泉滴不竭有井承之寒冽無比谷之屬曰傳聲洋之屬曰太姥上有太姥墓相傳太姥上昇里人思之虚爲立墓於此溪之屬曰藍溪高秋時柏葉落溪中色秀碧

俗傳太姥染衣居人候其時取水漚藍焉港之屬
曰飲港湖之屬曰仰天曰玉湖叢木扶疎澗泉泠
然有聲井之屬曰小龍懸石嵌空滴溜不絕俗名
邇海竅曰大龍危石棋纍下臨百仞相傳有沙彌
墜井中屍浮官井洋而出井口有巨石若龍頭踞
而覆之前後二孔一承巖上飛瀑訇轟如雷一深
窅無際曰七龍曰蒙井曰丹井相傳容成居此修
煉忽一夕裂成是井有虎守洞有猿候火曰卧龍
曰珍珠曰曝龍曰九曲曰瀑布池之屬曰九鯉曰
七寶橋之屬曰望仙下臨絕壁有石磴名天梯菴

之屬曰玉湖曰天源曰圓潭曰白箸曰疊石曰白龍曰妙香曰巖洞一名半雲洞倚石爲門曰金峰唐咸通間僧惟亮曾結茅焉宫之屬曰摩尼堂之屬曰乞夢曰草堂又有小太姥山在太姥山左差小而峭人莫陟其巔

九龍墩　在太姥山下府志爲太姥舊居或云王氏兄弟九人肄業於此後爲九州太守

鐵障山　在十四都方輿紀要壁立千仞其色如鐵旁爲馬冠山亦名崑田閩書馬仙煉丹於此仙去井臼猶存南爲崑岡山高聳凌空望如半月

五蒲嶺一名三十六灣　在十五都府志屈曲紆回元末嘗爲盜藪逦遞爲昭倉嶺自小太姥抵海口綿亘數十里

石馬嶺　在十六都閩書有石危立如馬下有石乳流沬①其近者爲乍洋嶺

荷山　在十七都府志中有巖方廣數丈一室天然簷宇垣壁悉具旁爲驢駝山筆架山碧山左嶺

茭陽山一名高場又名吳莊　在八都府志山巔有巖如蓋天雨飛瀑萬丈晴則散絲如霧流入南溪

福鼎山一名北頂　在二十都閩書脈自平陽赤洋而

校注：①沫

來峰最高數十里猶在望中府志縣命名以此中有合掌巖米巖

董江　在十九都通海潮相傳董奉煉丹於此渴飲爇躍皆向此江故名

白水江　由董江而入閩書昔人徙居海島者七種盧亭白水郎樂山莫猺遊般子山黃雲家之屬是也或云白水郎乃盧循餘種散居海上以船爲家此江乃其停舟處也

東城溪疑即前志桐山溪　源自浙江泰順歷南尾南溪達縣之水北門抵城東康熙三十八年築隄壩雍正

八年乾隆九年二十四年屢修

清溪　在六都府志源出菰嶺歷南佳灣達秦嶼可資灌溉

才溪　在八都府志源自太姥山達下尾灌海壖田其近者曰藍溪詳見前志又九都吉溪亦名藍溪

雙頭溪　府志上交霞浦下達莒洲石床滙於東洋可灌田又百歩溪遐齡溪俱在十五都

王孫溪　在十六都府志由江入海田資灌溉

翁潭　在十五都府志源深流廣鄉田利之

袁三娘潭　在十八都閩書内有石床石籠石印

石馬蹄水涸則見相傳袁三娘仙於此旁有金雀花

深坑　在四都府志流可溉田

臺灣府

臺灣縣　卓猴山　在番仔湖山西北

大烏山　在番仔湖山西南

嶽頂山　在城東七里縣志横亘郡城之背迢遞綿渺可二十餘里

魁斗山　在城南縣志狀若三台星爲學宮拱案

虎頭山　距猴洞口數里縣志羣峰環峙近爲大

灣崎土樓山疊浪崎雁門關嶺高峻可眺郡治去關里許有深塹數十丈緣崖路狹人皆重足而過入羅漢內門西爲小烏山東爲東方木山南爲銀錠山北爲分水山目猫嶽山

大崎嶺　在羅漢門外縣志越五里爲六張犁燒羹寮東方木諸埔地社番秋冬較獵於此東爲淡水溪溪南有南仔仙山東南有旗尾山東有內優傀儡諸山

臺江　在縣治西門外縣志可泊千艘受各山溪之水達大海西北爲鹿耳門港其最險者爲南北

二𡾰又北爲加老灣港隙仔港港有沙線綿延數百里名海翁汕港口大澚曰海翁窟亦名月眉灣可泊舟

安平鎭大港　在臺江西南縣志昔爲荷蘭巨艦出入之處今淤淺僅容商船

鳳山縣　二贊行溪　縣志原出大岡山北入海春冬編竹爲橋夏秋以筏渡

彰化縣　雞心嶼　在雞籠嶼東北諸羅縣志以形象名又有獅毬嶼直加連嶼花阡嶼

淡水港　在海口諸羅縣志內有大澚分爲二港

西南至擺接社東北至蜂仔峙番民往來俱用獨木小舟刳其中以居俗呼蟒甲澳內可泊數百艘

永春州

永春州 大鵬山 在州治西南州志形如大鵬垂翅絕頂三峰秀出中有巖[illegible]勝①

馬跳風山 在六七都州志高崖②壁立瀑布千尺如練有巨石中空藏一小石可動③而不可出壁上鐫一夫關三字又有高麗山屹立如屏頂有道塲寨可容萬人中有巖有拱翠亭

達理山 在九十都名勝志其峰峭拔蒼翠茂林

校注：①勝 ②崖 ③動

清泉六月如秋山麓有巖

魁星山　在十一二都閩書古桃林塲在馬上有巖初名詹巖以宋陳樸顔應時登第改名魁星

烏石山　在十三都閩書山石如黝中有毗藍巖巖下古郵亭道也花木繁陰爲州南一勝近爲花石山名勝志石乳粲如開花上有龍潭極深

雙魚山　在十四都州志自白馬山蜿蜒而東突起二峰望之若雙魚然其下爲留灣五代留從効故里也

天竺山　在十八都界南安仙遊二縣閩書清淑①

校注：①淑

寥廓如化人之居登其巔可望泉州清源山

桃溪　州志自横路至西涵出南安水江村凡九十里中可通舟楫者三十里其自西而東會於桃溪者爲錦逸十四溪之水其自西北流入西南者爲熊田洞口二溪其自北而東達南安者爲小姑溪

德化縣

虎賁山　在縣北縣志陡拔奇險上有砦可避兵中有虎賁湧光二巖

雪山　在永豐里名勝志冬積雪數口①不消元至正間吳濟川鍊液於此

校注：①日

涶溪　在縣治前縣志其流滙湖坂溪湧溪二水入福州之永福達烏龍江

小尤溪　縣志發源九仙山經上翰溪合倚陽左澗水入大田達於延平合倚陽右澗水入永春達於泉州筍江

大田縣　南臺山　在黃認團一名臺閣山縣志山勢高聳上平如掌有石池可灌田數百畝按山舊屬德化不屬大田前志載入德化誤

象山　在黃認團縣志羣峰連蜷若象上有駐軍洋楊家寨閩書有危巖恠石深林密樹之觀又有

天湖崎山極巔有湖四時潴水

大雲峰　在四十五都縣志峰前後有九湖最上一湖怪石森立有九湖巖寺其近者曰遊龍峰山勢夭矯如龍巖洞泉石亦一村佳勝

觴溪　在三十六都縣志下過英果花橋經朱坂會渡頭橋溪達於縣前大溪

龍巖州

龍巖州　登高山　在城南方輿紀要形如偃月下

縣龍津

𨺗林嶺　在州東二十里州志初名惱林樹木陰

霧哲多崔苻之警

傳溪　州志發源高平章山下出蔣武入龍川其下流之最險者爲傳單灘昔時小艇至此而止後闢成港始通舟楫

漳平縣　東山　在縣東郭縣志與龍亭兀峙中有蓮花巖巃爲毓陽巖其巔之平坦處則東山書院在焉旁有寺有塔俯瞰九龍溪爲邑勝槩

烟黛山　在和睦感化二里間縣志巒石聳秀林木蓊鬱旁有小龍湖五老洞桐嶺蓮花巖諸勝其在和睦里者曰三山頂平曠可容數千人有泉自

石出冬夏不涸鄉人結砦於此以避寇曰三溪林山名勝志山巔峻絶湧泉成湖名白鶴湖瀑布而下爲第二宫第三宫尋龍禱雨者攀躋可到第二宫而雲霧蒙溶凄冷不可久留

寧洋縣　甘乳巖　縣志在大淘嶺中有洞可容千人嵌空玲瓏石乳凝結如筍倒垂

福建續志卷五

疆域

史稱帝嚳置九州東踰蟠木西濟流沙北至幽并南撫交趾此即言疆域之大凡也周官大司徒掌建王畿制地域形方氏掌諸邦國之地而正其封疆秦漢以來分天下爲郡縣守土之吏如古諸侯各莅其境土是故幅員之内高山深陵原谷阨隰之險易不敢不愼其防也一民尺土飲食嗜好豐歉水㫁①之不齊不敢不時其利導而區畫之也使郡國羣吏胥謹修其封守以

校注：①旱

無愧有土之責而天下治矣閩地負山襟海方四千里控扼列島爲東南鉅障其疆域所紀形勢不同畧載前志今以福鼎縣補之而博稽載籍復廣其所未及焉續疆域志

福寧府詳見前志 國朝乾隆四年析霞浦縣望海育仁廉江遥香四里置福鼎縣其附郭爲霞浦縣東抵福鼎縣界西抵福安縣界南抵海北抵福鼎縣界東西廣一百一十里南北袤二百二十里府東北二百里爲福鼎縣東抵浙江温州府平陽縣界西抵浙江温州府泰順縣界南抵霞浦縣界北抵浙

江分水關界東西廣一百六十里南北袤一百五
十里

形勝　附

福建布政使司　閩中八郡建劍汀邵號上四州其
地多溪山之險福興泉漳號下四州其地坦夷東
際溟渤南通交廣北涉吳會閩中以吳越爲北門
嶺表爲南府

福州府　閩都記三峰峙於城中二絶標於户外地
理述海抱東南山連西北重關内阻羣溪交流雖
封壤約束而山川秀美

閩縣 侯官縣附郭

長樂縣 縣志前揖平原後負高岡滄海環其左雙江拱其右

福清縣 府志西北依山東南瀕海流峙之雄實閩土大觀

連江縣 蕭仲謀記地形則仙掌前傾山勢則雲屏後擁閩都記帶山襟海

羅源縣 閩都記屏山峙其北印嶼浮其東蓮華在其南仙茅障於東北控負巖巒襟帶陂澤

古田縣 李堪文環峰複嶂効奇献①秀雙溪合流

校注：①獻

襟帶其閒
屏南縣　縣志雙溪合抱四山環拱玉柱挺秀於前三台聳翠於後左玉印右金鐘
閩清縣　府志清溪滙於大江清濁迴别屏山聳其前閩都記萬峰拱翠一水環清
永福縣　陳誼復二巽流記背負艮位面勢直坤千山環揖雙溪帶繞
興化府　九域志北梳陳巖南揖壺公東薄寧海西縈石室木蘭壽溪環流左右府志山端立而聳秀水環帶以交流方輿紀要北屏會城西翼泉郡介

兩大之間海道舟車絡繹而至誠襟要之地

莆田縣附郭

仙遊縣　朱子歸樂堂記林巒美泉石饒貢德秀文山川峻秀雄麗王十朋南遊賦超山石拱森如文筆凌旻紫幞左臨蔚平華簪朝斗

泉州府　連南夫記近接三吳遠連二廣萬騎貔貅千艘犀象錢熙記閩粵區泉南為最地帶嶺海華實之物與岷峨同朱鑑集東抵日本琉球諸國西帶桃源武榮諸江

晉江縣附郭

南安縣　明史東南瀕海黃養蒙記爲郡襟①嗾[illegible]夏器記山川融結都會大觀閩書攢紫帽獅子之奇抱金鷄黃龍之秀

惠安縣　駱日昇文大帽靈鷲諸勝跨於上游巋然左輔閩書螺陽峙後文筆聳前

同安縣　林希元文七泉之巨邑南北之要衝方輿記要三面距海金廈尤爲險要府志綰結泉漳襟帶大海

安溪縣　唐敦仁記東南形勝之地疆場衝要之區

校注：①喉

漳州府　栁少安傳大江南旋而東注諸峰北環西回顧圖經梁山記董奉之遊九侯傳夏后之祀趙佗故壘越王古城營頭之雄堞依然嶺下之遺基可識陳淳文天寶山郡之宗祖圓山郡之藩屏西江爲右襟帶九龍爲左襟帶

龍溪縣附郭

漳浦縣　沈懷遠文蒼山萬尋漲海千谷閩書八閩極地汀漳要衝前屏梁山而十二峰並秀旁環鹿水而八餘水交清

海澄縣　類要朝丹暮霞府志㢑帽峙其前三洲

擁其後遥亘岡巒形連金浦紆廻舟楫勢接銀同

南靖縣　復城紀畧水陸可通食貨易集閩書蒼

峰入雲翠流環壁

長泰縣　府志鼎山爲輔翼之地龍津注瀠洄之

波

平和縣　府志長蘆峙後天馬揖前洪瀨左鎮雞

籠右捍

詔安縣　南詔拓城記山環九侯赤坑之雄秀水

滙象溪大海之吐吞

延平府　閩書舟車往來襟帶高下方輿紀要控羣

山之雄襟喉水陸爲七閩要會

南平縣附郭

順昌縣　府志溪山秀麗介江西邵武之衝

將樂縣　閩書翠簾翔前含雲蹲後封山蜿蜒於

左五馬馳逐於右

沙縣　府志鳳岡北峙七峰南列

尤溪縣　閩書雙峰挂日二水明霞府志重岡複

嶺嵐風陰翳

永安縣　閩書介龍巖清流二邑秀聳百丈蓮花

金星天斗左右蟠轉其間

建寧府　舊府志東接括蒼北距上饒西南引延平東北帶建溪楊億談苑山水奇秀蘓軾詩建溪富奇偉方輿記要西帶江西東連浙右形勢四通爲全閩之藩屏晉安之肩背府志序七閩上游山川清淑

建安縣　甌寧縣附郭

建陽縣　閩書塹山爲城因溪爲池

崇安縣　閩書山拔千仞溪廻九曲諸儒集爲文藪羣仙戲於靈囿

浦城縣　江淹序東南嶠外舊府志其山險峻其

水湍急

松溪縣 王琪記湛盧巑岏石壁縈廻舊縣志山明水秀

政和縣 閩書羣山廻環二水縈繞舊府志東抵永嘉南通福唐西走建溪北控龍泉

邵武府 鄒昌記福山左衛壽嶠右旋三峰峙其南萬峰聳其北戴式之詩千山表裏重圍過一水中間自在流方輿紀要前跨汀贛後扆武夷居列郡之上游作全閩之西户

邵武縣附郭

光澤縣　況遠交當江閩之交上官祐縣志序攄①

關頭居上游屏障一隅山峻水駛

建寧縣　本志跨贛盱汀劍之交山刻水厲

泰寧縣　梁雜修縣治歌羣山秀疊杉流百折本

志大杉茶花濫其北石門九盤拴②其西河潭滙其

東寶閣聳其南

汀州府　閩書龍箇圓峰後枕臥龍府志居萬山之

中水四馳而下

長汀縣附郭

寧化縣　李世熊縣志壘嶂駛流控帶雄遠

校注：①據　②控

清流縣 閩書擁屏山揖南極左東華右西靈一水環抱如帶清瑩若玉

歸化縣 閩書樓臺鼓角聳於後三台飛鳳揖於前獅巖東峙仁壽西矗

連城縣 劉玉成詩序汀郡諸勝惟蓮峰爲大觀

上杭縣 閩書琴岡前案金山後屏旗嶂西蟠髻峰東峙袍山屹立西南籮嶠覆峙東北

武平縣 閩書閩徼盡地豫章界頭黃龍北峙筆架南列梁治東嶂雙豸西蟠

永定縣 吳節建縣記毗近潮陽閩之絕域

福寧府　閩書翠屏北峙文筆東聳防險說在東南海中左爲甌括海居東面右爲福興海居南面福寧當東南北三面之衝本志重關天塹

霞浦縣附郭

福安縣　閩書五馬據東仙境峙西重金揖前銅冠擁後

寧德縣　閩書西鶴山而東瑞峰北星帽而南海潮

①壽寧縣　通典憑山負海

福鼎縣　府志羣峰環拱兩水襟流潮縈島嶼嶂

校注：①壽

瑣溫衢

臺灣府　施琅疏畧外環大海內阻重山北連吳會南接越嶠延袤數千里山川峻峭港道紆廻爲江浙閩粵四省之左護

臺灣縣附郭

鳳山縣　本志傀儡高峰近接天際琉球孤嶼遠映海中

諸羅縣　本志揖鯨海枕玉山右雞籠左猴洞

彰化縣　志畧雞籠爲全臺北門鎖鑰淡水爲雞籠以南咽喉大甲後壠竹壍水陸皆有險可㨿①

校注：①據

永春州　江公望記崇山連續溪流滿①驢盧琦記背
大羽面象山下臨長溪
德化縣　喬惟岳記叢山崒嵂本志雙魚揖於前
黄龍翼於後鳳翥南朝繡屏北擁
大田縣　名勝志極溪山巖②洞之勝本志三府四
縣之衝爲十閩之中域
龍巖州　舊縣志三川若帶兩峽如門
漳平縣　漳州府舊志銀屏臂其左龍亭翼其右
覆鼎揖其前石鼓擁其後
寧洋縣　漳州府舊志金鳳玉屏列寶嶂於後芙

校注：①駛盧　②洞

蓉貴人聳翠微於前

福建續志卷六

城池一

自昔軒轅始建萬國鳩民居至於陶唐鯀乃肇立城郭成周之時夏官掌脩之重以溝池樹渠之制因川爲防故佐㽞則豐旛守則固伏至險於大順而民享其澤者永矣後世棄井田溝洫之利盡廢長民者往往恃決渠引泉以資灌溉而京師郡國暨通邑大都萬家之聚罔不增陴濬隍愼厥封守況閩介東南遐甸外控島海內蕃屏夏繚以周垣所謂諸侯之城百雉者非歟

且閩澤國也依山帶險百泉所㞐隄防疏鑿宜因時而利導焉夫基扃有固護之雄而川澤裕陂梁之備

盛時之極驗也因前志而增其所未逮仍以水利橋梁附之續城池志

福州府（閩侯官二縣附郭）

府城　漢築冶城晉築子城唐築羅城（詳見前志）子城視冶城稍廣羅城視子城加廣然皆今城內地三山志五代梁開平三年閩王審知更築南北夾城周二十六里爲門七南寧越門（卽今南門）東南美化門門

内水步門（即今水部門一名利津門）東北井樓門（以門内穿井名）七北嚴勝門西北遺愛門（初名昇山宋守元絳作城門旋移尹南京父老請改是名即今北門）西迎仙門（即今西門按黄滔天王寺碑畧南城大門二曰登庸門道清門北城大門二曰道泰門嚴勝門四面之門八曰福安門清平門清遠門安善門通遠門通津門濟川門善化門與志異）宋開寶七年刺史錢昱築東南夾城（即今外城）南自光順門而西（即合沙門府志合沙初名光順）城三百二十九丈東自東武門而北（即行春門府志行春初名東武）城二百七十四丈自東武門而南城三百一十丈爲門六曰合沙門（三山志自南臺渡江十里合沙門次寧越門次利涉門次還珠門次虎節門次威武軍門次都督府門次麗譙凡七）通仙門行春門（即今東門）湯井門（一名安邊樓門）

即今湯門船塲門一名臨江樓門即今井樓門怡山門即今西門太平興國間詔墮城後漸次脩築詳見前志紹興①年太守程邁發石累城甕門設敵樓尋燬終宋之世州城不能復舊規明自王恭脩砌後屢有繕葺詳見前志國朝乾隆十六年總督喀爾吉善巡撫潘思榘重脩二十五年北城樣樓即鎮海樓燬二十八年總督楊廷璋巡撫定長重建

城濠　福州府志舊外城之濠若南合沙門外之洗馬橋東南通仙門外之板橋東行春門外之樂遊橋東北湯井門外之四明橋西迎仙門外之迎

校注：①元

仙橋是也城濠三面環繞惟北連山不通水源南龍腰不可鑿即此三山志閩王審知曾鑿龍腰山晝開暮合乃止城下水關四一在水部門東引南臺江潮入城一在西門西引洪塘江潮入城皆三十有六曲一在北門一在湯門時其啓閉以備旱潦

長樂縣城 明宏治間築詳見前志 國朝乾隆二年知縣殷鳳梧十一年知縣戴永樸二十五年知縣賀世駿先後繕葺砲臺十三窩鋪二十四雉堞九百三十八

城濠 明嘉靖間知縣戴時望鑿崇正間知縣夏

允燚增濬五百三十丈引江水入城以通舟楫設水關一閘五

福清縣城　明嘉靖間築詳見前志萬歷二十二年闢小北門　國朝乾隆十年知縣饒安鼎葺城周九百九十三丈窩鋪四十二雉堞一千三百

城濠　明萬歷間濬

連江縣城　明嘉靖間築詳見前志萬歷間知縣劉煖朱應奎蕭穀繼脩增小東門甕城　國朝順治間提督馬得功知縣常爾濼康熙間知縣郭肇後先堵築雍正五年建城門樓七窩鋪五乾隆二年重脩

城濠　明萬歷間濬　國朝順治十六年署知縣王章乾隆五年知縣戚崧言重濬設水關四（今塞其一）

羅源縣城　明嘉靖間築（詳見前志）　國朝康熙十四年建甯鋪二十八砲臺三乾隆二十四年知縣梁翰葺

古田縣城　明宏治間築（詳見前志）嘉靖間倭警增高三尺　國朝康熙四十年知縣陳璸脩乾隆五年奉文繕治城內外馬道七十五丈城垣三十七丈

屏南縣城　國朝雍正十二年築（詳見前志）乾隆十八年知縣張世珍二十七年知縣徐燿祖繼葺

閩清縣城　國朝順治十八年築詳見前志

永福縣城　明嘉靖間築詳見前志　國朝乾隆二十六年知縣王綱葺

塘灣民城　在閩縣合北里明嘉靖間造

翁崎民城　在閩縣江右里嘉靖間造

梅花所城　在長樂縣二十四都詳見前志潮至則舟抵城潮退則平沙彌望年久沙壓　國朝康熙五十八年改爲寨長二百二十四丈雍正十一年乾隆十年二十七年先後領帑繕脩

石梁蕉山司城　在長樂縣十五都詳見前志依山瀕

海明洪武初爲巡司寨嘉靖隆慶間拓爲城間①三百六十丈爲門四　國朝乾隆二十四年脩

松下司城　在長樂縣二十都見前志明嘉靖間拓寨爲城周三百一十六丈崇正九年增築一百二十丈　國朝乾隆元年二十四年重脩

壠下民城　在長樂縣二十都明嘉靖間造周一百八十七丈南門樓一

鎮東衛城　在福清縣方民新安二里間詳見前志國朝改爲寨撥長福營左軍守備駐防乾隆十六年葺

校注：①周

海口鎮城　在福清縣方民里詳見前志明萬歷四十三年增高東北城垣設敵樓一警舖四今改爲寨

定海所城　在連江縣二十七都詳見前志　國朝康熙五十六年雍正六年重葺

北茭司城　在連江縣二十六都見前志明嘉靖間築周二百八十九丈

東岱寨城　在連江縣東二十里見前志嘉靖間築周五百三十丈崇正間增築銃城　國朝康熙五十六年雍正六年重葺

蕪蒲民城　在連江縣東十里嘉靖間築周三百

四十丈　國朝康熙五十六年雍正六年重葺

小埕民城　在連江縣二十七都嘉靖間築周二千一百二十丈女墻八百西南門二崇正五年葺

安德民城　在連江縣東北五十里嘉靖間築周三百一十丈

保安民城俗呼馬漠隻　在連江縣東北六十里嘉靖間築周四百二十丈跨山面海爲門三南北墩臺二

黃岐民城　在連江縣二十六都崇正間築周五百四十一丈

奇達民城　在連江縣二十六都崇正間築周四百二十丈

苕綠民城　在連江縣二十六都嘉靖間築

興化府莆田縣附郭

府城　宋太平興國間築詳見前志明萬歷十九年知縣孫繼有脩砌舊城三十六年知縣何南金甃以磚石國朝雍正八年知府張嗣昌重脩

城濠　宋宣和間鑿今小西湖及兼濟河是明洪武十二年左引壽溪水右引木蘭溪水注於濠長一千七百七十丈西北負山鑿旱濠今塞萬歷四十一年知府

徐穆重濬六百餘丈深六尺設水關二

仙遊縣城　宋紹興間築詳見前志明萬歷間增高東門城樓改名朝陽原名賓巖見前志　國朝康熙五十年改築南城門正對南橋雍正十年監生陳大建傅致遠捐築乾隆十二年知縣陳興祚葺今城周千二百十二丈高一丈九尺城門樓四窩鋪十二砲臺十二雉堞千三百十二

嶠頭民城附　在莆田縣奉國里明嘉靖間築周四百五丈高一丈三尺萬歷間以外山高可瞰城内拓增二百丈圍高山於城中

大洋寨城　在莆田縣廣業里萬歷間築周一百六十丈

泉州府晉江縣附郭

府城　唐天祐間築曰子城南唐保大間築城於子城內曰衙城築城於子城外曰羅城按府志唐開元中別駕趙頤貞鑿溝通舟楫城下貞元中刺史席相重建北①牅立候門太和中刺史趙棨治河通潮於城東南隅是保大之前已有城今不可考②又唐天祐間王延彬知軍州事拓城西地築城包西禪寺其中郎今羅城地似其時所築亦不止子城後衙城子城圯而羅城遂爲今城宋乾德初節度使陳洪進拓城東北地紹興間守連南夫葉廷珪淳熙紹熙嘉定間守鄧祚張堅

校注：①牅　②又

顏思魯鄒應龍繼脩紹定間砌甕門卽羅城外築翼城詳見前志　國朝康熙二十年提督楊捷重建子城之崇陽門樓改門曰麗正樓曰祿蒸乾隆十四年知縣黃昌遇葺子城之行春門十六年知府高霳重建麗正門改樓曰喜雨侍郎莊有恭有記　十七年知縣黃昌遇重建子城之肅清門

城濠　濶六丈深二丈餘三面通流縈洄如帶獨東北一隅盤石十餘丈地勢高仰潮不能通明嘉靖十八年二十四年重濬萬歷間決劍沓壩引北濠水溉田而濠遂涸　羅城內濠環遶子城深丈

餘今址存　子城內溝五外溝六即古之八卦溝也詳見古蹟　國朝康熙間提督萬正色重濬

南安縣城　明嘉靖間築詳見前志　國朝順治十三年重築爲門四改熙和曰富春平成曰豐樂文明曰武榮拱華曰長壽乾隆十一年知縣吳翼①重脩

城濠　四面環繞通晉江大河歲久淤塞　國朝乾隆二十五年知縣靳漢文重濬東北水關一互見水利

惠安縣城　明嘉靖間築爲門四東曰啓明西曰求安南曰通惠北曰朝天詳見前志天啓崇正間重脩

校注：①祖

國朝順治十二年改通惠門曰積慶朝天門曰厚①鎮乾隆十六年知縣徐德峻二十四年知縣黃彬相繼繕葺

城濠 明嘉靖間濬周一千二十丈濶三丈四十一年重濬上下水關二

同安縣城 宋紹興間築詳見前志 明崇正間知縣李燦然署知縣姜應龍葺改門名東曰鴻漸宋名朝天元改迎陽西曰豐澤宋名厚德元改鎮兌 南曰朱紱宋名銅魚元改來薰 北曰拱秀宋名拱辰元改綠野 西北曰朝元宋名慶豐 國朝順治十五年塞朝元門康熙間知縣朱奇珍脩東西南三城

校注：①厚

樓縣志以城形如鏝名鏝城又城①南有石狀如銅魚名銅魚城

城濠　宋紹興間開鑿濶深各一丈二尺　國朝順治十二年重濬長一千九十六丈

安溪縣城　明嘉靖間築詳見前志　萬歷間知縣俞仲章甃以石築護城十三丈知縣章廷訓增築三十三丈　國朝順治十三年脩築建門四東曰定濤西曰安泰南曰澄清北曰拱秀康熙間知縣曾之傳雍正間知縣卯鎮蔣廷重乾隆間知縣藍應襲周緝敬相繼繕葺

永寧衛城附　在晉江縣永寧里詳見前志　國朝康熙

校注：①南

五十六年總督覺羅滿保巡撫陳璸脩

福全所城　在晉江縣十六都詳見前志明正統間增築敵臺　國朝康熙五十六年重脩

輞川鎮城　在惠安縣東北十里許阻山負海明嘉靖間知縣陳玉成蕭繼美踵建周七百丈高一丈八尺東西南門各一東小門二北小門二

崇武所城　在惠安縣二十七都詳見前志明永樂間增高城垣四尺築東西二月城

廈門鎮城　在同安縣二十一都府志明爲中左所城按前志分中左所城與廈門石城爲二誤洪武十七年建詳見前志

國朝康熙二十四年拓而廣之

金門鎮城　在同安縣浯洲嶼詳見前志　國朝康熙間重修

漳州府龍溪縣附郭

府城　宋初築詳見前志　祥符六年勅賜北之慶豐門曰貢珠門以郡守王冕貢珠於朝故名　寶慶間改貢珠門爲環珠門以靖康之難珠復飛還故名　嘉熙間改東門曰武勝門明成化十四年指揮王景重建西水關樓其後屢有脩葺　國朝雍正十年知縣劉良璧脩西北城内外樓及南城外樓乾隆二年良璧來①守郡重建東南

校注：①來

城之威鎮閣二十二年閣爲雷所震二十四年復①

震知府蔣允焄重葺

城濠　宋咸平二年濬并符間守王②冕加濬西濠今郎西溝又闢西南水門紹興間拓城而子城之濠在

城內紹定間置閘門三元至元間陳有定濬三百五十九丈東西作二水關北依山爲旱濠　國朝

乾隆六年知府張廷球十三年知府金溶重濬

漳浦縣城　元至正間築詳見前志明正德七年重築周一千七百九十七丈　國朝康熙十三年建砲臺於鷄籠山與城爲犄角十六年毀砲臺繕千秋臺

校注：①復　②王冕

三十三年葺城毁千秋臺乾隆十八年圮於水知縣徐尚忠脩築

海澄縣城　明隆慶間築闢門四又於新亭闢小東門萬歷間闢西南北三隅水門詳見前志國朝康熙四十一年知縣陳世儀重建晏海樓前志作觀晏乾隆二年樓圮知縣嚴暻擴而崇之高六丈八尺周一十六丈

南靖縣城　元至元間築詳見前志

城濠　明萬歷間濬水關一

長泰縣城　宋時築詳見前志明正德間知縣陳塘于用

文相繼脩雉堞窩舖

城濠　正德間鑿

平和縣城　明正德間築知縣謝明德重葺四門萬歷崇正間知縣伍匡世李一鳳袁國衡節次增建窩舖詳見前志

詔安縣城　元至正間築詳見前志明崇正十年署知縣朱統鈨增築

城濠　嘉靖三十七年濬通海潮後淤塞崇正間重濬

石馬鎮城附在龍溪縣十一都　國朝康熙元年

拆鎮門城改築

三叉河城　在龍溪縣十一都　國朝康熙元年築

福滸民城　在龍溪縣十一都明天啓間築

萬松關　在龍溪縣東三十里明崇正間知府施邦曜築山勢峻險雉堞巍峩渡江必由之所

赤湖城　在漳浦縣十七都元時築

高洋口城　舊鎮城　長橋城　泰溪城　霞陵城　將軍嶺城　趙家城　湖西城　溪南城

荔枝圍城　俱在漳浦縣

大泥銃城　在海澄縣港口明天啓二年築①崇正初壘石二十餘丈旋築銃城周一百三十丈有奇東西南門各一建樓其上北面海建敵樓五年拓建八十餘丈

溪尾銃城　在海澄縣中港對岸明崇正二年築周六十丈八尺北臨海四面建樓復於大泥溪尾之交築關建樓曰中權

南澳鎮城　在詔安縣深澳明萬曆四年建二十八年增建四城門樓　國朝康熙三十四年閩廣二省分築周六百一十九丈五尺敵樓窩鋪十三

校注：①土垣

女牆六百七十二門四南枕金山常閉東曰迎紫西曰望霞北曰觀瀾①

延平府南平附郭縣②

府城　宋時築詳見前志明萬曆間知府倪朝賓重葺建寧將順二門城樓

城濠　自建寧門抵延福門臨建溪自延福門抵西水門臨樵川皆以溪爲濠

順昌縣城　明正德間築詳見前志

將樂縣城　元至正間建門四西曰安福北曰萬安前志作西曰萬安北曰安福今從縣志明宏治間繕甕城樓嘉靖間

校注：①瀾　②"縣"应改小号字

增高三尺築敵臺二後知縣戴相堯黃仕禎屢有

脩築

城濠　東南枕秭溪西北負山水濠一百五十三

丈旱濠二百八丈

沙縣城　明宏治間建詳見前志

城濠　自迎恩門抵永安門臨太史溪鳳岡山臨

溪之南爲自然濠塹

尤溪縣城　明宏治間築詳見前志

永安縣城　明正統間築詳見前志

城濠　自東環北而西延袤七百十一丈

建寧府（建安甌寧二縣附郭）

府城　漢景耀三年築（詳見前志）晉天福五年增築廣二十里（按前志唐天寶間築延袤九里三百四十步元至正間依舊址脩築周九里三十步其所云舊址當是唐舊址非晉舊址也）明嘉靖間僉事張儉建滙江樓萬歷三十二年甌寧縣駱駸砌通濟門臨溪堤岸三十七年水漂威武臨江通濟通仙廣德五門知府張璇知縣易應昌重建

城濠　長五百三十一丈一尺北依山西南濱大溪

建陽縣城　漢時築名大潭城（詳見前志）明萬歷間永安

景陽二城門及西北窩舖俱圮於水知縣葉大愛①董暹相繼修築

崇安縣城　明隆慶間築詳見前志

浦城縣城　漢時築詳見前志元至正尚重築北包皇華②山西塹深濠前志作西包皇華③山北塹深濠誤明天啓崇正間增修睥睨數尺設敵樓更築女墻　國朝順治五年置窩舖四十雍正二年改建金鳳門七年重葺乾隆二年增築女墻七年④甃華豐門今城周一千六百丈濶一丈二尺雉堞二千九百有奇

城內濠　國朝順治七年濬雍正間重濬乾隆七

校注：①大受　②③華　④甃

年知縣李藩作坡以導流

松溪縣城　明嘉①靖間築詳見前志

政和縣城　明宏治初築土城後砌以磚周一千二百二十三丈爲門三萬歷間移築半山之麓詳見前志爲門五西門久閉塞　國朝乾隆九年復開以通往來

邵武府邵武縣附郭

府城　宋太平興國間築詳見前志崇正間重建東門城樓　國朝順治十六年建窩鋪二十康熙十年重葺乾隆十八年邑人捐修

校注：①嘉

城內濠　國朝順治十三年濬東西南深一丈五尺北臨大溪深二丈

光澤縣城　明嘉靖間築詳見前志　國朝康熙四十七年知縣馬興六十年知縣吳堂雍正六年知縣萬諏乾隆十四年知縣蔣廷芳節次繕治十七年千總陳姚貴脩西門城樓十九年知縣柯欽鏞重建東南北三門城樓及後水門甕城東曰朝宗西曰宣德南曰見龍北曰杭川水門曰光化

建寧縣城　宋咸淳二年①令宋秉孫築置田以備繕費詳見前志　明宏治間拓建門六前志作門四今從縣志　東北曰

校注：①令

順濟東南曰通津正德五年徙南門於學宮之右嘉靖二十一年重建拱辰朝陽二門隆慶五年復徙南門於青山之麓萬歷間改建南門於萬吉寺前　國朝順治十七年各城門樓燬知縣袁楦脩康熙五年增建敵樓七乾隆八年知縣王文昭十三年知縣黎芝十八年知縣王定國節次繕脩

泰寧縣城　明嘉靖間築詳見前志　國朝乾隆二十四年知縣汪瀹原甃護城石路二十五年知縣王潤踵成之重建西北二城樓移小西門於舊址先在元壇廟前今對葉家窠

①汀州府長汀縣附郭

府城　唐大歷間築詳見前志　國朝屢有脩葺周一千二百八十三丈高二丈二尺雉堞二千一百一十

城濠　宋治平間濬　國朝康熙間重濬

寧化縣城　宋時築詳見前志

清流縣城　宋時築詳見前志明崇正間知縣鄧應韶重脩

歸化縣城　明正德間築詳見前志

連城縣城　宋紹興間築詳見前志

上杭縣城　宋端平間築詳見前志　乾隆元年知縣錢

校注：①汀

廷鏞脩八年知縣史圓葺雉堞三千六百三十二十二年北樓宊知縣趙成脩二十八年知縣張可傳重葺

武平縣城　宋紹興間築詳見前志

永定縣城　明宏治間築　國朝順治三年建西門城樓康熙四十八年重建南北二門城樓雍正八年重建西門城樓

城濠　周一百四十五丈　國朝順治間邑人江奮龍熊銓元重濬

撫民舘城附　在上杭縣溪南中坪明嘉靖間築周

一百七十三丈高一丈六尺一在四圖河頭坪萬歷間築周四百三十七丈高一丈八尺東西南門三水門一

千户所城　在武平縣武溪源明洪武二十四年築周二里一百八歩嘉靖十九年增築新城周四百二十五丈高二丈三尺新舊城爲門八樓五窩鋪四十有六

巖前城　在武平縣南六十里明崇正間築周四百二十丈高一丈六尺爲門四各建樓其上窩鋪二十有四

福寧府 霞浦縣附郭

府城　明洪武五年築詳見前志　國朝乾隆十二年知縣藍應襲十五年知府秦仁先後繕葺二十四年知府李拔重建城堞窩鋪敵樓砲臺因籌邊樓舊址改造興文樓新四門東曰賓陽西曰阜成南曰暢薰北曰拱辰

城濠　明永樂間鑿塹濶二丈深六尺正德中濬而廣之東南通潮汐萬歷間重濬　國朝順治十八年復濬沿河植柳康熙五十六年雍正五年并乾隆十二年十五年二十四年先後開濬

福安縣城　明正德初改築增小西門曰迎秀嘉靖三十七年增小北門曰望斗四十一年構城屋以蔽風雨四十四年重脩萬歷九年移禮賢門於壩嶺改名安磐移凝秀門於龜峙改名立極又改瑞應門曰就日二十四年復移立極門於故址改名止水　國朝乾隆九年知縣周秉官十六年知縣夏瑚節次繕葺

城濠　明嘉靖間濬由大西門抵南門長二百九十六丈鑿西官溝達西城水於蓮池以滙於東南之水關

寧德縣城　唐長興間築詳見前志　國朝乾隆二十五年知縣楚文暻重脩

城濠　明嘉靖間濬周與城齊上通水澗下接海潮

壽寧縣城　明宏治間築前志作三年府志作十八年　延袤七百七十丈高一丈六尺厚一丈嘉靖五年砌以石四十年增築女墻崇正間重脩門四東曰日昇西曰懷勛南曰望豐小東曰賓陽　國朝乾隆十一年知縣潘賀厚十六年知縣丁居信節次繕葺

福鼎縣城　明嘉靖三十八年築石堡以防倭　國

朝順治間設汛於此康熙八年總兵吳萬福五十六年總督覺羅滿保巡撫陳璸節次繕治乾隆四年置縣即堡爲城是年葺城東隅十六年東隅圯於潦十九年復潦壞雉堞知縣①　翰先後脩築二十四年知縣蕭②　南門繕西北城今城周四百八十三丈　丈三尺厚一丈有奇女墻五尺敵樓砲臺③　雉堞三百三十爲門四南曰迎薰小南曰和暘④西曰慶城北曰承恩

臺灣府臺灣縣附郭

校注：①夏瑚　②克昌　③雉　④暘

府城　國朝雍正元年建木柵前志作三年周一千一百四十七丈十三年東南北三面植刺竹以爲藩籬西濱海建砲臺敵樓乾隆元年甃石築門八曰東安門小東門西定門寧南門小南門鎮北門小北門西門各建樓其上周列女墻每門周二十五丈高二丈八尺城内望樓一十五五年總兵官何勉築北門鎮營砌以磚周三百三十丈

鳳山縣城　國朝康熙六十年築詳見前志後倣府治制繞城增種刺竹護以荆莰

諸羅縣城　國朝康熙四十三年設木栅①五十六年

校注：①栅

繕葺雍正元年築土城詳見前志後增植刺竹莿莰

彰化縣城　國朝雍正元年設縣建四門雍正十二年栽種竹莰竹外開濬濠溝

彭①湖新城附在臺灣縣大海中　國朝康熙五十六年造周約里許門二城南設砲臺

淡水新城　在彰化縣竹塹三台山下　國朝雍正元年新添淡水同知於此建門植竹與彰化同

永春州

州城　明嘉靖間築詳見前志門四東曰迎暉西曰來德南曰文明北曰拱照皆砌以石覆以連屋　國朝

校注：①澎湖

順治間重築改東門曰賓陽西曰延暉南曰迎薰北曰拱辰乾隆十二年知州杜昌丁以永邑城基築壩捍之長二十丈闊一丈五尺十六年重築城濠　明嘉靖間濬周如城之數西南隅濱江後被衝齧復改河道以殺其流

德化縣城　明嘉靖間築詳見前志　國朝康熙十五年繕葺改南之來鳳門曰政阜北之有年門曰金成建敵樓闢水門二二十五年重建東北賓陽北鎮二樓五十年知縣殷式六十年知縣熊良輔乾隆十年知縣魯鼎梅節次繕葺

大田縣城　明嘉靖間築詳見前志　國朝屢有脩造城周五里有奇上磚下石改南太平門曰鳴鳳西餞門曰豐登

龍巖州

州城　元至元間築詳見前志　國朝乾隆元年知州張廷球二十六年知州嘉謨相繼繕脩

城濠　元至正間鑿周九百五十九丈明洪武成化間重濬嘉靖間築河堤長一百八十餘丈後闢濠廣一丈五尺

漳平縣城　明正德間築詳見前志　國朝乾隆二年葺

寧洋縣城　明隆慶元年築詳見前志

城濠　東有瀘溝西南北三面以溪爲池明萬歷間濬北城濠達於大溪

福建續志卷六終

福建續志卷七

城池二

水利附

福州府

閩候二縣　城内河詳見山川城池

七福井　一名七星井在宣政街東西六在還珠門外者一宋提刑蘇舜元鑿詳見前志又有斗八在東街口鳳池鋪登豐里登雲鋪定遠鋪西峯里孫老營口亮功鋪諸處斛十六在南街者十一在東街者一在宣政街者一在總督轅門内者一在督標

中軍轅門前者一年久湮塞爲居民所侵　國朝乾隆二十七年閩縣知縣李淩原候官縣知縣徐德峻請復濬築繞之以垣以厭南離之火按前志入古蹟今井已淸復居民汲飲其中改入水利

閩縣　懷安界上浦　在孝義里

高家浦　高孤浦　高家田浦　俱在鼓山里

翁崎石村官塘　大盂官塘　浩溪陳塘　俱在江右里

候官縣　西湖　在府城西數十武前志距府城三里誤晉太康中太守嚴高所鑿餘詳前志　國朝乾隆十三年總

督喀爾吉善巡撫潘思榘重濬旁築堤一千三百六十二丈

蔡忠惠渠　三山志嘉祐二年蔡襄從樂遊橋下開浚城外河至湯門琴亭湖心二橋至北嶺下又自去思橋北出河尾船塲門入塔北小浦中浦三橋石泉安國寺以北渠府志是時東湖雖漸湮塞有縱不能濬湖取近湖之渠引水故旱澇可以無虞今而濬深之亦灌溉之資也

河浦九壩　自井樓門外至北門外梅栁灌田數百頃　國朝乾隆二十〇年重濬

永隆浦　在二都洪塘　國朝乾隆十八年重濬

造閘以瀦水

厚美堰　在十一都長三里餘其近者爲伏嶺堰俱明萬歷間築

林文堰　在十二都　國朝雍正六年知府蘇本潔重築

石門峽　在十三都亘三十里明萬歷十年知縣董子行築二十年知縣周兆聖重築

長樂縣　小西湖　在九都　國朝順治間濬溉田一百五十畝又小東湖　在十七都

山兜塘　在十八都　國朝康熙間築

壺洽塘　界十一十八二都間　國朝雍正十三年動帑築乾隆元年十九年脩造斗門

十八灣斗門　在十四都　國朝乾隆十四年請帑重脩溉田萬餘畝

沙京港一名塘港　普　在十都長二千六百四十丈溉田三十六頃有斗門二又東港　在十九都　籌港　在方安里　龍灣港　在大宏里　石井港　在二十四都　國朝雍正二年造外斗門乾隆二十年造內斗門

唐福溝　在二十一都　國朝順治間里人陳卷

志捐地疏濬

南陂　在七都先爲璞石斗門圯於海潮　國朝康熙五十二年知縣衛良佐移築乾隆二十四年知縣賀世駿脩

壺井後山二澳　俱瀕海澳民培水田數十頃輸稅以種蟶

陳塘港　在二十三都　國朝乾隆二十四年重濬

交洽浦　在縣治東上接資聖溪合觀音溪達於太平港明崇正間知縣夏允彝開溝引浦水入洋

池　國朝屢有開濬

福清縣　氾湖　在海壇里

白葉丙南湖　在新寧里

連江縣　東湖　在縣北門外詳見前志　國朝乾隆四

年動帑脩築內外堤閘

矩庾江南魁岐三鄉堤　在縣南　國朝乾隆二

十三年里人公捐脩築長二千四百餘丈建閘設

壩溉田數千畝

濂湖　在清河里縣志一名筠溪有龍井在水中

旱涸見井輙雨

東湖斗門七　曰南壍　曰浦下　曰北壍　曰王壍　曰亭崎　曰山下　曰縣西

大渠塘　在縣治西

梛塘　在縣東南

鄭塘　在安德里宋鄭鑑居此因名

第一圳　第二圳　第三圳　第四圳　第五圳

俱在欽平上里

羅源縣　松山崎後塘　在縣東拜井里

國朝乾隆二十四年築

永安塘　王家塘　俱在大穫竝　國朝乾隆二

十四年築

古田縣　曾抵塘　在縣治後

龍井塘　在十三都

尋洋陂　在慕仁里

柯潭陂　在新安里

長基廳陂　在十三都

屏南縣　長溝　在橫溪里亘三里餘冬夏不竭可

資一村田畝

後塘　在二十三都橫口

溪源陂　陳坑陂　俱在橫溪里按橫溪今屬屏南前志載入古

田又東洋止撊二陂亦屏南地前志兩邑互載應誤

永福縣 陳陂 在十都

連埕陂 穴利陂 俱在十二都

小田陂 在十六都

赤錫陂 在二十五都

蓮塘 在二十六都

興化府

莆田縣 木蘭陂 在府城西南靚前 國朝乾隆十六年李長者宏裔孫泌重築並脩南北陂石橋瀋水道二百餘丈

河溝 在城外 國朝乾隆十八年邑人程大僖倡捐脩濬六百九十八丈

鐘前孔泄堤 國朝乾隆十一年知府瀨善築長四十八丈竝砌左右舊堤大路護堤及鐘前孝戶

沿海田堤

吳水港堤 在連江里

横洋壩 在文賦里

劉下河 一名小心河 在涵江宋祭酒劉政濬

小山陡門 在望江里

仙遊縣 串珠池 在功建里溉田一頃十二畝

泉州府

晉江縣六里陂　在府城南周圍曲折四十餘里所溉田居邑之半

留公陂　在四十一都詳見前志　國朝乾隆二十四年重築

溝邊河　建寧壩　俱在二都

王塘　在王塘村周三百五十丈

許塘　在登賢村

橫山坑　南山坑俱灌十一十二十三十四四都田

石佛坑　在十都

逃猴壩　在三四都

東山港　在三十都　國朝乾隆二年公建斗門以備蓄洩

南安縣　城河　源自葵山經笳池萬石陂繞城西南由東北出大墩橋附郭田畝資其灌溉後漸淤塞笳池萬石陂不通水道　國朝乾隆二十四年知縣靳漢文倡捐重濬

鵬溪斗門　在四都中有閘三溉田千餘畝

天心湖　在三十六都

同安縣 杜塘 在從順里

浦邊陂 陳婆陂 倒橋陂 洗米陂 樹林陂

俱在仁德里

安溪縣 大湖一名龍湖 在還集里湖在山巔流灌磆田

澳江陂 在永安里

漳州府

龍溪縣 三相公港 在城西

刹濟港 五社港 天河 四角河 七星潭

下墩尾大潭 俱在十一都

草潭 在十二三都 國朝乾隆十八年二十四年先後脩築

東山溪 錦浦溪 鴨母潭 田禋港 下尾港 塔尾港 林墩港 洪坂港 水頭港 詩墩港 浦西陂 梧桐堤 路邊閘 東山閘 橋亭閘 嶼仔閘 俱在十二三都

壆塲保閘 國朝康熙間知縣曹家甲建中有石壩乾隆二十七年知縣吳宜燮重築

建溪一名李林港 東溪 浦口港 石龜頭小港

汐浦港 蘇浦港 長陂 俱在二十二都

東港　西港　翰林岸　俱在二十六都

喜心港　天亭港中有閘　碧湖港中有閘　湘橋港

烏坂港　古蓬港　浯浦港中有閘　俱在二十

七都

許茂園閘　在二十八都　國朝康熙間建復建

陡門及新河經洲等閘三十餘所

泗洲洋　廣袤二十里新舊閘各一

太豐埭　會府埭中有閘　李厝閘　石厝閘　俱

在二十九都

漳浦縣　九曲社石壩　在縣西十里　國朝康熙

閩邑人黃性震脩建乾隆二十年二十七年巡道

楊景素重築

海澄縣　菱洋潭　在四五都周迴四里灌田六百

餘畝

溪尾閘　在九都

南靖縣　西河堤　在縣西門外　國朝乾隆十九

年二十八年巡道楊景素先後脩築增建石壩二

上自南靖西河至龍溪壘塲保溉田甚廣

延平府

南平縣　坑坪壩　在長安南里

應坑村圳　在吉田里前志分作應圳村圳誤

葛尾壩　在壽巖界甌寧縣

將樂縣　高平大朱潭陂　在高灘都

餘慶陂　在陽源都

陽岸圳　在龍池都

墟上寺前圳　在隆溪下都前志分作墟二圳者誤

沙縣　天王陂　在縣東八都

齊嶺根陂　在縣四十七都

建寧府

建安縣　鳳凰泉在吉苑里泉清潔上供茶用此濯

之
建陽縣　匙澗　在三桂里資化寺前圓穴屈曲流田畦①如匙狀朱子名之曰匙澗
崇安縣　天湖　在五夫里仙亭山下
浦城縣　日月池　在縣南浦門左臨溪今名湖塘以瀦越王山泉井九曲瀿之水　國朝乾隆元年邑人祖德洪七年知縣李藩後先疏濬
積水池　在縣北隅
松溪縣　賣泉陂　在一都溉田一千五百畝
坡角陂　在十二都

校注：①畦

鳳形陂　在八都

政和縣　東梅溪　在東平里溪源出師姑圳府志

東梅有女子因旱鑿山引水以溉東梅之田遂爲

沃饒

邵武府

邵武縣　劉金陂　在二十三都明萬歷間劉權捐

金募築因名

王家陂　在三十六都

三深　在二十九都其流可溉田

南泉圳　在三十都曾坑

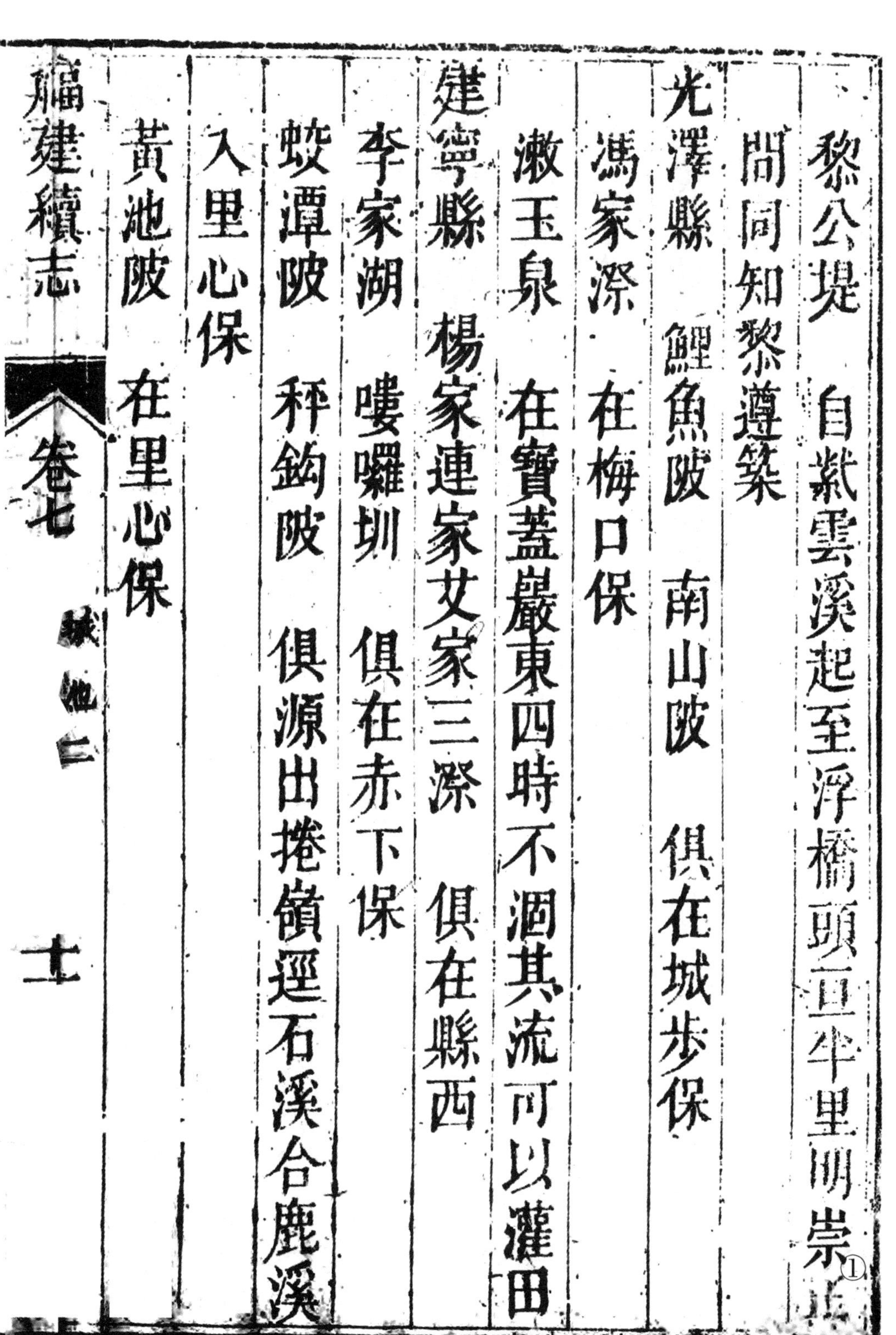
黎公堤　自紫雲溪起至浮橋頭亘半里明崇正①閩同知黎遵築

光澤縣

鯉魚陂　南山陂　俱在城步保

馮家漈　在梅口保

漱玉泉　在寶蓋巖東四時不涸其流可以灌田

建寧縣

楊家連家女家三漈　俱在縣西

李家湖　嘍囉圳　俱在赤下保

蛟潭陂　秤鈎陂　俱源出捲嶺逕石溪合鹿溪入里心保

黃池陂　在里心保

校注：①正，即“禎”字。清避雍正帝諱改

泰寧縣　樂思壩　源自黃坑流至鼻嶺灌田四十頃明知縣胡玻築久塌　國朝乾隆二十八年知縣王潤重建舊名鸕鷀陂因民樂其利改今名

水口陂　東君陂　俱在二都

蔭水塘　在三都

河隨陂　磨刀陂　高家陂　俱在十都

大原陂　神仙陂　俱在十五都

蓮蓬陂　洋營陂一名石城陂　危家陂　俱在十七都

師公陂　聞家陂　大圳陂　新陂　仙聖廟陂

余家圳陂　䶊蓋陂　俱在十八都

車洪陂　在十九都

鎖手陂　赤釆陂　山下陂　俱在二十都

饒家陂　洲頭陂　俱在二十一都

青龍陂　在二十二都

際角陂　在二十三都

龍井泉　官壩陂　俱在二十四都

過夏泉　澄清陂　新陂　大高陂　俱在二十

七都

琉璃嶺泉　七斗星泉　澤坑陂　茅坑泉　俱

在二十八都

興福陂　在二十九都

大洲陂　在三十都

汀州府

長汀縣　教塲堤　在府城東乾隆十五年知府曾

曰瑛築

鄭公陂　在河田里人鄭從吉築李楷脩

李田陂　在左廂

胡家陂　在青巖里

南坂陂　在淸泰里

寧化縣 千金堤 在東溪口

永定縣 田心陂 在太平里大塘坳

福寧府

霞浦縣 歐公河 在縣南明知州歐陽豈浚築兩堤建喫緊駟馬金臺三閘詳見前志歲久淤塞 國朝乾隆二十①年知府李拔築墻開渠民享其利

福鼎縣 夾城溪墻 在縣城東北 國朝乾隆九年知縣熊煌築以障水二十四年葺二十八年圮於水知縣趙出俶重築並浚舊溪

桐山陂 東西二斗門 俱在十都見前志霞浦今屬福鼎

校注：①六

下洋塘　在縣坊

大瀾塘　在一都

靑潭　在二都

白巖塘　滔周塘　店下塘　安瀾塘　嶼前塘

蚶蟆塘　西岐塘　俱在四都

彈港塘　福安塘　七十分塘　赤嶼塘　下店

塘　涵頭塘　俱在五都

烏硎塘　蔣家埔　俱在九都

粗溪塘　尾崟塘　斗門塘　俱在十一都

六蘿塘　沉嶼塘　俱在十五都

後岐塘　江尾塘　鄭岐塘　鍾淇洋塘　俱在
十六都
岐角塘　大鏡塘　佛塘　岐頭塘　董江塘
俱在十九都
竹澳塘　安仁塘　江灣塘　月岐塘　小瀾塘
俱在二十都

臺灣府

臺灣縣　東坡　在新化里
西陂　鼎臍窪　俱在新港社
鳳山縣　許公陂　鹽埕陂　角宿陂　石壁陂

俱在觀音山

眠牛湖陂　在觀音山官莊大小兩陂相毗灌田千餘畝

面前埔陂　在觀音山民莊

仁武庄陂　在縣東二十里

林内陂　後港陂　施仁陂　俱在興隆莊

二濫陂　周五十丈冬夏不涸　覆鼎金陂　俱在維新里

鳳山陂　里人新築周六十丈　規子壽陂　俱在鳳山莊

萬丹陂　在港西里

内圍陂　在縣南門外

諸羅縣　北香湖　在縣北盤曲三四里大旱不涸

國朝康熙三十四年番民築陂以蓄水

龍湖　在龍湖巖前

潛蹐塭　在新港社

火山仔牛牳芝潭　在海墘廣可二里

彰化縣　馬龍潭陂　在貓霧捒潭有泉源復合内

山之流大旱不涸　國朝康熙五十六年築陂潚

誤載諸羅縣

龜山圳　在貓霧捒西保乾隆十三年濬築

萬斗六圳　在半線保乾隆十三年濬築

埔鹽圳　在東螺保乾隆八年濬築

大突圳　在二林保乾隆七年濬築

深耕仔圳　在深耕保乾隆十三年濬築

鹿場陂　在虎尾溪墘

水沙連潭　在水沙連社

永春州

衛城壕　在州城西　國朝乾隆十二年知州①杜昌丁築

校注：①杜昌

德化縣　丁溪陂　在雙魚①山下宋元符中里人林程築程又開圳自南市坂至下董坂以資灌溉曰林厝圳

大田縣　石池　在臺閣山

龍巖州

仙人陂　在州城西詳見古蹟

漳平縣　鼇池　在聚賢里周二十餘里大旱不涸

橋梁附

福州府

閩縣　龍鬚橋在屯田道西　福枝橋在朱紫坊

校注：①魚

新橋在朱紫坊乾隆十一年重建　武安橋在鐵冶巷河邊雍正六年建兩翼石欄左鐫武安橋三①字右鐫慶安瀾三字　通圖橋在新庵路

江南橋一名中洲橋乾隆十六年邑紳何際逑際選脩　觀音橋在義溪　登龍橋在烏仁里

呂公橋在梅與明兵備道呂純如建

侯官縣

西水關橋在三山驛後　觀音橋在飛雲境旁

浦頭石橋有浦亘數里爲堤其上引水以入西湖

洪山橋在城西十里詳見前志乾隆十九年圯易以舟梁東西各設關砂亭二十四年脩

②元沙橋在飛來峯麓　陳橋在八都鳳岡

周宅橋在八都　葉洋墩橋

校注：①瀾　②玄

濛溪口橋　湖裡墩橋
海船山橋　大穆埕橋
馬廟山橋　上下灣墩橋
龍眼灣橋　黄宅橋
湯院墩橋　尼姑坑橋
安仁溪橋　坑仔口橋
大箬墩橋　拱橋頭橋
嵩山舖橋　塘西墩橋
大王坑橋　牛頭溪橋
下嶺墩橋　鴨牳坑橋

鳳凰墩橋自葉洋墩以下二十二橋係西關外至水口新路乾隆二十四年總督楊廷璋動帑修建

附宋懷安縣十三橋曰溫埄埄北小浦中浦湖心琴亭越塘龍腰後溪桑畲嶺下范溪瀨溪俱令樊紀造初東瀕雖湮賴此港浦橋梁導東北諸水達於東門今俱湮塞

長樂縣

阜民橋在縣後乾隆二十一年二十四年踵脩

陽春橋在縣南關外乾隆二十四年知縣賀世駿脩

利行橋即中橋乾隆十九年里人陳亨平更造易今名

普照橋一名紅橋在縣東乾隆二十四年脩

下溪橋

香波橋

周橋上有亭

井頭橋俱在三都　方三橋在三都乾隆三年重脩

忘饑橋朱游知鑒造　大使橋乾隆五年里人傳嵩生脩俱

在四都　下橋在八都旁石碣鐫二鄭字爲宋潘循

潘衢兄弟立　湖塘橋在十都乾隆五年脩

赤橋乾隆十三年領帑造並築閘壩　金沙橋乾隆十四年造俱在二十都

化鯉橋在二十一都乾隆十六年里人陳文房造

琅琦渡在柿浦口　鎭渡在臨江渡頭

珠湖渡在三都　澤里渡

亭頭渡俱在方安里

福淸縣　龍首橋見前志乾隆二十六年重脩

濤陽橋在脩仁里橋首有碑篆脩仁二字

光賢橋在蒜嶺乾隆十六年知縣劉增脩

珠塢橋在善福里乾隆二十六年里人公造

水陸橋在西門外乾隆二十六年知縣程廷栻脩

段渡在臨江里

雙嶼渡在江陰里

連江縣

青雲橋在儒學後

東昇橋在大東門外

北壟橋在縣東雍正十三年脩

浦口橋在浦口乾隆五年募脩

迎恩橋

萬壽橋在鳳汀坂上雍正五年知縣劉良璧造

楓坪橋距縣三十里乾隆三年公脩

適溪橋在陀嶺雍正五年脩

定田橋距縣六十里雍正間造

百花橋在山坪道口　拱辰橋在北門外

賢義橋一名塔橋長十七丈雍正十三年邑人□①安國脩後圮乾隆二十六年邑人陳廷□②

陳名賢捐建郡守李拔勒碑　王庄橋雍正十年邑人陳脩士造

東禪橋長四丈雍正五年知縣劉良璧造　紅亭橋長二丈五尺康熙間脩

蘆柄橋雍正十二年脩　登龍橋在東山雍正間邑人陳超捐造

陀口渡在清河里　陳公渡在永貴里

羅源縣

葉厝橋在縣西南城邊　雙石橋一名長橋在聯桂坊口

南門橋乾隆二十八年知縣梁翰建　新亭橋在西門外乾隆十六年造

壽橋在梅溪里　資壽橋在縣西北乾隆十六年重建

王材橋在白塔洋　溪口橋距丹陽里許

校注：①吴　②理

尖山橋在尖山嶺下康熙間建　新橋在烏坑嶺下

烏橋在徐宅　捲橋在下梅嶺

古田縣

雙拱橋在二都　曹陽橋在七都俱乾隆十年署縣張學舉修

朝天橋在一都

谷口橋在二都　萬壽橋在二都

寶坑橋在四都　花橋在梧桐坪乾隆二十年重建

槐門橋在八都　會堂橋在十都

轉水橋在縣治北上建行雲亭　吉雨橋在極樂寺

龜頭橋　粃橋在縣治東北乾隆十一年邑人葉①[illegible]元倡修

金坑橋在十二都

校注：①標

仙人橋在十三都劉石爲之　錦溪橋在十三都

天王橋在十五都　沙洲尾橋在十七都

莊尾橋　一保橋俱在十八都

西溪橋在二十一都　藍玉橋在杉洋

虎溪橋在四十都　臨水梳粧橋在臨水

吉口橋在四十五都　長洋橋在四十五都

槈橋　殿坑橋俱在水口

屏南縣

玉帶橋在縣治南門玉帶河上

西成橋在縣治西門內　迎恩橋在縣南一里一名南安一名長林乾隆二年重脩落成之日恩部適至更今名　勸農橋

院前橋俱在城東

源底橋在城北

堂後橋俱在七房溪

坑中橋在梅溪村後

長橋一名龍江公濟橋兩溪相接亘如長虹今廢

高街橋在高街村

寒橋在大熙嶺通寧德縣有紅鯉見則雨

閩清縣

沙溪橋上有亭

鋪邊橋在城西

龍湫橋

吳厝橋在吳家山水尾

水尾橋一在東峯一在鄭家山一在宋加洋一在后壠溪

花橋一在三保一在溕①下村一在忠洋

羅老橋在羅洋山高水清為縣勝概

龍井橋在坑裏北橋下龍井噴浪如雪

仙路橋在往上村之右潤五丈

許庄橋上有亭

校注：①漈

嶺頭橋在二十都上有亭俱　龍腰橋

長橋俱在二十一都　陞堂橋在二十二都以上三橋俱乾隆

閘里人孫柱造　余坑橋在二十四都上有亭

五峯橋一名黃公橋宋時邑人黃禎造有亭　合龍大橋在八都康熙間邑人鄭克

承倡建　五峯橋渡在縣西四十里

谷口渡在縣南八里

永福縣　小東亭橋在縣東三里雍正間重建

永濟橋一名東新橋康熙間邑人江劍重脩按前志分爲二橋誤

曹溪橋在二十都康熙間邑人江瑚重脩　二石橋在七都三鳥溪

西塘橋在二十七都　韭坑橋在二十四都乾隆二十三年

邑人張交階造

興化府

莆田縣大泮橋在孝義里詳見前志乾隆十五年邑人俞炳昇修①昜木以石

寧海橋在連江里見前志乾隆十一年修　五官店橋在維新里乾隆十六年里人廖必琦倡修　溪東橋乾隆二十一年里人廖翚重修

龜塘塔擸橋乾隆二十一年里人廖翚倡修俱在維新里

荻蘆溪渡在興教里

仙遊縣仙溪橋在迎薰門外一名昇仙橋一名南橋長五十七丈宋紹興間建國朝康熙雍正間屢修乾隆十三年重修　永祚橋在王宮前雍正五年邑人王②貸等倡建　圢坪橋在③圢坪村雍正間建

校注：①易　②資　③玎

①妟宮橋在壩頭上，雍正元年邑人徐萬安重建

樟樹橋在樟樹灣，雍正十年里民林光祚倡修

洪林拱橋在紗帽山麓，乾隆十三年里人公建

北溪橋在漈垾村，康熙間公建

東林橋在半嶺溪，乾隆十一年公建

登嶺橋在蛇嶺下，乾隆十一年里民劉達予②建

中峰橋在中峰村

松樹坑橋在萬善里，雍正二年里民王寶善建

賢善橋在萬善里，乾隆四十七年公建，長十三丈

大濟橋在善化里，見前志，乾隆三年邑生林雲等重建

金馬橋在善化里，見前志，乾隆八年重建

前嶺橋在中明壇前，乾隆十年重修

校注：①晏　②子

瀨店橋在永興里雍正間里人傅致遠陳大建捐脩

白馬橋在永興里乾隆八年邑人徐萬斗黃興來捐建

寨嶺橋在永興里乾隆十三年邑人傅象賢造

湯泉橋在永興里乾隆十三年邑人徐光捐建

仙水橋在折桂里見前志乾隆二年知縣李永書募建

雙坑橋在折桂里見前志乾隆十三年里人徐大任脩

東渡橋在折桂里雍正二年八年邑人徐萬安繼脩

雞嶺橋在折桂里康熙雍正間里人鄭日錦子春捐繼脩造

登仙橋在香田里乾隆五年邑民鄭儒脩

仙坂橋在香田里雍正十一年邑民阮元敬脩

本德橋在香田里乾隆八年邑人李子

敬捐建

金剛橋在香田里乾隆十三年邑人徐光重建

萬壽橋在香田里雍正十二年邑民阮元敬脩

雲程橋在慈孝里雍正十一年邑人陳仁濟造

根鎖橋在連江里榕根交鎖成橋因名

仙橋渡在永興里

蓋仔渡在香田里

泉州府

敬

晉江縣

順濟橋在德濟門外筍江下流詳見前志國朝康熙間郡人施琅脩雍正四年知縣葉祖烈八年知縣王之琦乾隆十六年知縣黃昌遇二十一年知府懷蔭布先後重脩

石筍橋在臨漳門外詳見前志康熙間郡人施琅雍正間知縣葉祖烈脩

安平橋在安海康熙間郡人施琅施韜雍正間知府張無咎相繼脩

錦塘橋在十九都康熙五十六年郡人施韜建長百五十餘丈上接普利大通橋

東山橋在三十五都舊以舟渡康熙間郡人施韜建橋長五里餘

萬安橋在三十八都跨洛陽江詳見前志雍正八年知縣王之琦脩乾隆二十六年知縣王勳郡人李保倡脩

東石渡在十都

溜石渡在三十都

南安縣

通安橋在二十六都大宇乾隆二十三年里人黃得先等公脩

永安橋在十七都雍正乾隆間里人黃時昇邦俊際隆繼脩

惠安縣

巨濟橋見前志雍正間邑人陳元椿脩

萬安橋在縣南橋南屬晉江橋北屬惠安

大德橋在驛坂宋時建雍正間邑人[illegible]文煇脩

碣石橋在①菱溪宋時建乾隆十二年

校注：①菱溪

文煇脩

惠寧橋 在漳柿舖雍正十二年邑人黃元奎倡脩

登庸橋 在前康鋪明時建乾隆二年重脩

德懋橋 在埔林鋪乾隆十年邑人莊維①壽建

惠安橋 在佘厝仔邑人陳元椿建

同安縣

浴龍橋 在國師巖山澗下

西安橋 在淳德門外見前志雍正間邑人顏孔輔重建易木以石

飲亭橋 在新塘舖康熙間重脩

便安橋 在沈井舖康熙間邑人施俊重脩

後埭橋

英溪橋

寧濟橋 以上三橋俱在積善里邑人陳王春建

五峯橋 在積善里郡人施翰建

安溪縣

大嶺橋 在永安里乾隆二十年邑諸②生謝籌海妻王氏脩

校注：①維　②諸

永安橋在永安里乾隆十七年邑人殷合建　塔口橋在永安里乾隆二十一年邑人謝晉樑造　緣梔橋在新溪里雍正間邑人林元會造　溪口橋一名魁斗橋在崇善里邑人李培岳重建　凌淵渡一名許井渡在永安光德二里間　溪尾渡在崇善里

官倉廟渡在興二里　苧園渡在崇信里

漳州府

龍溪縣　瀛洲橋在南廂乾隆二十六年知府蔣允焄建

聚港橋前志作聚溝橋乾隆三年重修　鐵沙橋乾隆十三年公建

象山橋乾隆十四年建　龍海橋康熙間里人公建易木以石

俱在十一都

十六年重建

錦浦橋乾隆三年重修俱在十二三都

墜馬橋雍正間里民沈耀西修

南峯橋乾隆二十四年修

俱在二十一都

林城乾隆間僧茂山相繼修建

縣曹家甲易木以石

景泰重修

林節橋長十一丈里人黃廷輝修俱在二十七都

檬林鋪前橋里人郭昌修乾隆二

巡檢司橋雍正八年重建

西洋平橋乾隆二十五年公修

市頭橋乾隆十七年重修

蓮花岸橋乾隆元年更造易木以石

雲水溪橋在二十五都康熙間邑人

東港橋在二十六都見前志康熙間知

虎渡橋見前志乾隆二十一年巡道楊

天亭橋長七丈有奇里人黃宏遇修

木郡橋在二十八都康熙間里人郭峻甫脩長二十丈

龍江橋在二十九都見前志乾隆間里人陳茂梅脩

烏礁渡在二十八都

漳浦縣　龍門橋在二十三都　長橋在長林北三里

得仙橋在縣南四里乾隆五年知縣長庚脩　深青橋在縣北三十里乾隆二十四年

①洽知遠縣何脩

海澄縣　港濱橋在六七都　港尾橋邑人江伯鑑造

㙜墘橋乾隆十一年知縣黄會脩二十六年邑人吳亭②保重建

溪頭橋在南門外乾隆六年知縣嚴暻重脩　大江渡在八九都

青浦渡　烏尾渡

校注：①治　②傑

後石渡在四五都 漂水渡

吾貫渡 東坑渡

盧坑渡 嵩與渡

赤石渡 嵜尾渡

詔安縣 中渡在五都

延平府

南平縣 馬坑橋一名化龍在城西隅 杉州橋

順昌縣 雙溪橋在崧溪都 禾口橋乾隆三十一年監生張紹銘捐

脩

將樂縣 陳大坑橋在桃源都

沙縣　河窟橋在東門外上建九亭　瀵州橋在瀵州水尾有亭

馬鋪橋在官路有亭　安禪橋在洋溪有亭

前村橋　大小竹橋俱在溪北

溪坪橋　福源橋俱在七都

杜杭橋　羅坑橋二橋俱新建在九都

石頭橋　七姑橋一名果于橋

巖口橋　馬欄橋

羅溪橋　石門橋

白溪橋俱在十一都　里仁橋明嘉靖①間重建上覆以亭凡二十三間②

校注：①②間

尤溪縣

坦履橋 在縣西門外見前志乾隆十六年知縣千從濂重建

太平橋 在五十都乾隆二十八年知縣蔡廷謨重建

永安縣

黃坊橋 在縣北二十里

永寧橋 在縣北六十里

建寧府

建安縣

躍雲橋 在水吉

黃村橋 在房村下里乾隆二十年知縣吳壽平重建

甌寧縣

七星橋 在廣德門外

大梨橋 在禾吉里

溪口橋 在慈惠里乾隆十八年知縣章文瑗重建

豐樂橋 在豐樂里乾隆十七年知縣章文瑗重建

蔣溪口橋 在禾供里乾隆十五年重建

崇安縣　清獻橋在縣治營嶺　永寧橋在縣南門外前志作聚奎橋康熙五十六年知縣陸廷燦移建改今名乾隆十五年圮今以舟渡

廣福橋在北郊乾隆十五年圮知縣王吉士重建

野耕橋在五夫里　窐前橋一在將村里一在石雄里

靈源橋　儒林橋俱在黃村里

永濟橋　黃柏路口橋俱在黃柏里

安福橋　攀桂橋俱在節和里

大墻橋　西寺橋

横山橋　昇仙橋

馬枋橋　風門凹橋

廣福橋　陳公西橋俱在石雄里

三眼橋　姊妹橋俱在大渾里

居寧橋在石白里　赤石渡初爲橋圯以舟渡今橋

瀾湯平林山前三渡俱在武夷山

公館渡初爲橋圯以舟渡今橋

浦城縣　順政橋在通德里　南浦橋見前志乾隆五年重脩

萬壽橋在西門外康熙五十年重建李文貞光地書萬壽橋三字

魏司馬西橋一名馬嘶橋雍正間造　羽林橋在人和里乾隆五年邑人趙曄重脩

政和縣　迎恩橋在皇華館前詳見前志乾隆十一年知縣李藩重建

邵武府

邵武縣　登雲橋在城東見前志康熙間重建

長虹橋在稅泊所前志作長春橋康熙四十六年知縣嚴①德泳移建長一百一十五丈

樵溪橋郎前志城北浮橋康熙四十七年重造

光澤縣　平濟橋在朝宗門外見前志乾隆元年知縣李光祚倡建長三十七丈易名永福

鎮嶺浮橋在城北乾隆四年知縣李光祚二十四年知縣叚夢日繼脩

仙華橋在城北乾隆十三年知縣吳名夏倡脩

杭西橋一名春臺橋在一都乾隆二十年邑人高天相捐建

小溪橋乾隆二十四年邑人公建

破溪橋乾隆十四年邑人何荊②石脩俱在三都

校注：①嚴　②荊

萬福橋在五都雍正十二年重脩　路口橋乾隆二十三年重脩

九里橋雍正間脩俱在九都　萬安橋在十都乾隆五年知縣李光祚二十四年知縣段夢閏繼脩長一十七丈

發育橋在十一都雍正九年邑人高天育捐脩　何公橋在十一都乾隆四年公脩

巖下橋在十四都乾隆十九年重建　直道橋在十五都乾隆十一年邑人官英高官邇仲移於舊橋上二丈重建

古坑橋乾隆十八年重建

石壁窟橋乾隆十年重建　萬壽橋雍正間重建

永豐橋乾隆二十一年重建　新興橋乾隆十一年建

永福橋雍正十三年建俱在十六都　順濟橋乾隆二十二年知縣鍾文標重建

仁壽橋乾隆十四年邑人高必齡捐建

崇瑞橋乾隆十四年邑人張如龍建俱在十七都

感應橋一名永康橋乾隆二十一年重建　洞天橋乾隆二十三年修俱在十八都

徑山橋一名朝京橋乾隆二年十四年先後修建

崇仁橋乾隆二十四年知縣段夢日修建

福寧橋乾隆六年修俱在十九都

夫人村橋在二十三都乾隆二十四年建

司前橋在二十五都乾隆二十三年知縣段夢日倡建

丁公橋乾隆二十二年邑人危象治捐建長八丈

太平長壽二橋俱雍正間修俱在二十七都

望仙橋在三十都乾隆十八年重修　新興渡在招德陂

建寧縣

萬安橋初名鎮安在城東門外詳見前志乾隆六年知縣劉毓珍議建越九年始竣

安民橋在武調保雍正間邑民張鳳友募修

萬年橋在南門外一名利涉一名利濟詳見前志康熙間鄉啓宣乾隆間徐光標甯鳳鳴甯明章相繼修建

楓濱橋在長吉保國朝邑人連世光知縣章全人皇甫文聘黎芝屢有修建乾隆二十年鄰縣韓琮邑人范啓賢羅國好等重建

永安橋在赤下保乾隆六年邑民謝子安建

聯雲橋在青雲嶺畔乾隆間邑人李濤漸次修建

望春橋在青雲嶺北乾隆二十四年重建

項橋在百丈嶺下乾隆間邑人徐時軾捐建

易家渡在灘頭園

泰寧縣　利涉橋在城南前志作利濟橋

杉津橋在縣西二橋俱雍正八年知縣胡格建

晝錦橋在城東舊爲石橋後圮易以木復圮雍正八年知縣胡格改造浮橋

汀州府

長汀縣　興雲橋在崇善坊　南安橋在縣南

新橋渡在縣東三十里

寧化縣　安寧橋在縣東　九龍橋在新村里

三層嶺橋在北五里邑人王大寧建　謝坊橋在安樂里

景福橋在縣西十里　滑石橋在縣一百三十里

木口渡在縣西三十五里

清流縣 餘慶橋永德里 神通橋在玉華洞驛青溪口

玉華橋在玉華洞邑人雷之霖倡脩 觀音橋在林坊

深渡在四保里 白石渡在倉盈里

鐵石磯渡在夢溪里

上杭縣 浮橋在縣南關外見前志乾隆二十八年知縣張可傳脩

驅馬橋在西關外見前志乾隆間知縣張元芝劉蘭德程霖張可傳踵脩

通濟橋在峯市乾隆二十七年縣丞李興祖脩

張灘渡在縣南三里設有渡田

武平縣 西安橋在縣東十里

永定縣 臥龍橋在東關詳見前志乾隆五年改爲浮橋後漂於洪濤復架木以濟

箭灘橋在溪南乾隆元年五年先後脩建

湖雷橋在豐田里乾隆元年脩五年知縣周緝敬重脩

深渡橋在太平里乾隆二十年重建

萬濟橋

南新橋邑人蕭南新建俱在恩全里

象東橋在象東里

高橋在豐田里

龍潭橋在龍潭之上

太平橋在木坑

隱提橋在文溪

小東橋在卧龍橋東

大源橋在縣東南上下翁

南山渡康熙間知縣徐印祖建浮橋旋漂於水以舟渡

峯市渡

福寧府

霞浦縣

登龍橋在府治内橋下有河久塞乾隆二十四年知府李拔重濬

東昇橋在東門外　縣下塘橋上蓋有亭

小橋　楊家溪橋在五六都

月波橋即南門釣橋　龍津橋在府西門外

塘前橋一名丁步　榜雲橋在二十八都乾隆十六年巡檢俞楚玉建上有樂善亭

福安縣

秦源橋在縣東三里　白沙石橋

卜柄橋在龍潭上蘆洋　道者橋乾隆年間重建

梨坑橋俱在六都　章公關在南門外

溢橋在三十一都　界首橋

牛嶺橋康熙五十一年建　月山橋俱縣東北

富春渡 水田渡在三十都

寧德縣 澤民橋在一都乾隆間知府李拔修

登龍橋在十五都 靈鷲橋在周墩乾隆二十七年縣丞羅經倡建

朱溪橋在二都乾隆二十二年知縣楚文暻重建

鳳凰橋在青巖乾隆二十三年重建

趙公橋在四都乾隆十八年知縣習敏建 鄒公橋一名潭汭橋雍正間重建

壽寧縣 子來橋在縣治前見前志乾隆十七年重建

南橋一名部托橋 南溪橋在縣南九十里乾隆十九年邑人李珽樑倡建

鐵柱橋在車嶺下乾隆十八年建

福鼎縣 石湖橋宋有王氏號仙源者造三十六橋今皆不詳所在惟此橋獨傳乾隆

十六年知縣夏勳倡建

溪西橋在縣治西乾隆六年重建

西園橋在縣治西北乾隆十年里人高承瑞重建

巖前橋在十九都乾隆十六年里人朱肇穀倡建

藍溪橋在太姥山中唐邑人林嵩建

茶堂橋在九都

下尾橋在八都

八都橋今屬十都

林西橋在四都

秦公橋在十二都乾隆一十四年重建

百步橋在十五都

金釵溪橋在十五都

流江渡

釣澳渡

澳腰渡

店頭渡

後瞻渡

水北渡

關盤渡　小巽渡

狹衕渡　店下渡

牛天墩渡　屯頭渡

八尺門渡　石龜渡

臺灣府

臺灣縣

新橋在鎮北坊

恩赦橋在西定坊雍正間邑人施世榜建

德慶橋在東安坊乾隆十六年知縣魯鼎梅建

福安橋在寧南坊

水仔尾橋在鎮北坊

柴頭港橋在小北門外

遂溪橋在永康里乾隆十六年邑人方邦助建

馬鞍橋在新化里　塭岸渡在州仔尾

安平鎮渡在西門外　德安橋乾隆十二年建知府蔣允焄重建　塭岸橋乾隆三十一年知府蔣允焄捐建

鳳山縣　二橋子橋在長治里　岡山溪橋在嘉祥里

中衝崎橋在中衝村。叅將吳三錫建　小店子橋在瓣巴司戎

槺子坑橋在觀音山里。叅將吳三錫建　攀桂橋在攀桂泳

陂腹內橋在大竹橋里。乾隆二十一年建

嶢港渡在仁壽里　萬丹港渡在下陂頭　下陂頭渡

新園溪渡　阿猴溪渡

諸羅縣 東門橋 西門橋

南門橋 北門橋

他里霧橋 笨港橋

鹽水港橋見前志乾隆五年知縣何衢重脩

茅港尾橋在開化里見前志乾隆二十七年重建

新庄橋在大坵田南乾隆十七年知縣衛克堉重建

草地尾橋在城南乾隆二十五年重建 驄馬橋在新港乾隆二十九年重建

竿寮渡

彰化縣虎尾溪渡 雙條圳渡俱在東螺溪

𦰡[illegible]脚渡 大崙脚渡

上渡頭渡俱在西螺溪 溪心壩渡

粦坑子渡 中渡頭渡

惡馬渡 下渡頭渡俱在大肚溪

北港塘渡 八里坌渡

關渡門渡 劍潭渡

沙猫樹渡 擺接渡俱在淡水

永春州

永春州 雲龍橋在州東南今圮以舟渡

通仙橋在州東二十里見前志乾隆四年里人尤元愈重建

龜龍橋見前志乾隆二年里人尤元愈重建 通德橋雍正十三年尤元會建俱在

十八十九都

劇頭橋在壩頭雍正九年知縣周于仁建更名来年乾隆三年里人尤錫觀脩

蘇田橋在村口村康熙間重建

鎮春橋

雲津橋一名来濟一名後山大石橋俱二十四五都

德化縣

雲龍橋在縣龍潯山見前志

鳴鳳橋在觧阜門外見前志俱乾隆十九年知縣黃南春脩建

樂陶橋在滻溪乾隆三年邑人陳其遇脩建

信筶雙橋在郭坂社見前志乾隆九年知縣魯鼎梅脩

錦溪橋在小銘鄉雍正間邑人陳世泮建

大銘橋在大銘鄉雍正間邑人林君寶建

西城橋在湯嶺下乾隆十一年重建

花橋在上湧鄉　梁橋在上湧洋

下湧橋在下湧鄉以上三橋俱乾隆九年知縣魯鼎梅建

山茶橋在曾坂社乾隆十二年建　纓溪橋在縣東二里乾隆九年建

大鄉橋在張墩鄉乾隆十二年邑人陳應奎妻鄭氏建

登龍橋在尊美鄉乾隆七年邑人公建　左溪龍潭橋乾隆五年里民陳崇高建

湖坂渡　倉埸渡

大田縣　廣濟橋在四十五都　鎮東橋見前志乾隆十六年知縣徐有經重建　澹多橋在四十八都

龍巖州

龍巖州 龍津橋在州南門外詳見前志雍正間改建浮橋乾隆二年知州張廷球倡脩 碧潭橋一名羅橋在虎嶺外

溋潭橋在萬安里乾隆三年知州張廷球倡建長五丈

桂芳橋在蔣邦 見龍橋詳見前志雍正十年署州莊年重建木橋未幾水圯乾隆二年知州張廷球改造浮橋

鴈石浮橋在鴈石乾隆二十八年知州嘉謨造

龍津渡 南坂渡在萬安里

漳平縣 浮橋在縣南龍江潭詳見前志康熙二十二年知縣查繼純重建名曰文章雍正九年知縣陳掄十二年知縣陶學殖乾隆二年知縣傅維祖二十八年知縣傅國勤相繼脩建

寧洋縣 太平橋在縣南詳見前志乾隆二年知縣黃晴世脩

青雲橋在縣西見前志乾隆二年知縣黄靖世脩

西洋橋在縣西見前志乾隆二年脩

按城池水利橋梁多本府縣志及册籍採輯故不另標書目

福建續志卷七終

福建續志卷八

風俗

唐虞之世黎民敏德於變時雍尚已夏忠商質成周彌文漸民之具日以明備猶時命太史采稽風謠小行人察四方禮俗康樂厄貧以鏡得失延及二漢禮樂雖微尚敦素樸重淸議砥名於家雖顛躓不悔教化立而萬民正其是之謂歟閩介遐徼漢晉以前爲禮樂聲名所未及迄於唐宋上多良吏宣鬯義理下得數大賢宏闡至道於是士君子卓然與鄒魯同風匡稱圭臬

公卿大夫恭讓則民不爭好仁則民不暴上義而高節則民興行習尚之道有與推移自然之驗也然物衆地大其在險隘阻深耳目壹聞獷悍之倫往往多有爰至

皇朝

聖神繼統旋轉乾坤日月清照海隅卉服罔不俾乂遜矣東寧亦霑聲教越今百有餘年遷革摩揉凡嚮所謂言語不通嗜欲不同者皆寖寖乎三代之民也豈不盛哉因廣甄蒐舉前志之未備而附益以歲時氣候雜俗焉續風俗志

福建

漢書嚴助傳越方外之地其民緜力薄材習於水鬬便於用舟

九國志晉永嘉二年中州衣冠入閩者八族以中原多事畏難懷居無復北嚮故六朝仕宦名蹟鮮有聞者

唐十道志閩中嗜欲衣服別是一方

韓昌黎集閩越地肥衍有山泉禽魚之樂雖有長材秀民與上國齒者未嘗肯出仕常衮爲觀察使時未幾皆化翕然

閩小記閩中壤狹田少山麓皆治爲隴畝昔人所謂磳田也磜田令俗云梯田

福州府志

宋三山志民生其間其質紓緩强力可以久安無憂

萬歷府志俗尚文詞貴節操多故家世族君子樸而守禮小人謹而畏法　宋諸儒倡濂洛之學號海濱鄒魯

宋呂祖謙冶城詩路逢十客九青衿半是同袍舊弟兄最憶市橋燈火盡巷南巷北讀書聲陳植福州詩行到人家盡讀書

明曾異撰閩俗病瘟雖至親亦①懼傳染不相顧問死亦不發喪府志俗稱瘟鬼曰大帝設像五皆猙獰可畏過其前者屏息不敢諦視又傳五月五日爲神生日前後月餘演劇各廟無虛日或疫氣流染則社民爭出金錢延巫祈禱康熙三十九年知府遲維城毀其廟民再祀者罪之遲卒未踰時而廟貌巍然且增至十餘處閩中多淫祀此其尤甚者

長樂縣志民儉樸自守比戶詩書　近海之民走海②如鶩　南鄉之民多柔　北鄉之民多悍　市無

校注：①懼傳　②如

雕巧之工鄉有再熟之稻

五雜組①長邑雖海濱椎魯而士大夫禮法甲於他郡市者不飾價男女別於途

福清縣志地廣土瘠人儉樸習詩書與耕織魚鹽之業相間士重廉恥女秉貞懿獨尚氣健訟夙習未華

連江縣志婚媾嚴非偶喪服遵家禮士大夫廉隅自飭無累於有司

羅源縣志士尚儒雅

宋陳昌期古田學記邑人貴巫尚鬼景德間令李堪

校注：①組

禁①華巫鬼民始識禮義知教化

明吳海序古田在昔提封之廣居民之衆里邑之華文物之盛蓋彬彬焉

古田縣志民務稼穡鮮逐末之利

屏南縣志食勤嗇用率直尚氣

宋常挺閩清縣貢士莊記家相率而學人相率而善

閩清縣志男耕女織民不侈靡

永福縣志邑居萬山之中種青蒔蔗伐山採木其利乃借於田君子重名節而薄聲利小人男耕女織山谷之中有至老不入城市者

校注：①事

興化府

唐獨孤及廟碑比屋業儒俊造如林

明統志詩書爲八閩之甲

宏治府志舊習儉嗇勤力衣服古樸重廉恥惜行檢以讀書爲故業

莆田縣志士大夫質行醇謹以風節相高居第先嘗祠廟世業讓諸弟昆仕路無媒拘守常調

明鄭紀送仙遊令萬廷器序吾邑有宋盛時文物衣冠八閩稱首

泉州府

唐①十道志清源郡秦漢土地與長樂同晉南渡衣冠族多萃其地

宋鄭俠西塘集維平海之大州爲七閩之都會土疆差廣齒籍至繁民業不豐里俗喜訟壓肆雜四方之俗航海皆異國之商

閩大紀泉民尚氣好勝宦門子弟紈綺相高近時科目甲諸閩士大夫以名節自重所屬縣風習不殊人文自晉江外推三安

明蔡清集吾泉素稱民淳訟簡②比年以來舊俗浸改訟牒動以數百計

校注：①唐　②簡比

閩部疏泉郡山薄無泉田中多置井立石如表轆水
而灌之

莊際昌集詩書絃誦之風達於七邑

京省考比屋絃誦人文爲閩最地利沃皁

隆慶府志家詩書而戶業學即卑微貧賤之極亦以
子弟知讀書爲榮故冠裳之士往往發自寒薄

萬歷府志封疆迫隘物產磽瘠桑蠶不登於筐繭田
畝不足於耕耘惟魚蝦蠃蛤之利稍饒　居喪廣
致親賓饗胙不厭醉飽　郭璞葬經遞相肄習尚
冀畋牛白鶴之祥急則牙角交搆緩則歲月遷延

駢脇多力之雄如彪如虎十百爲羣豪家脩怨用爲前茅以快宿憤

府志瀕海之民以魚鹽爲業而射贏漁息轉貿四方估人高帆健艣出沒風濤習而安之更有一二無賴之徒乘人逆風破艦而攘其所有者　鄉民聚族而居尙氣爭雄長怨則率族人持械相格

李光縉景壁集晉江一都會也俗好儒備於禮民儉嗇畏罪而矜懻好勝喜爭訟

蔡清集南安多深山峻嶺地可耕者不能三之一

南安縣志民勤苦力作行賈不出鄉

明張岳惠安縣志水耕火耨伐山爲業　人知力學科日①日盛學者談道理考古文辭不專爲時文以應舉民俗愛惜廉恥畏法度衣服儉素吉凶慶弔以布帛牲畜五穀相餽遺　俗務鬼信禨祥小數窮鄉無醫藥病則禱於神

闕

明王愼中集同安之俗以雄長俠武相誇尚嚚訐健

隆慶府志同安自朱子主簿以來禮義風行習俗淳厚士以氣節自厲其民亦守分男力稼穡女勤績紡

校注：①目日

萬歷府志同安縣絃誦之聲四達科第近埒晉邑其

迤西近漳者性頗悍勁

鄭一相縣志序同安重力尚經術禮不辭費舉近於義視他邑俗稱良　文勝而利巧

同安縣志濱海之區四達交衝游手攘臂之徒結要約立門戶胥役兵丁互張聲勢良民反受其毒

五代詹敦仁初建安溪縣志土沃而人稠風淳而俗樸

宋嘉定條例民之有喪富者侈費而違禮貧者火化而傷生

縣寇惠民局記俗信巫尙鬼

隆慶府志安溪西北民附谷以居風氣柔而不悍近縣彬彬業儒　民樹藝之外百無能解商賈百工藝業咸遠人擅之以有其利

何喬遠縣志民食鹽鐵之利

漳州府

宋綦崇禮傳俗悍強難治

朱子諭民教龍溪諸邑風俗醇厚　或事非干己而出於把持告訐之私或詞涉虛妄而肆爲誣匿名跡之計　此邦之俗有所謂嘗顧者本非妻妾而

公然同室有所謂逃叛者不待媒聘而潛相奔誘①

明萬歷府志序擁臯而談性命之學搦管而脩千秋之業 梯山航海泉貨充溢珠香象犀文貝之屬輿服伎巧珍錯之利不脛而走海內

府志郡自朱子作牧敎以詩書澤以禮讓冠婚喪祭一裁以正其時君子以文學氣節自高小人亦循分守業好義以事其上爭鬬不施訟獄衰息 婚姻不甚擇壻以門戶爲主死喪粗知備禮營葬則歲月遷延人無貴賤多衣綺繡 女子工刺繡鄙②紡績 種蔗煮糖利較田倍多奪五穀之地以植

校注：①誘　②鄙

之　俗惟男女爲兢兢婦人非有大故不相見貞女烈姬在在有黃鵠之韻　漳民喜爭鬬平和詔安多有糾鄉族持兵戟相向者近附郭亦爲之

宋史漳浦縣畝値稍貴田訟尤多

漳南道志漳浦士質而文民勤而樸

成化府志漳浦依山者習農桑處海者事網罟婚姻祭葬多依古法

漳浦縣志好勝健訟武斷鄉曲挾持官府

海澄縣志衣冠文物頗齒上國　商人貿遷巨艄興販番貨婦人務女工謹容止稍有衣食者不出閫①

校注：①閫

門　君子恪守禮訓細民亦愛身名然死喪之家强半作浮屠及停喪不葬　三都人生子尚幼即爲僧雖自唐宋已多今所在緇流强半澄產

漳南道志南靖縣土多肥饒民近淳厚①

宋建炎志長泰縣士敦詩書民勤耕織②喜於奉公賦稅不後

長泰縣志畏法懼訟信鬼尚巫

漳南道志平和縣士頗崇文民漸向化

平和縣志內尚樸而外彌③文重親尚鬼健訟武斷

府志詔安縣土瘠民勞俗厭浮麗商舶浮海攘利著

校注：①厚　②織　③彌

姓恥於服賈

延平府

府志士尙節操小人樸野而吝嗇　民重遠出鮮商賈之贏俗頗紛華罕千金之積

順昌縣志賦稅不煩追呼而期會不失　擅出紙之利

將樂縣志好勝健訟鬻產以爭雄長

沙縣志民樂耕蠶習尙儉嗇

尤溪縣志洞民多負氣剽悍自朱子生於其地以化誨之人遂知學

建寧府

宋張叔椿記建備五方之俗

方輿覽勝其民柔脆憚於遠行

明楊榮記晦庵西山二先生過化之邦流風遺韻宛

然猶存

府志父母死厝於堪輿或一二十年不葬婚姻間或

論財少年不務本業鶩鶩市井佔畢後輩或輕其

長者　婚擇門戸憑媒妁娶必親迎喪用文公家

禮

建陽縣志道義之鄉

①崇安縣志山峻水急易鬬輕生

浦城縣志催科不煩田野之民猶爲直率

宋朱松政和縣志無豪家大姓陵轢細民以亂政化

邵武府

武陽志人尙理學彬彬乎道德文物有鄒魯遺風

府志郡在閩西於楚爲近飯稻羹魚不賈而足地頗饒沃無饑饉之患

邵武縣志其俗纖嗇窮谷之民有老死不識城市者

其地風寒土厚民多壽考　喪葬遵文公家禮不作世俗無益事

校注：①崇

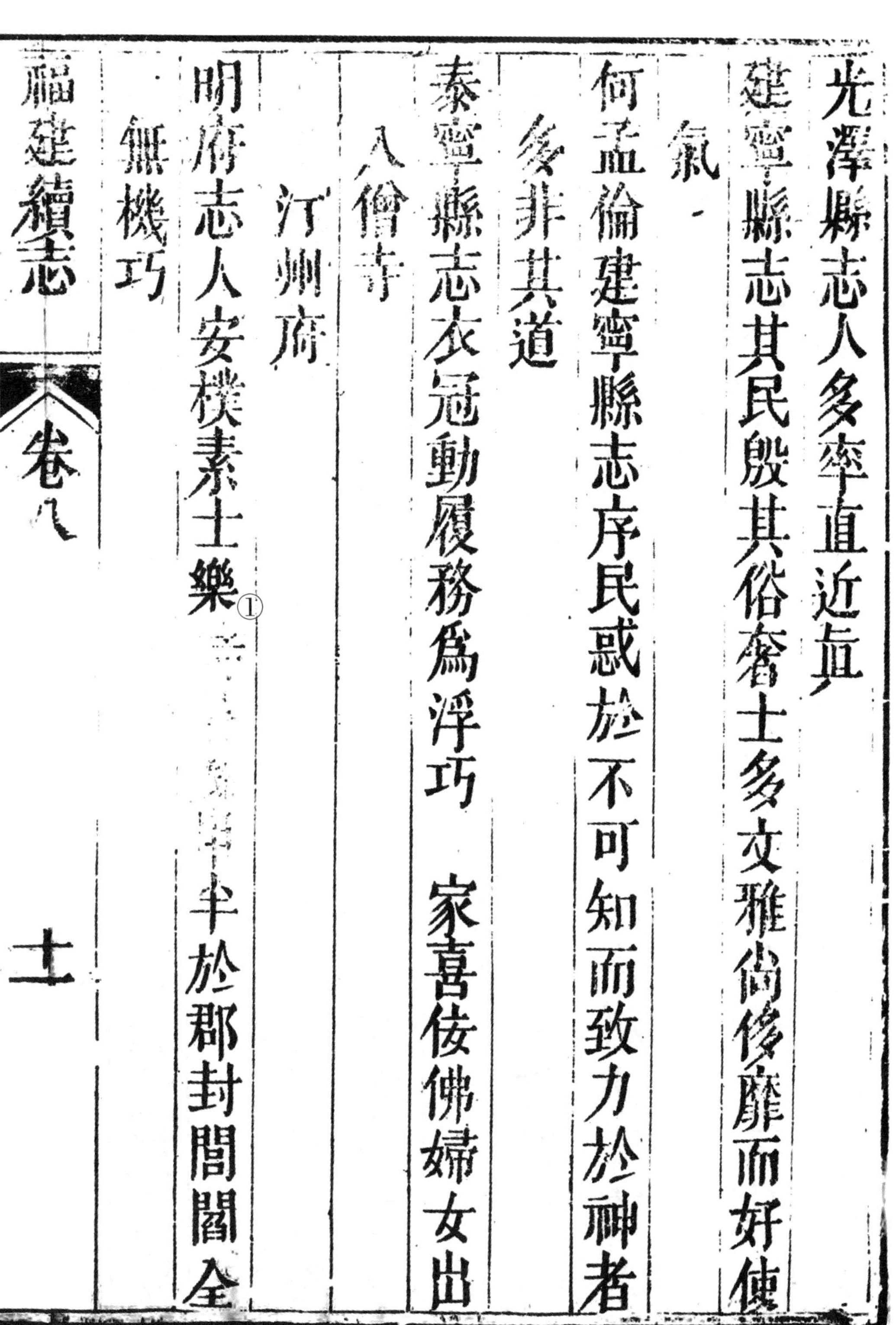

光澤縣志人多率直近真

建寧縣志其民殷其俗奢士多文雅尚修靡而好使氣

何孟倫建寧縣志序民惑於不可知而致力於神者多非其道

泰寧縣志衣冠動履務爲浮巧　家喜佞佛婦女出入僧寺

汀州府

明府志人安樸素士樂①　　半於郡封閭閻全無機巧

校注：①詩書　鄉甲

府志衣租食稅之子①下出戶庭力田治山之民常安本分

寧化縣志民競守財亦隆氣節士多好古尤喜文辭潑墨染箋②摸山範水調絲譜奕治病相宅初無口授各③其心靈　喜鬬健訟拒捕輕生

清流縣志士勵詩書民務耕種俗稍存乎信義心尚惑於鬼神　居鄉以刺船爲業陸而樵水而漁者僅足衣食地瘠民貧外貨不至

歸化縣志民質直無華咸習艱難重犯法官司易治無大④商巨賈多市販以治生業　喪葬誇奢

校注：①不　②模　③具　④商巨賈

頗不循禮

漳南道志連城縣士知向學民多末作

連城縣志閫範最嚴婦恥再嫁　豪右好爭而少讓

鄉落習武而少文

漳南道志上杭縣尚文近侈

明府志上杭①上勤學問衣冠文物頗類大邦

縣志科名②甲於諸邑　婚姻喪葬鄰保相助　家建

追遠之③廟戶置時祭之田

明府志武平縣山峻地僻俗梗民强尚武勇力本業

武平縣志病不服藥而崇鬼　力本者多末業者少

校注：①士　②甲　③廟

貿遷有無頗非土著　男尚意氣女守貞操

永定縣志家絃戶誦樸陋少文民勤力作婦女亦同

勞苦甘任鄉戚鄰子弟充衙役者不齒　聚族而

矜勇鬬藐法而好訐訟

福寧府

府志風俗序椎魯少文尚節義秀者攻詩書樸者勤

耕牧男習勞苦女少嬉遊有蟋蟀山樞之風

府志霞浦縣山利桐茶海利蜃蛤敦本務實罕去其

鄉

明孟光福安縣詩家家燈火夜攻書

①安縣志男務耕鋤女勤綷績

府志寧②德縣民俗樸野士習淳龐魚鹽蚕蛤之利較勝他邑而私梟爭利害亦隨之

府志壽寧縣土瘠民貧家無儲蓄

府志福鼎縣本霞浦舊地風俗各別士尚慷慨民各氣矜富者好施貧者好義

臺灣府

臺灣縣志士性輕浮③易種植露重如雨旱歲遇夜轉潤又近海無潦患產糖蔗雜糧有種必穫 民非土著皆漳泉潮惠之人故習尚與內地無甚異

校注：①福 ②德 ③易

俗尚巫病輒禳禱

鳳山縣志冠婚喪祭與內地同　服飾僭侈婚姻論財子不擇師婦入僧寺

諸羅縣志自急水溪以下距郡治不遠俗亦頗同自下加冬至斗六門客莊（俗稱粵人所居曰客莊）漳泉人相半稍失之野然近縣故畏法斗六以北客莊愈多雜諸番而各自爲俗　高富下貧好訾毀以睹①蕩爲豪嫁娶送死侈靡②放郡治遇事蠭起喜鬭輕生以歃血相要約

臺灣府志彰化雖新設而顧③耕於野藏於市者四方

校注：①賭　②倣　③願

紛至故街衢巷陌漸有可觀山海珍錯之物亦無不集其風俗頗似郡城　淡水内港戶繁俗樸鮮鬬訟所產稻粱獨賤

永①春州

唐盛均桃林場記俗阜家泰官清吏閒凌晨而舟車競來度日而笙歌不散

宋江公望記租穀不以時入凶訟犴獄無日無之病痛不用②藥祭鬼以祈福

明蔡清集其俗樸可愛秀民可教者多

舊縣志在宋文風甲於諸邑儒碩彬彬近古短於進

校注：①春　②藥

取能以禮自防不事干謁　人死多火葬甁貯之
置於山谷經年不收曰需吉地
州志衣冠文物儷比大邦詩書絃誦之聲不絕　酷
聽青烏之說折屋毁墳不顧法網人多聚族而居
以姓之大小為强弱相欺凌
閩書德化縣務本薄末有古遺風
德化縣志士以筆硯爲恒產窮村僻壤悉有家塾樵
牧童豎罕不識字者
大田縣志君子勵名節小人多剽悍　鄰坑野者事
荷擔家溪濱者業舟楫

龍巖州

①朱子諭龍巖縣民教地僻山深無海鄉魚鹽之利生理貧薄作業辛苦其民不見禮義强者欺弱壯者凌衰內不知有親戚骨肉之恩外不知有閭里往來之好

漳南道志龍巖地險而僻民嗇而俚

舊縣志俗尚敦慤衣冠樸野自朱子教民家禮又特榜諭風俗一新比來生齒日煩閭閻競侈婚喪之費靡不可節

漳南道志漳平縣儉樸風存獷悍未變

校注：①宋

漳平縣志男趨於耕女勤於織務本不事商賈家少千金之儲

寧洋縣志山峻水急人性峭直　民多務本鮮事末作疾則佞於神

歲時附

元日陳設酒醴以承靈貺少長序拜戚友相過賀三日市不列肆謝在①杭閩俗元旦不除糞土至初五日輦至野取石而返云得寶即古人喚如願之意也福州府志節內外旬日挈筐擔往四郊墓祭莆田縣志二日長幼皆衣冠出遊建寧府志一日至五日謁墓祭竈祭門

立春先一日祀勾芒神迎土牛於東郊閩小紀②會城迎春必於憲

校注：①杭　②會

懿王廟前乞土作土牛始成明曹學佺詩馬從太守分騎去牛向①前王乞上②來

人日 閩書泉人以是日取菜果七種作羹名七日寶羹

上元夜張燈 福州府志自十一日起至昉③日止十三十四十五三夜尤盛影燈象人物花果禽魚裁繒剪紙及琉璃爲之廟刹駕鰲山又爲木架綵棚粧演故事謂之臺閣俳優百④戲煎沸道路謝在杭閩方言以燈爲丁每添設一燈⑤則俗謂之添丁遊人士女車馬喧闐至二十外猶暮市上兒童連臂相呼謂之求饒燈婦女從數橋上過謂之轉三橋泉州府志里社之中多有作賽神會者粧飾神像窮極珍貝莆田縣志十六夜有過橋摸釘之俗

正月二十九日雜餡果煮糜相餽遺 四時寶鑑高陽氏之子好衣敝食糜是日死世作糜粥破衣祝於巷日除貧此其遺俗按此俗惟福州有之

春祈 惠安縣志是月陽氣始達鄉人祈年於里社集社學以教子弟漳州府志鄉民斂金祀神羣飲

校注：①向 ②土 ③晦 ④百戲煎沸 ⑤則

於廟分胙而歸汀州府志各坊社以金絲錦繡粧扮故事鼓樂迎神以祈歲稔

寒食踏青 發中錄閩中以二月二日為踏青節三山志採野菜為䐜亦唐人杏粥榆羹之意福州府志宋時有鞦韆之戲地在春臺館之內外泉州府志貴家開園圃放遊人賞玩又東湖北山多亭館士女如雲行樂相望

清明家祀先祖屋簷插柳枝 福州府志以祓除不祥建寧府志俗云以謂辟邪

墓努① 莆田縣志以鼠麯和米粉為粿具牲醴畢謁邱墓惠安縣志清明有事先塚剪制汚穢培士②掛楮幣漳州府志是日婦八盛服靚粧出郭外逐隊行汀州府志是日展墓壺漿絡繹祭畢就祠饗餕餘或就豐樹下藉草御杯

上③巳 福州府志懸薺於門是日禊飲漳州府志採百草合米為粿薦祖考及贈遺建寧府志作烏飯以食且餽遺俗以是日遺作此供毋故效之烏飯即青餓④飯浦城縣志載四月八日作永春州志

校注：①祭　②土　③上　④飿

溷楓葉合米爲青飯

四月八日浴佛寺刹建龍華會山堂肆考南方專用臘月八日今僧寺則多在四月福州府志方言佛洗災

端陽自五月一日始門懸蒲艾婦女小兒繫續命絲珮符簪艾虎作粽午日書符作門帖浴百草湯以蒲合雄黃入酒飲之並製雄黃爲筒燃於屋壁帷帳之上水際競渡謝在杭閩人以五月四日作節謂王審知以五日死故避之考五代年譜審知以十二月死非五月也閩部疏端午節尤重競渡所過山溪數家之市皆懸舟以待延平府志俗云競渡以逐疫閩書是日泉莆人食鸜鵒謂能明目

七夕婦女陳瓜果茗椀爐香各七用針七枚於暗中

取繡線穿之以卜得巧之多寡漳州府志以熟豆相餽謂之結緣建寧府志盒盛小蟢子平明成繭以為得巧汀州府志社學生①綵畫葫蘆精晨往郊外或并燃所習課紙

中元祭祖先焚楮陌寺觀作盂蘭盆會福州府志方言燒紙衣節南國風俗中元夜家具齋供羅於門外或坰衢祝祀傷亡野鬼謝在杭閩人最重中元節家設先人號位祭而燎楮陌女家具父母衣冠袍笏之類籠之以紗謂之紗箱送父母家是夜具齋餞餞楮錢延坐於市祀祀無主鬼神謂之施食漳州府志以竹竿燃燈天際聯綴如星謂之作中元福寧府志是日家市②洵井

八月祭社泉州府志各處以二十四日安溪以初一日惠安縣志牲尚雞漳州府志八月祭土③地窮鄉僻壤番演劇賽[illegible]香做古之秋報祭墓泉州府志俗云墓門開十月亦有祭墓者名遂

校注：①綵　②淘　③地

寒衣按福州祭墓多在九月

中秋婦女連臂出遊謂之走百病福州府志士女登烏石山進香夜燃燈於塔建寧府志掛檐燈乞嗣月宮

九日登高飲茱萸菊酒謝在杭九日作糕自是古制閩人乃以是日作糉與端午同景異類纂九日蒸糕惟閩城仍用角黍莆田縣志是日謁墳墓如清明

冬至州人不相賀舂米爲圓餔之仍黏門楹間明張岳惠安縣志十一月冬至陽氣始萌故食米圓丸陽象圓陰象方五月陰始生黍先五穀而熟則爲角黍以象陰角方也冬至陽始生則爲米圓以象陽圓也夏至不以爲節抑陰也崔實四民月令冬至薦黍糕今俗作黍糕乃在歲晚時又南粤考十月一日閩中皆作糯糍及京飩以祀先祖蓋告冬之義按今無此俗惟建寧府志云以豆粥作糕祀先

臘月二十四日祀竈謝在杭俗謂竈神是夜上天以一家所行善惡奏於天也惠安縣志除夜先六日言百神有事上帝盡幢幡輿馬儀從於楮具牲餼焚而送之至正月四日乃迎而復之如送之禮

除夕人家更春帖燃爆竹於庭以豚糕相遺曰餽歲設酒食聚食曰別歲又曰團歲達旦不寐曰守歲子弟向家長拜慶曰辭年飯兼數日之炊曰宿歲飯亦曰隔年陳吳中風土記人家各於門首燃薪謂之相煗熱三山志州人以竹著火燒爆於庭中兒童當街戲呼達旦惠安縣志取牡蠣殼雜樟木竹節焚之

氣候附

唐高適送鄭侍御謫閩中詩南天瘴癘和

韓偓①登南臺詩四序有花長見雨一冬無雪却聞雷②

三山志燠不爲瘴寒不爲沴

福州府志閩地素和燠草木四時不凋桃③李冬花接孟春如一序蟄蟲遇晴暄率蠢蠢然④動古所謂炎方也今或朔風凜冽霜威裂膚重裘擁爐猶齒齕手戰作苦寒色袒褐不完之子有至僵絶者

莆田縣志地勢爽闓陽明用事熱多寒少冬月寒暑衣服互著

唐歐陽詹泉州府二公亭記炎氣時迴

泉州府志泉之氣候與興漳同晋江氣候與南安惠

校注：①韓偓　②雷　③桃　④然

安同安同安溪地頗高熱略減大抵山嵐鬱蒸故春溫煩燠夏暑不清秋鮮凉風冬無冰雪土田恒暖而禾稻兩收桃李冬花而木葉鮮脫

漳州府志多暑少寒有霜而無雪季秋尚暖穀可二登惟窮山地寒乃一熟耳

延平府志氣恒燠少寒

建寧府志據閩上游地勢頗高故寒於福州隆冬霜雪入春即和浦城又建寧上游故寒於府治

邵武府志邵列上郡陽明少而幽陰多春夏多雨秋冬多寒

汀州府志居閩上游地氣稍寒上永二縣地近潮漳氣益暖多產青果柑橘之屬

福寧府志長溪閩地而鄰於江氣候與福州相似其不同者春初時氣寒有雪發生較遲

臺灣府志氣候異於內地大抵暑多於寒臺灣縣志自府治至鳳山漸南漸熱自府治至於諸羅漸北漸寒

永春州志四時多燠惟東北高寒伏日或擁重被

龍巖州志居萬山中一日之間氣候不齊一歲之內寒暑靡定每霜氣凝冰童子可渡小雪亦時降

雜俗附

漳州府志窮山之內有藍雷之族不知其所始無土著隨山遷徙種穀三年土瘠輒棄去去則種竹償之無徵稅無服役以故俗呼之曰客兩家自爲婚娶朔望衣冠相揖然不讀書語言不通與世不往來或曰混沌德化縣志畲民嗜好飲食與世殊別男子丫①髻女子無袴通無鞵履嫁女以刀斧資送人死刳木納屍少年羣集而歌擘木相擊爲節主者一人盤旋四舞乃焚木拾骨浮葬之將徙取以去自云其先世曰狗頭王嘗有功許自食無傜役賜姓三曰盤曰藍曰雷其盤瓠苗傜之裔也與畲披

校注：①丫

民各府山溪深處有之

臺灣府志番民斷髮文身不知年歲以稻熟爲一歲以月圓爲一月封土墩作室其上架木橋以入中施丹雘若畫舫婚無媒妁先野合而後成禮重生女贅壻於家不祔其父無伯叔甥舅以姨爲親夫婦情好甚篤一反日①卽離異生子以水浴之病不知藥輙浴於河以愈疾人死舁屍詣親屬之門各酹酒其口無棺槨塋域裹以鹿皮瘞所居牀下或於門內之右旬日開視窖有菌生或草木之異則吉否則移置他所喪服哀盡卽除無祭祀不識祖

校注：①目

先結草一束於中柱曰向向者猶云鬼神也過年則將之無卜筮凡出必聽鳥聲以卜吉凶遇長者於途必問訊辟道左飲食無論多寡分甘必徧老番窮無依則親屬共收恤之性兇猛以殺人爲雄長自相攻或伺客於徑射之取其首飾髑髏以金持以誇衆衆則推以爲長近熟番漸知文法匿不敢出其不悛者內山生番而南路傀儡番尤甚

臺灣志略南北各熟番俗相彷彿近涵濡日久知揖讓識尊親身被衣裳婚用媒妁嫁娶與漢民等各番置社學番童間有應試者

福建續志卷九

物産一

夏后氏既宅四隩則三壤任王作貢紀物産者所由以濫觴也詩書敘峕①物周②官職方氏辨九州名山藪澤詳物土所宜爾雅箋疏之史記創貨殖傳凡謠俗被服飲食奉生之具咸在焉閩故楊③州邊徼東南際海上風飄海舶象犀瑇玉之所輻湊又地多高山鉅川連岡被堤棲澤亍阜生生者難以更僕舉爰稽前志所遺裒而益之抑亦品類之大觀也若夫假珍異以爲潤色

校注：①時　②周　③揚

姉敘上林而引盧橘賦西都而摭比目指玉格爲寶貨入樹蕙於草木虛而無徵吾無取焉志續物產

福州府

穀之屬　稷　禮記稷曰明粢閩書閩中種稷殊少惟明種用之

帛之屬　改機　萬歷府志故用五層宏治中有林洪者工杼柚謂吳中多重錦閩織不逮遂改段機爲四層故名改機

絲布　萬歷府志故時細織苧麻雜絲織以爲布今純用絲

貨之屬　銀　正德府志古田羅源舊有銀場久塞古田志舊志載寶典銀場在新俗里二十九都宋天禧間發明宏治間封禁又游家銀①坑在三十一都隆慶五年禁閉赤巖坑在二十八都萬歷二十七年開採三十三年永禁

白梅　三山志侯官懷安鄉戶園林種至千萬株鹽者爲白

校注：①坑

梅焙①乾者爲烏梅販②至江浙

銀硃 府志古田嘉穀洋村之左有銀硃山山下石上一孔山銀硃其紅異常民人爭取恐釀禍③階以穢物壓之遂不復出

酒 閩小記有冬白老有蓮鬚有藍家酒有碧霞酒以入家久藏者爲佳又綠豆重釀味亦醇厚葡萄則依西洋人製之有橘酒飲有餘香蘭桂菊皆可釀惟菊有林下風味府志郡人取梅及薔薇④如燒酒法每酒一盞滴露少許亦異品也又荔枝取其漿和水調勻之釀成膏以調酒香芳滿座俗以年久者爲舊酒

壽山石 府志在郡城八十里與芙蓉山岦峙產石如珉其品以田坑爲上水坑次之山坑又次之可作印併雜鏤人獸餅盂以爲供玩

蔬之屬

蓴音噀**菜** 齊民要術蓴菜味辛本草綱目蓴菜冬月生田園間柔梗細葉三月開細花黃色結細角內有細子連根葉拔食之味極辛辣洪舜俞老圃賦蓴有拂士之風

東風菜 三山志葉長極厚軟上有細毛紫莖先春而生故號東風

苦蕒 府志宋劉輦詩雖無適口

校注：①梅焙　②梅販　③禍　④薔

味服益功希比萊苦不登盤言苦多逆耳 蕪菁 府志一名諸葛菜詩谷風所謂葑、 葵菜

蓴 苜①蓿 府志采其葉可作蔬味清而甘 石花菜 福州志生海礁上性寒夏

片煮之成凍 鷓鴣菜 連江志生海礁上色微黑 虎栖菜 南越志生海石上穗長二

三寸葉如蘭蘊 海苔 海物異名記綠色如亂絲府志一生海泥中其細者名濕苔②蕾名蔘蕎

其本如蒜本草以爲蘿之別名 木耳 馬蘭 味微苦性涼油醬蒸食極佳汪琬馬蘭曲

蘭蘭是小草紛紛花滿路本無桃李顏不怕春風妒蓋琬借唐人蘭蘭是小草句以寓興也 木

瓜 府志花紅大者良出長樂 南瓜 府志種出南番葉如蜀葵小者謂之一握青出福清 苦

瓜 學圃雜疏種出南番今閩有其種皮有痱瘤如荔枝殼故有癩葡萄錦荔枝之名 芋瓜

廣雅形如越瓜有毛味清甘 壺盧 廣雅匏之短柄大腹者爲壺壺之細腰者爲盧 冬筍

三山志竹萌也冬月於毛竹林③堀其未出土者爲冬筍味殊佳 毛筍 府志至春出土性寒不益

校注：①苜　②蕌　③掘

脾

甜筍府志味甘其大若管笛表黃裏白二三月始盛出於篔簹竹苦筍府志卽管竹形色與甘筍同凡筍味皆甘此獨苦山谷苦筍賦苦而有味如忠諫之可治國菜筍府志出水口味甘錦邊筍三山志出此嶺竹林寺每一籜皆有朱紅線

按前志蔬屬載筍而不詳其類故據府志及諸種書續入凡前志註中已詳其類者仍不復載後倣此

果之屬

櫻桃府志深紅者朱櫻黃晶者蠟櫻榛府志栗之小者味甘

藥之屬

茱萸　越王餘算異苑晉安有越王餘算葉白者似骨黑者似角云是越王行海作籌有餘棄於水中而生味鹹①溫主治水腫浮氣結聚宿氣不消腹中虛鳴

木之屬

櫃　椿府志葉似橄欖芽香可啜木易長而有壽其榦端直橡府志高有

校注：①鹹

二三尺四月開黃花八九月結實　青剛　三山志華似石楠木紋如黃楊堪作鞋橋　棕　府志

全似櫻絡材質頗堅可供鐫刻　柯　府志其木堅可爲①斧柄故名柯子可食　榆　羅漢

松　閩小記葉長而狹色蒼秀可愛凌冬不凋

竹之屬　長枝竹　箬葉竹　閩書其葉可作篷　金絲竹　勒

竹　府志枝上有刺中心堅塞枝幹相交　綿竹　黃竹　府志質柔可以束物　水竹

府志如竹甚小可植盆作②案頭之玩　黃金間碧玉竹　府志一黃一青橫斜相間山多

有之高湖產者絕鉀　朱竹　夫于亭雜錄閩有朱竹　鶴膝竹　府志不須琢削自合材制

赤竹　府志可以刺船　桃枝竹　人面竹　小草齋記其節一俯一仰如人面然

釣竹　蘆竹　蔞竹

花之屬　玉蘭　府志花生碧白氣味香馥園亭多植之　木筆　閩部疏名候桃又名

校注：①斧　②案

房木

水麗春 南州異物志藤生花如勝春明媚有香

風車①藤 府志藤本花如叢碧色花心微凌風旋轉

藍刺桐 府志紅鮮異常能開百日亦名百日紅唐陳陶詩海曲春深滿郡霞越人多植刺桐花

番茶 府志亦稱洋茶出日本外洋有大紅淺紅黃②粉白紅點③近臘即開亦有至春始④開者

蜀茶 府志樹如山茶而大高者丈餘花大尾敵⑤牡丹色皆正紅

闘霜 府志樹大而葉密經霜則紅故名闘霜

山礬 府志木高數尺花春開極香

荳蔻 南方草木狀其苗如蘆其葉如薑其花作穗嫩葉卷之而生花微紅葉漸舒花漸出

指甲花 府志花白極繁細纏如米粒閩人多折置襟袖資其馥芬一名散⑥綵花

美人蕉 南州異物志歷冬春不凋常吐朱蓮如蔟⑦樹葉似芭蕉而小花開一般紅鮮麗千葉如槌摘置瓶中以水漬之可經一兩月

鐵蕉 府志一名番蕉相傳從琉球來其本麄巨葉長四五尺密如魚刺然好以鐵爲糞將枯釘其根則復生而雜組番蕉云是水糖故能辟火將枯時以鐵屑糞之或以鐵釘釘其根則復生

校注：①風車 ②黃 ③點 ④始 ⑤敵 ⑥散 ⑦簇

蓋金能生水也。**建蘭**蘭譜建蘭一名水香即澤蘭也生水①彷葉光潤尖長花蠟色蓋國香也以素心爲第一。**珠蘭**府志花白結絲珠。**吉祥蘭**紫花。**樹蘭**府志叢高成樹其花碎點清香一名木蘭。**賽蘭**謝在杭一名翠蘭楊用脩曰賽蘭香小如金粟特馥烈佛經伊蘭即此花也。**紫蘭**埤雅至秋而紅詩所謂士女秉蕳者也。**歲首蘭**府志葉比蘭差大改歲即開紫黑色有香。**弔蘭**府志裹而懸之不土而榮。**鶴蘭**府志兩翅一頭一尾。**硃砂蘭**府志花繁不香。**風蘭**花叓寄生高樹根不麗上姬婦難產懸之催生。**獨占春**府志香色與蘭同春開一莖一花又名②獨占春。**魚魫嬌**閩小記莖質最弱力不承花竟以藤絲名莖花一綻節橫陳於③碧葉中。**鶴頂紅**閩書似百合花開如丹心有紅粉。**十姊妹**府志蔓生有刺花小而一蓓十花又有七朶一梢者名七姊妹。**丁香**府志有黃白二種。**十樣錦**府志叢生長尺餘節上抽莖至末皆有花。**剪秋紗**府志九月開花如盞色紅。**漢**

校注：①傍　②獨占　③碧

宮燈府志南方草木狀弱幹柔葉春開花秋結爲盞雪柳府志一名滿天星花繁葉嫩高僅尺可爲盆中之玩夜來香府志藤本花晚開一簇五瓣色香如佛手柑午時蓮府志午時花開出水寸許如蓮而小碧色無香午後仍縮入水含蘂

草之屬

沙根府志即香附子半邊蓮閩書苗高一二寸葉闊三分五六月開花花偏一邊無有圓者羊蹄府志禿菜也葉長色紫赤火杴府志春生苗葉似紫蘇大而尖長白花郡人呼其葉爲火杴草鳳尾府志葉附莖對生形如鳳尾龍舌府志青色皮厚有脂婦人種以澤髮

毛之屬

菓狸府志即山狸藏山穴中色黃類貓菓熟夜出竊食鼯鼠府志青黃色在田中好食豆粟

羽之屬

錦雞府志鷩屬有美毛自愛其采終日映水慈鴉府志純黑而反哺者

爲慈鴉腹白而不及哺者爲鴉 鶖鶬府志野鶖也大於鴈又名鶬鶬 山呼府志大如鷹蒼色兩顋有①圓點黑白相映翔跳不定聲清調如鶯人籠畜之 鷦鷯②府志一名巧婦能以絲縷葉爲巢 鬼鳥府志海中出嘴紅脚長海濱人羣掩之

案前志毛羽之屬外又載畜之屬凡十二物以字林畜作嘼乃人之所常畜養者故別載之按爾雅釋畜惟載六畜馬牛羊犬豕鷄是六畜之外未嘗無畜釋畜篇又不載而別載之釋鳥釋獸者以其非人所常畜也非常畜而必載畜屬之內則畜之義乖矣③故於鳥獸之物分④載羽毛屬中而不言畜蓋不敢田野⑤鶩混家鷄也⑥

校注：①圓　②鷦鷯　③矣　④分　⑤鶩　⑥後

倣此

鱗之屬

黃尾府志似鯉而尾微黃食之有土氣

金鯉閩中海錯疏色紅黃卽大姑魚生子爲日所曬而成

金鯽府志可畜盆中供玩閩人呼爲盆魚有三尾如蝦身赤尾金又名金籠魚

烏頰府志奇鬣二魚形相同而烏頰黑二魚俱於降冬大寒時取之

鱗海族志背有肉二片乾之名金絲鯗形味俱類沙魚翅

鯧閩中海錯疏鱂之小者其形扁閩中諺山上鏖海下鯧

鰵府志形似鱸口闊肉粗腦腴骨脆而味美

撥尾府志鮒魚之小者

鰳三山志似鰣而多鯁海錯疏鰣鰳其美在腴大口圓脊多鯁大者長三四尺重七八斤鰳狹目劍脊多鯁大者長二三尺重三四斤

江鰶正德府志出洪塘江三四月方有之味美但小而多刺

黃炙府志似鰳而小多鯁細鱗味不甚佳

鱫爾雅異名頭大尾小腦中有兩小石如玉鰾可爲膠鱗黃璀璨可愛一名金鱗

土龍閩中生海泥中如鰻長尺餘味佳

鱒海族志似鰻目中赤

色一道橫貫瞳食螺蚌好獨行

田鱄閩小記似鯫而大鱗食味腥羹羹味美

過臘府志頭類鯽身類鱖又類鱓内①微紅味美以臘來春去故名

嘉酥魚府志海中魚之極大者重千斤琉球人以其脊爲酥

黃雀魚府志似鱟而小冬月最盛

⿱黨魚魟府志背厚尾長有斑大者二三百斤

水蓋府志背差薄於鱸剝②之多水

斑車府志背上有斑腹中有肚味佳

鱸閩書雌生卵雄吞之成魚其卵如鼈卵大青色無鱗首有不如枕去之乃不腥俗呼松魚

黃貂海味索③隱似燕而嘴尖土人蒸以爲羹譌作燕海錯疏魚魚種不一而骨肉同諸魟以黃貂爲第一

丁斑魚經大如指長二三寸身有花文紅綠相間尾鮮紅有黃點善鬭人家盆中畜之一名闘魚

魴鮃府志大如拇指有五色

重唇府志頭大尾小無鱗生石穴中

疊甲府志身圓長四五寸鱗有兩重無味

麪條府志似銀魚而大一名白飯魚

白沫府志梅雨時海水凝沫而成形雪色無骨大如筋羹之味厚名丁香鮰

鰔府志其狀如鯈其喙如釗④形狀

校注：①肉　②剖　③索　④針

①竝同②銀魚但喙尖有一小黑骨如鐵爲異

錢串　閩書身長而小嘴長至③六寸青色亦名青針

飛魚　府志頭大尾小有肉④翅善跳一躍十餘丈

大面　府志板身闊二三十寸尾無鱗

鏡魚　閩中記眼圓如鏡水上翻騰如車方言云車魚

圓眼　府志口尖眼圓而赤

金鯢　府志尾脊有細鱗金色

火魚　府志隨潮蔽江結陣而來故名火字當作夥

鱺　府志大者長五六寸白質黑章味美少鯁

鯖鯷　府志背青身長一名青魚

鯶　府志色微黑一名鯇郭璞作鯶其性舒緩本草綱目江閩之畜飼之以草

⿰魚央魚　府志海產其類甚衆皆可食

鸚鵡魚　府志口似鸚鵡曲而紅

蠔魚　閩中記生蠔中食蠔豐肉少骨

鎖管　府志形如烏鰂而小

柔魚　閩小記狀似墨魚出日本火炙揉而爲絲味勝墨魚遠矣

墨斗　府志似鎖管而小亦能吐墨

石拒　閩書一名八帶大者至能食豬居石穴中人或⑤取之能以足黏石拒人

章舉　閩大記一名紅舉似烏賊而差大味更珍好

白澤魚　海物異名記羣生隨波縮在澤

校注：①竝　②銀　③六　④翅　⑤取

故曰白澤

楓葉魚 海物異名記海樹霜葉風飄浪翻腐若螢化厥質爲魚

鹿角魚 海物異名記芒角持戴在鼻小者醃爲斷味佳大者長五六寸其皮可以角錯

抱石 閩中海錯疏出山溪背偃而腹平大如指又一種名石伏伏於溪下

土蟀 府志形如蚯蚓

油筋 北戶錄生海濘中長如筋周身是油味佳

沙蠶 府志似土筍而長閩書生海沙中如蚯蚓

土鑽 府志似沙蠶而長

介之屬

蟛蜞 府志似石蝌而小微黃色左螯大而無毛

蘆禽 府志形似蟛蜞生海畔

寄生 閩書生在蠣房蚌蛤腹中按郭璞江賦璅蛣腹蠏郎此

河蟹 近有河蟹味美肉鬆與浙蟹等

黃蠣 府志大於蠣房數倍五六月有之

赤蛤 閩中海錯疏一名空豸府志殼有花文赤色

花蛤 府志殼有文理一名文蛤

土銚 海族志一名沙眉殼薄綠色尾①白色味佳榕城隨筆沙眉一名小蜆

珠蚶 府志蚶之極小者形如蓮子而扁

絲蚶 府志

校注：①尾

殼上有文如絲色微黑比珠蚶稍大　烏蜦府志似淡菜而極小中無毛　烏[illegible]府志味甘如烏蜦而殼堅中有毛　翠翠萬歷府志似蚌而殼翠　蝛海族志生海中附石殼如鹿蹄殼在上肉在下大者如雀卵　老蜂牙閩書一名牛蹄以形似之　石[虫粦]府志形似箬笠殼在上肉在下　石橀府志形圓色黃肉紫有刺人觸之則刺動搖閩書疑卽海膽①而異其名　竹蟶三山志似蟶而長大殼重閩書類小竹節其殼有文　玉筯②府志似蟶而小三月麥熟時最盛以其形如麥稿又名麥稿蟶　石蟶府志生海底石孔中長類蟶圓尖上小下大殼似竹蟶而更紅紫石孔原小蟶生漸大孔亦隨大海人鑿石取之出鎮海衛　花螺府志圓而扁殼有斑點味勝黃螺

蟲之屬

蠶　石鱗府志生高山深澗中皮斑肉白味美晝伏夜居山頭石頂最高處捕者密以黃歷首頁納諸竈中卽振松明措火而去緣崖扳石以火照之見火輒醉不動十不脫

校注：①膽　②筋

一俗名石崙又名谷凍　水鷄　府志似石鱗而小色黃皮皺頭大嘴短其鳴甚壯如在甕中按石鱗陸產凡五種蝦蟆蟾蜍大約雨蛤也水鷄水產亦五種尖嘴蛤青約青蛤黃蛤也水鷄可食味不及石鱗黃蛤可食味不及水鷄閩人惟食水鷄而黃蛤等種皆不食　大約　府志青背黃脊

尖嘴　雨蛤　府志形如蝦蟆大如小指天將雨則鳴　寒螿　閩書二月鳴者名蟳女似寒螿而小七月鳴者名蛁①蟟色青九月十月中鳴甚悽急者乃寒螿也舊記入秋鳴者名促織閩中記有數種通名蟋蟀有尾爲雌無尾爲雄雄者能鳴北地寒秋時始鳴冬則蟄南地煖往往鳴聲不絕

蛷螋　府志似促織隱牆壁中溺人影令生瘡　蜂　蟬　蝶　有黃白二色　蝠

蜘蛛　蠅　螢　蚯蚓　螳螂　螽斯　府志蝗屬俗呼

草蝨　青色長角長蝨②一母常生五子　螻蛄　蛞螔　一名螔蝓　斑貓　蚑　府志一名馬蜞本草謂之水蛭有三四種生山中者爲石蛭草中者爲草蛭泥中者爲泥蛭此物難死火

校注：①蛁　②蝨

化經年得水猶活

龍蝨府志似蜣螂而小黑色兩翅六足①秋月暴風暴起從海上飛來落水田或池塘海濱人撈取油鹽製藏珍之按②能蝨類水蟲但來自海外與出自水中者異耳

興化府

穀之屬　大冬稻　早稻　晚稻　糯稻　占稻府志大冬稻春種冬熟歲惟一收早稻春種夏熟穫後即插晚稻歲可兩收黏可釀酒者為糯白而香者為白稜又有占稻種出占城　油麻府志有紅白黑其種得自大宛

布之屬

貨之屬

蔬之屬　扁豆府志有白紫二種　蛾眉豆　滴露珠縣志頭如指栗大輩上露滴即生食時滾水泡過挼軟切片和五味炒最美　王豆府志俗名御豆皮有紫斑

校注：①足　②按

賽鷄粽府志蕈屬發似竹枝俗呼楮把菇　竹米菜縣志生竹下土石中似蕈又如胭脂花多採曬乾差類木耳　蕎府志葉似葱根如蒜　香椿　白菜　倭菜可生食　薺菜　胡蘿蔔

果之屬　馬乳仙遊志似橘而小色紅黄以蜜淩之可以餉遠　梅實　柰

棗　林檎　蕉子　荸薺　波羅蜜　番石榴縣志形如榴其味頗濁出番地仙遊多植之

藥之屬　何首烏　山梔子　扶留藤　桑螵蛸

通草　桔梗　茴香　黄精　紫背草治蚝毒　花椒

益母草　陳皮　山藥　木賊　夏枯草　橘紅

竹瀝　淡竹　烏梅　石斛　巴豆　骨碎補①

校注：①補

参縣志多出葉溪山俗名葉溪参 黃連 枳殼 六月霜縣志葉多
刺花有紫白二色根大如指搗汁凝如脂 木瓜 槐花 辛夷 皁莢
百合 薏苡

木之屬 椿 桐 樻 墨員子縣志可爲數珠 榆 肥皁
甘棠 石楠 臺縣志似櫻葉可爲笠 黃櫸 紅葉

竹之屬 綠竹 鳳竹府志多植亭榭中 觀音竹 石竹
方竹縣志仙遊御子巖最多 蘆竹 節竹

花之屬 午時蓮 隋桂仙遊志在東山寺亭中其花四時皆有自根達枝凡罅隙處悉吐以其植自隋時故名 李花 玉蘭 繡毬 石榴府志有紅白淺紅三品 珠蘭 午時梅縣志日午則開晡則花落亦名落地梅 七

姊妹縣志每朵聚七花似長春而小俗呼布白花 水仙 鶴頂 紫燕縣志葉如列翅花若萱草色紫上有斑點狀類飛燕 交枝蓮 芍藥 洛陽花 夜來香 漢宮春 縣志花似洛陽錦而大色金黄 美人蕉

草之屬 芝 仙草 府志蔓生性極清涼六月和麪①粉水煑之成凍色黑 石花煑之成凍色白 野葛卽斷腸草 杜若 蘆會一名火辦

毛之屬 熊 狼 麈 麖 鯪鯉名穿山甲 萓耗縣志鼠屬似竹鼬穴地而處齒牙最利食萓茅土人掘地數尺得之燒去②醒味肉脆而甘山中以爲待客嘉肴

羽之屬 鷹 芙蓉鷗 縣志各處鷗白惟出鯉湖者帶粉紅色因名 鷦 巧婦 黄匡鳥 十二紅 十二爲羣中有紅者

鱗之屬 黄瓜 府志一名石頭魚亦名金鱗魚 貼沙 鱺 海燕 府志

校注：①麯　②腥

有肉翅能飛俗名飛鵲 超魚縣志兩日相連於額上身有斑點每尾極大不過一兩 鯧

黃鱨 柔魚縣志似烏賊而味美 水母縣志一名蛇亦名海蛇 龍蝦

蘆鰻縣志有兩耳身有花紋伏深潭中夜則上山食蘆筍形類而肥土人以灰滲土候下山捻之 魁魚 鰍魚 痣魚縣志有色如痣班① 石搭魚縣志形上廣下平生淸淵中多搭於石肉極細膩②味極清美以糟醃之佐酒最佳 金魚 白鰻

縣志腹色白多生溪澗 石鱗魚 田雞俗呼水雞 潭捕縣志小魚不及半寸

可爲羹③ 鯰 鰱

介之屬

西施舌 花蛤 海扇 麥螺 油螺

花螺 梭尾螺 黃螺 軟螺 田螺 苦螺

綠螺

校注：①斑 ②膩 ③羹

蟲之屬　蠶　蜂　蟬①　蝶　蜻蜓　蚯蚓　蜘蛛

斑貓　鼠婦　水蛭　蠹　螳螂　螻蛄　蚊

螢　螟蛉　蟋蟀　螽斯　蠅　蟻　尺蠖

龍蝨

泉州府

稻之屬　早稻　府志有赤白二種春種夏熟曰河南早南安出曰新留同安出曰連江早最先熟曰黃籤米微②似白香晉南惠同出曰畢種最最遲安溪出曰山東子最先熟安溪出曰早任曰師姑早曰青晚晉南惠同出種收晚稻府志有俱遲於早稻一月以上並六月收成　晚稻　赤白二種曰占城稻耐旱有白赤斑三種五色俱有曰降來穀米俱赤南同出曰中灌穀赤米白南安出曰烏芒曰紅芒曰赤腳惠安出曰烏穀曰蘇州③紅曰葉下逃穗居葉下故名安溪出曰三公早米白如④

校注：①蟬　②微　③州　④如

秈有一公二公三公三種 晉南惠出曰臺灣秈種自臺灣來安溪多種之曰寄種與早稻同種早稻刈後苗更秀發十月始收 晉南惠出以上並十月收成

秔稻 府志曰大冬曰白香曰大尖殼曰赤無芒南安出曰白柳秋種 晉南同出曰八月白安溪呼鷄母早曰四百粒曰畬稻種出猺蠻晉江四十七都多種之

糯稻 府志曰早秫春種夏收 晉江安溪出有赤殼白米白殼赤米二種曰大冬秋春種冬收五色俱有曰牛頭秋春種秋熟南安安溪出曰白占秫曰虎皮秫同安出曰栗殼惠安出曰晚秋秋種冬收 晉江安溪出曰赤芛秫一名荔枝秫南同出曰白鬚秫南安出曰花眉秫日過山香秫同安出曰畬秫 閩書泉州曰蔚曰重陽秫曰黃箕秫安溪出

蔚麥 麥府志有穬麥殼薄易脫

小麥 大麥 蕎麥 五色俱有 五葉麥 松蓄麥 府志俱惠安出

薯黍 府志即蜀麥俗呼番黍又有馬尾黍有秫有秔糯二種

粢 府志有秔糯二種

黃粟 府志穄別名

狗尾粟 府志即小米同安呼爲虎尾粟

粱 府志有秔糯二

種鴨脚稷府志即穇子可釀酒脂麻府志即油麻有黑白二種黄豆白豆紅豆九月豆畲豆金豆府志似綠豆而色赤實赤小豆可作腐春豆黑豆青豆綠豆府志大小二種騎草豆府志色綠可乾炒食豌豆菜豆府志即豇豆

帛之屬合苧府志苧經綿緯者假羅府志雙梭織者一苧一綿間織而成麻布府志有青黃白三種絹府志南安翁山有蠶出黃絲生織作絹曰翁絹今安溪湖頭雜用江浙之法所出尤多緞府志用湖絲織如江南法絲布絲經布緯者土紬府志絹料之下者織而練之素紗用以飾①物

貨之屬酒府志泉中常飲惟醇酒即米之醇酎及今老醞其釀法極多最勝者爲金蒲五月春薫府志即烟也安溪出者勝於漳浦石碼生椒府志顆粒似蜀椒但辛香不及磁

校注：①飾

器（府志出安溪高坪通洋利大具甆甕則出晉江磁器精緻）鉛（府志大深山有之）紙（府志有草紙角紙）苦麻（府志有青白二種）棕毛　席（府志舊出晉江安溪今晉江下吳南安汰內出者更佳）灰（府志燒蠣殼爲之又有石灰）芒筒（府志以爲燭幹）粉石（府志作粉傅面者）通草（府志作花勝者）

蔬之屬

蒔蘿（府志小茴也）辣芥（府志子可作芥醬）角菜（府志同螺食味羙又名螺食）油菜（府志即蕓臺子可笮油）菜心　番芥藍（府志咖喇吧種葉色紫而帶粉秀鮮可愛）蕁菜　藜（府志梗可爲杖俗呼撈菜）水浮藤　王瓜（府志俗呼刺瓜）苦瓜　莆瓜（又名白瓜可醬）菜瓜　通瓜　匏

豆角（俗呼蚪種豆）乳豆（即扁豆）刀豆（一名皁莢豆）蠶豆（蠶時熟故名）荷蘭豆（府志似扁豆而小色綠甘脆）虎爪豆（府志角似虎爪多食令人發暈）

菜豆即豇豆 苦菜 薇 櫻花府志櫻櫚之花精而賁之山鄉取以獻實
石蘚府志石苔也雨後新長者嫩 枸杞苗 埔草 秧府志似柹心二月采茵食微苦 香蕈府志俗謂之菰菰生松下地中者曰松菰形如鷄卵惠安出榕菰長僅尺色白味甘安溪出茶菰出茶樹下動菰雷動而出有大脚動鳥子動之別紅菰生地上動不知名者食能傷人 蒟蒻 田蔬即蔥菰 水芋府志取苗熟食比家芋之苗更美 紫菜一名索菜 赤菜海物異名記海生菜而紫蔓一云紫菜割後再苗者爲赤菜 滸苔即苔菜 鹿角菜一名猴葵 石花菜 海菜 海粉府志出同安有海粉母種稗海間吐絲成絲粉自背上出取而日乾之其不當日色者黃

果之屬

金棗府志橘屬小如彈子長者名金棗圓者名金彈 柚府志種類極多皆自漳南來近安溪湖頭新出一種小如狗頭柑其瓤色淡紅深粉膩理豐甘遠過常品名曰舍柚或云

鳥含其核偶生耳　杏　金瓜　香瓜　瀕房一名羅望子　餘甘
櫻桃　香果府志花白瓣小而櫻長肉如蘋果而虛中有核核似彈棋子香酸清
烈浸酒甚佳安溪有之　銀杏即白果　倒黏子閩書泉人謂之冬年以其可以度年
一名冬黏一名丹黏俗名當年一名逃軍糧野生花實皆紫其膏甚甜美　酸棗府志棘實也肉
可蒸搗爲膏　珠李似李而小　萬字梨一名鷄腳菜味似棗狀似枝條之臃腫者作出
字形　磨子府志色紫黑大如桐子佛書所謂冬樹子也　山荔枝府志形似荔枝四核
味酸　牙府志籐實狀似牙蕉去皮有白肉合豆子百十味甘　冬梨似梨而小　尾薺一名
勃薺　檨府志有香樣粉樣一種形圓大如鶴卵骨小者名達麾尼咖喇吧種也叉有小樣比手大
指名日把鶴　鳳梨府志本如大樹葉如雉尾長可四五尺中心抽花而實形如鳳尾味似哀
梨奇品也　無花果不花而實　多羅蜜　甘子蜜府志實如橘味甘乾者合

檳榔食之

藥之屬　沙參一名地仙子　黃精　茯苓　木瓜安溪出　山梔子　陳皮　枳殼　花椒　茺蔚　豨薟　澤蘭　茜草　艾　蓖麻子　金沸草　青礞石出浯州　磁石草山出　木通土人名脫殼藤　皁莢　射干　仙人掌　木賊同溪出　金銀花　忍冬花　石蠶亦名溪蕉　青蒿　茵陳　穀精草　石蜂蜜　小藿香　劉寄奴　大小薊　蒲公英　三七　何首烏　旱蓮草　山素馨　無患子　絡石　旋覆花　小蘇　益母草　石髓府志出安溪長潭石罅間酒研三分①接骨如神多則骨大　赤孫

校注：①接

施卽酸醬草 神麯

木之屬 冬青 木綿府志俗呼攀枝舊載南安山川壇一株今所在有之 菩①提樹舊志郡城承天寺大庭一株燬於兵 水離 杜松 棶 榆

黃楊木 梓一名木王 甘棠 苦楝 牟目子府志肉治垢膩子紡綿用之 苦檀皮作香 肥藤 蝶藤 吉兆藤卽降真香 樸府志葉可磨錫及琥珀 楠 櫧 狗會最堅

竹之屬 赤竹性勁可以刺舟 釣竹作釣竿 油竹 化竹府志疏節而堅緻機杼用之 箬葉竹 方竹 琴弦竹 筋竹 花竹 木竹 筠竹

花之屬 樹蘭府志樹高丈餘花碎點清香 暹蘭府志似樹蘭而軟膩有大小二

校注：①菩

種　桃府志有碧桃美人桃大紅絨桃緋桃紫花夏桃單葉桃　夾竹桃府志名俱那異亦名俱那衛又名半年紅　噴雪　夜合　百葉石榴府志有大紅粉紅黃白四色　繡毬　木蘭一名玉蘭　辛夷　木芙蓉　月橘府志葉似橘而小　紅蓼　白蘋　錦竹　月下香　虞美人有紅白二種　美人蕉　鐵蕉一名番蕉　金絲蝴蝶　一丈紅　萬年紅　玉露春　碧霞春　秋海棠　鳳來紅　碎米蘭　千里馬掛府志花似繡球初開微綠三日而粉紅五六日而紫八九日而翠藍十餘日而綠半月則反白而落　鷹爪　西番蓮　玉繡毬　玫瑰　木香　播田府志有紅白二種　刺子花

草之屬　鼠麴　香茅　吻吻即斷腸草　蔓陀羅花府志誤食

令人發狂脚車藤府志作纒綫脚車用之浮萍　仙人掌　虎耳草　羊耳草　猪母莧　鳳尾草　鷄舌草　馬鞭草　燈龍草　龍舌　鶴尿藤　耳鈎珠　大風草　遍地錦　接骨筒　杜伯　地榆　鍼壁絡石　金絲五葉藤

毛之屬

麖　玉面貍　筆貓府志毫可作筆狗貛　猪貛　鼠貍　鼯　鼸鼠　鼠狼　香貍府志所過草木皆香九節貍府志尾有九節春毛可爲筆心

羽之屬

烏尾鸖府志似鶴而不善唳天將雨則長鳴羣飛鵪鶉即鴽竹鷄一名越鳥練雀俗呼長尾三娘布穀　鷦鷯一名巧婦鷹　青鶴

府志似鶴青色而小田奴　鸂鶒　提壺　釣魚翁　鬼鳥

府志海中出頸脚俱長鷺鶿俗呼南風①[illegible]

鱗之屬　鰱　金魚府志有鯉有②[illegible]鰣魚　鰳　鯧　油魚

府志似鯿而小多骨奇鬣一名③髭鬣一名過臘魚毒魚　鰛　鮡魚善跳

貼沙　沙梭　鱉　青魚　午魚　鮎魚又名黏魚鱂

魚　比目　蛇即水母塗虱府志狀如鮎魚有刺彈人泥鰍產水田中

田蝦　溪鰮府志浙東之香魚也今安溪有之豆魚府志如嚴灘小魚刀

鱭　溪白　翹嘴白　青皮　塗魴　赤目烏

頳尾　甘餌　黃鮎　苦巢　封覓　憨魚　蘆

鰻　鰻絲府志出南安金雞橋下色白細如絲④味美石斑　獨港魚

校注：①鷧　②鯽　③髭　④味

鬬魚 泉南雜志三山溪中產小魚里中兒豢之角勝爲博戲是也 九節蝦 龍蝦 閩小記相傳閩中龍蝦大者重二十餘斤鬚三尺餘可作杖

介之屬 紅栗 府志似蛤而小色微黄 仙人掌 即蛣 石 淡菜 府志殼小而深綠本草號東海夫人 螆螺 南安有 指甲螺 府志形如指甲大者曰江橈同安有 珠螺 惠安出 刺螺 苦螺 根螺 海膽 府志殼圓赤而多刺同安有 花蛤 惠安有 蚌 石螺 寄生 俗呼龍種

蟲之屬 蠶 府志本地種皆出翁山亦有自蘇來者 蜂 府志種類甚多有虎頭蜂雞矢蜂蝻①蜂黑蜂蜜蜂虎頭雞矢最毒 蟻 府志有走馬蟻作穴依樹能螫人有黄絲蟻有黑蟻穴地中有白蟻能運土食人棟樑 水龜 一名龍虱 蟬 螢

螳螂 蜻蜓 蟋蟀 楓虱 府志楓樹產

校注：①蝻

蠅　水蛭俗呼馬蟥　螟蛉　蟯螂　羅蛾　蜉蝣

螻蛄　柏蟲樹產柏

漳州府

穀之屬　糯稻閩中記閩人供釀之餘歲時糍粉爲糲粽糕粿之屬亦有早種晚種赤穀者釀酒最佳　稷粟說文粟嘉穀實粟之爲言續也爾雅翼穀之最細而圓者爲粟

帛之屬　綺羅劉熙釋名羅文羅疏也魏志大夫以上得服羅綺漳製亦學步吳中第不如紗爲精　光素緞　吉貝布　假羅布

貨之屬　銀　鉛　琉璃南州異物志琉璃本質是石欲作器以自然灰治之華夷考彩澤光潤踰於衆玉俗所用皆銷石汁以衆藥爲之脆虛不眞非其物也今漳製亦然五府志亦藥煉成者琢作鐶紙體具三稜①　絲石向有物處照之瓦礫草石盡成五色　假山

校注：①稜

石府志出海上漳人池館取以壘山又有龍巖出者別是一種置盆中能引水上升可種花卉

酒府志有老酒林擒紅白酒燒酒舊以江東水製者佳　麴　烟草府志種出東洋近多蒔之惟漳烟①稱最漳又長泰最勝　漆　甲香府志即今香螺漳在唐時以之充貢　楮

鮫魚皮唐書漳人貢甲香鮫草即此　櫻　燭府志漳視他處爲佳　炭

灰異物志占貢灰牡礪也漳人用此塗壁勝於石灰

蔬之屬

倭菜府志一名生菜可生食有香倭苦倭　浮藤菜府志俗呼蟳菜　葵

枸杞菜　東風菜　莧　蕨爾雅蕨鼈　筍府志漳種類甚多以雪筍爲貴　石花　鷓鴣菜　羊栖菜府志長四五寸微黑色出漳浦　虎栖菜　線菜府志生海②中沙地如線色微紅出漳浦　鵝腸菜府志長四五寸薄如帶色黄出漳浦　苔垢菜府志紫菜取盡復生苔衣狀類浮垢故名　礪菜　神

校注：①烟　②海中

黛府志生海邊泥泊上葉蒼蒨如黛①歲饑和米作粥食之出漳浦　香蕈　椒府志閩中產者俗名花椒　匏　壺　菜瓜　王瓜府志本草一名土瓜漳郡二月有之五月而盡俗名刺瓜漳浦秋後復生他邑所無　苦瓜　甜瓜　金瓜府志圓而有瓣漳人取以供佛　土瓜府志一名葛食之醒酒

果之屬　檨府志出臺灣近漳中移植甚衆其實圓而稍長味甜酸食之可愈腹疾　枇杷果　府志樹絕大其生一苞三子蒸熟之如栗實苞紅而子黑　甘藷俗名番藷　丹果華夷考名頻婆　椎　箇摩子　椹　落花生　皁莢　西瓜

藥之屬　薏苡仁　茯苓　蒟蒻　半夏　枳實　桔梗　茱萸　鬱金　縮砂本草生南地花在根下成實五七十枚作

校注：①歲饑

一穗皮緊厚而皺似栗皮間細子一團可四十餘粒如黍大柴胡　蘹香子

小茴香　茵陳　射干　木賊　木通　薄荷

荊芥　葛根　豨簽　澤蘭　芎藭博物志芎藭苗曰江蘺根

曰蘪蕪一名文無一名當歸故古人相招以文無艾　天南星　花椒

益母草　甘菊花　香薷本草一名香茅劉寄奴　金銀

花　吉鈎藤　何首烏　鶴虱　五倍子本草一名文蛤

其子色青大者如拳旅復花　淡竹葉　桑寄生爾雅郭璞注寄生一

名蔦①桑白皮　紅花　千里及　骨碎補府志一名猴薑附椿

木而生羊蹄草　蒲公草本草一名蒲公英皂莢

木之屬　楓　椿　梩　榆　楝　山桂　山橘

校注：①蔦

杞　橡①府志漳有橡林鋪　金荆閩中記木堅有文彩可爲牀榻　白楊　水

楊　栟櫚府志椶也　杜松　樺　加條　樸　側栢

漆　烏桕府志其花似梅其子可壓爲燭　椑　枹木　甘藤

竹之屬　木竹海物異名記靈壽木郎此漢書孔光年老賜靈壽杖　麻竹廣州記石麻之竹勁而利削以爲刀切象皮如切芋　猫兒竹華夷考猫兒竹大者莖七八寸高而堅實笋生冬春之交　赤竹王彪之閩中賦竹則苞甜赤苦　黃竹　紫竹　鳳尾竹　人面竹　七弦竹府志色白帶微紅中有青紋大小相間如琴弦狀　蘆竹戴凱之竹譜有竹象蘆因以爲名　舍竹　烏竹府志其色如漆　方竹

花之屬　蠟梅　玉蘭　辛夷　蜀茶閩部疏滇茶色鮮好蹟②於寶珠其大如盌瓣有重臺交覆蕭林大幹中丞宦滇帶一株歸今傳種家家有之　洋茶府志

校注：①橼　②於

出日本種類甚多二十年來漳中始有之秋海棠　繡毬　荷花　朝日蓮府志花色或黃或白葉浮水上翠厚而澤交枝蓮府志纖藤不能自將纏木而起花碧綠色交相照映薔薇　玫瑰花　合歡　石榴　夾竹桃　指甲花　水仙　遍地錦　杜鵑　龍船花府志以端午開故名其色鮮紅月橘府志葉似橘而小其花四序俱開一名四時菊石竹　鹿葱　洛陽錦府志叢生諸色俱備純白者蕋旁如剪就謂之白剪絨紫燕巒溪叢笑紫花類燕子一枝數葩有碧有黑花大上如火焰一一名錦麒麟金絲蝴蝶府志花黃形類蝴蝶狀元紅府志與剪春羅相似色最紅剪春羅　紅蓼　滴滴金　七里香府志古謂芸香梔花　蜜柳府志花似薔薇稍不香餘耳酴醾　木香　御愛府志酴醾別種繁英深紫小品綢疊玉蝴蝶

府志葉似菖蒲而大其花一莖數蕊與蝴蝶相肖　寶相　麗春　凌霄花

樹蘭　賽蘭　罌粟　棣棠　紅蕉　大笑

英梅爾雅註雀梅也府志一名雀李亦名車下李子大如李可食今漳產者花後亦結細子但不能如李大微為異耳　噴雪　豆蔻花　葵花　紫香藤府志蔓引高樹隨風飄拂其花簇簇際下如紫荆狀　瑪理芥府志出日本花如繡毬大可七八寸初開色青數日淡紅又數日轉而藍又有如雨後青天色者一朵可開月餘或有經數月不謝者

雪鴛鴦府志一莖可數十蕊開輒兩蕊相對故謂之雪鴛鴦亦名月下香　番蝴蝶府志樹高盈丈花如蝶有鬚色中紅外黃開如簇錦種亦出外夷冬日多萎死

草之屬

鼠麴本草葉似馬齒莧上有白毛黃花府志漳人三月三日雜米粉作粿　仙草府志搗爛絞汁和米粉煮之雖三伏成凍凍似石花而黑　水燭府志葉如蒲花如蠟燭有

二三層燭肉如綿治金瘡靈驗 鳳尾①本草名貫衆 龍舌草 香茅 蘆

萑 蓬爾雅齧彫蓬薦黎蓬商子曰飛蓬 芒爾雅莣杜榮註今芒草皮可爲繩索屨屧

仙人掌 佛甲 老來紅府志即鴈來紅 絡石本草其莖蔓延莖節着處即生根鬚包絡石上其在木者隨木性而移薜荔木蓮地錦石血皆其類也 席草

燈心草 蕢 獨帚爾雅註似著可以爲掃篲 山狗脊 苔

野葛本草根名野葛葉名鈎吻俗呼胡蔓草又名斷腸草閩部疏一枝三葉葉大如蔓解此毒者以蜜灌之已復灌羊血吐出可不死

毛之屬

麂 豺 狼 兔 山犬 竹鼬 鼠

鼯鼠泉州府志似鼠尾散垂食果實緣樹而走遇隔枝處跳過如飛漳謂之飛鼠 山鼠

豹

校注：①雕

羽之屬 鳶府志鴟屬 杜鵑 鴛鴦 百舌 山胡府志泉州志大如鳩蒼色兩頰圓點黑白相映翔跳不定 鶺鴒 啄木 黃匡 伯勞 桑扈 呼潮 鳧 紅裙府志身綠尾紅一名紅衣娘 鴿 鶉 練雀 鴞

鱗之屬 白鯊府志比胡鯊爲小今魚翅是也 石首 鰣魚 鰳 鱉 文昌魚府志狀如鰻細如筋長二三寸其行以陣味甘美郡城文昌閣前有之餘處不可得也故名 金魚 猴染府志形如鎖管而味不及 鯡魚 油筋府志又有一種名河蟲 涂龍府志生海泥中如鰻長尺餘 泥笋 赤魚府志狀如鱉魚鱉有兩鬚而赤魚四鬚其尾頰赤 鏞魚 柔魚 烏鰂 楓葉 鸚鵡魚 ①鰩魚 溪鰛 壽魚府志與海鰻但夏月至

校注：①鰩

彈琵 蠔魚 梭魚 鯢魚（爾雅翼今之河豚北戶錄作鮭魚一名鯸鮐或名鯸鮧至美然肝與子有大毒） 潭捕 鮐 鬬魚 吹沙魚

介之屬 蝤步（府志一名桀步） 虎獅（北戶錄虎蟹殼色黃赤文如虎首斑） 金錢蟹（北戶錄蜅小蟹大如夏錢想即此耳） 牡蠣 石砝 千人擘 水龜（府志一名龍虱醃食之佳） 蝦魁 苗蝦 西施舌 蚌 沙屑 沙白（府志肉形似蛤其品甚珍） 土鐵（泉府志名麥螺） 江撓（府志綠殼白尾其形如船撓故名） 竹蟶 [illegible] 蜆 海膽①

蟲之屬 蠶 蜂 蜻蜓 寒螿 蝴蝶 螢 蛾 蠅 蚊 蜘蛛 螳螂 龍眼雞（府志莎雞別種生龍眼樹）

校注：①膽

間

螽斯　蟋蟀　螻蛄　蝤蟲府志狀似龍虱緣①壁喜走好藏廚籢中食物

蚯蚓　蜣螂　螢　白魚本草衣魚書中蟲　樟蟲府志如指大長數寸綠色用醋洗之去肉其中有絲抽出名曰蟲絲用以繫鉤　斑猫　果蠃

螟蛉　蠅虎　蝸牛　瓜蟲　尺蠖說文屈申②蟲也郭匡③謂之蝍蝛又呼步屈

蟲蜚爾雅蜚蠦蜰　水鷄　樹蛤府志狀似蟾④蜍綠色生樹間

校注：①緣　②伸　③匡　④蟾

福建續志卷十

物產二

延平府

穀之屬 秫府志有早秫晚秫其性黏宜釀 小麥 蕎麥

帛之屬 樓毛布府志南平半巖者佳 土絹 麻布縣志即黃麻績爲粗布 線布縣志以棉紗苧縷交紡爲線青白間色織而成布

貨之屬 黯淡石府志黯淡灘下急流處有石爲硯堅潤有文極佳蘇東坡曾得之

油麻 黑麻 花帨縣志以黑白紗縷相間織成 土棉布 金產二十七都 墨柳溪墨條 連四紙 藍靛 炭 棕 氈 箋 絲

各器 車子柴縣志運往浙值甚多

蔬之屬 油菜 萵苣 冬笋 木耳 江南笋 菉笋 黃笋 絲瓜 菜豆 蒜刀豆 菰 蔓菁 藤菜 薯蕷 苦瓜 南瓜絲瓜

果之屬 甘蔗府志延平地瘠雖有果味皆不美獨蓮蓑味淸甘蔗可煎糖 橙榛 白棗 梧桐子

藥之屬 白扁豆 山黃連 黃水茄 金沸草吉鈎藤 蟬退 蚯蚓 龜板 蒲公英 冬青子 穿山甲 鼈甲 木通 薏苡 葛根 紫蘇 烏藥 牛膝 梔子 羚羊角

木之屬　桂府志花有赤黃二色　槦　楠　油桐　白花梨縣志宜鐫字製器　金荆　樿木　苦檀　甘棠　黃楊　水棉　杜英　椹櫝　樸　椎　柯　橡　木尨

竹之屬　箭竹　長枝竹　斑竹　筆竹　鳳尾竹　慈竹　觀音竹　淅竹　方竹　白竹　瀟湘竹　雪竹

花之屬　芙蓉　潑雪　眞珠菊　觀音蕉　碎米蘭　美人蕉　木筆　樹蘭　蕙　弔蘭縣志生山谷爛木上　雞冠　剪春羅　紫薇　紫荆　繡毬　木樨　水仙　鷹爪　夜合　荷花　七里香　一丈

紅　夾竹桃　玉蘭　照殿紅

草之屬　藻　虎耳　馬鞭草　接骨　旱蓮　夏枯草　蓼　穿壁藤　狂茄　茜藍　金絲五葉藤　遍地金　燈籠草　馬鞭藤　羊耳草　雞絲藤

毛之屬　竹鼺　山犬　土豚　羚羊　石鼠　栗鼠　鼯鼠

羽之屬　翡翠　鴛鴦　尾鵲　蠟嘴　杜鵑　竹雞　鴉有黑白二種　錦雞　鳶　鷗　鴈　山鵲　百舌　麻雀　鵪鶉

鱗之屬 金箍魚 鯯魚 水鰌①縣志大小不一至春肥美 日月魚縣志頭分兩儀身分八卦 虎魚 烏魚 鰷魚 丁斑魚 塗虱 蘆鰻

介之屬 蚌 蜆 蛤

蟲之屬 蜜蜂 蟋蟀 蝙蝠 蜩 蟬 蜻蜓 蜘蛛 蚯蚓 蜥蜴 蝴蝶 螳螂 蚱蜢 螟蛉 蒼蠅 蝸牛 鼠婦 蟾蜍 螢 斑貓 蛾

建寧府

穀之屬 六十日早 大糯 小糯 龍鳳早 師姑

校注：①一至春

早　九里香①　大早　小早府志建甌崇浦四縣產　天降早府志建安建陽浦城產　爛泥早　七娘禾　小白禾　大白禾　小烏禾　大烏禾建陽產　野豬愁　無芒秋　貞珠纍　麻子秋俱崇陽產　銀珠秋　公婆秋崇陽浦產　早禾　白秋子　烏秋子　厚芒秋　下馬看俱崇安產　白芒　黃穀俱浦松產　粳穀　白秈早　烏龍牙浦城產　紅糟秋浦松產　鋪地錦　溫州早　吳家傳　大師姑　小師姑　青絲禾　務枝禾　猴尾禾　烏節秋　重陽秋　白芒秋俱松溪產　烏牙秋　大麥　小麥建甌②浦松政產　油麻　白豆　烏豆　赤豆　甘豆　大

校注：①九里香　②甌

豆　小豆（七縣同產）

帛之屬　機布　苧布　大絹（浦城產工者可及浙產）　大綾（一名梅花綾）

貨之屬　蘇　草紙　堌罏（建陽產）　武夷茶　白菜油

竹紙　毛邊紙　麻油（建陽產）　白扇　合香（建甌產）

酒（縣志有紅酒珀酒雪酒）

蔬之屬　蕹菜　芫荽　薯　金瓜　苦瓜　黃瓜

布瓜（一名天羅）　牛角①豆　眉豆　蠶豆　扁豆　虎

爪豆　決明豆　藤茄子　茭筍　江南筍　黃

蠟筍　斑鱖筍　□□□②　綿筍　麻筍　苦筍

校注：①角　②筍

折筍　苗筍　粿筍　方竹筍　石筍　呈竿筍　烏部筍　糍筍　白眉筍　赤尾筍　蘆筍　仙筍　鳳尾筍　青菜

果之屬　梅　水梨　雪梨　麪梨　紫梨　錢梨　柑建甌崇浦陽産　金豆　芡浦産　橡建陽産

藥之屬　山梔子　紫金鐘　白斷藤　釣鈎藤　豆瓣草　碌礡草　烏不棲　紫荊藤　青木香　黃栢皮　芍藥　石菖蒲　光芎　土黃連　紫河車　地骨皮　枸杞　虍①骨　秤星根　半夏　馬沉香　無名異　土芎②　青藤薯　藤香

校注：①虎　②芎

青齊

木之屬　檜　茶油樹　桲　檀　羅木　苦株木

山楉木　金錢松　鳳尾松　溫松浦城產

竹之屬　棵竹　面竹　木竹　糍竹　赤尾竹

車竿竹　呈竿竹　麻竹　烏部竹　雷竹　筋

竹　孝順竹縣志叢生新筍初抽皆環衛其母

花之屬　桃　杏　李　石榴　荷　瑞香　秋海

棠　子午花　蕙　櫻珠　水芝　山梔　棠棣

百結　寶珠　錢茶　川茶　矮花　白鶴花

秋風錦　美人蕉　蘭蕉　珍珠蘭　蠟梅

草之屬　艾　莎　稗　蘋　蒿　馬鞭草　挺秀

雞腸草　長生草　金錢草　斷腸草

毛之屬　猿　羆　穿山甲　鼯鼠　藶鼠

羽之屬　鷓鴣　鵓鳩　鸜鵒　鴉　伯勞　白哥

①鳬鷺　禿鶖　練雀　野鴨　倉庚　青絲鳥

窓前鳥

鱗之屬　鰍　鯽　鯢　鰱　黃尾魚　鯇　青魚

鰻　黃鮀　金魚縣志能變各色　鮹魚

介之屬　花蚶　蛤

蟲之屬　蜂　蜻蜓　蜘蛛　蝶　蟬　螟蛉　螢

校注：①鳧

蟻 促織 螳螂 壁虱 蚊 蠅 蛭 蠶

蝎 蠅虎

邵武府

穀之屬 大冬稻（即糯米） 粟（即粱） 陽粟糯 黄豆 黑豆

赤豆 菉豆 青豆

帛之屬 夏布

貨之屬 鹽（宋史地理志邵武縣有黄土等三鹽場） 金（同上泰寧有螺螺金場） 銀（同上江源銀場） 菜油 筍箬 筍乾

蔬之屬 芎苗（府志芎藭苗也） 其菜 葒菜 羊蹄菜（府志即秃菜也士①人呼爲野君②蓬春生苗高三四尺葉狹長頗似萵苣而色深莖節間紫赤花青白色成穗子

三稜芹菜本草字作蘄蜀本圖經生水中葉似芎藭花白色而無實根亦白色藤菜府志又呼蟳菜謂以煮蟳其味相宜宋莆陽志作浮藤菜苦蕒

果之屬

藕　菱實府志菱即菱角也葉浮水上花黃白花落而實生武陵記四角三角曰芰兩角曰菱梅府志此梅實也其熟者火薰爲烏梅鹽殺爲白梅皆可入藥其青者糖和爲脆梅蜜漬爲綠梅此外又有所謂捺梅綫梅梅皆可藏之以爲果品早桃府志五月熟鷹嘴桃六月熟白麪桃　白水桃此最佳匾桃　矮桃府志土人呼爲道州桃朝天李府志皮紅肉黃蜜李府志實甜而鮮核炭李府志實甜而肉緊道州李府志樹矮結實十月李府志冬至始熟朱柿府志郡所產柿有如牛心者有形圓而匾者有大如鵝子而皮薄更甘味者曰朱柿椑柿府志色青黑而熟於冬者曰椑柿土人呼爲棗柿柑書經孔安國疏小曰橘大曰柑府志邵武所產一種皮色

紅鮮其大如①椀實味甘酸俗呼獅頭②柑一種皮③[illegible]黑色差小曰酥柑一種味尤甘矣皮咯光俗呼

羅柑

山查子 府志樹高三四尺莖有刺葉微有刻缺如菊葉④實圓如林檎狀人呼爲茄查

櫧子 府志此有三種一種曰石櫧一種曰苦櫧一種曰甜櫧 **葡萄** **酸棗**

藥之屬

艾 府志今人以蘄州產者爲勝但土人不常得之本土所產葉大如菊葉而色青白者以三月三日五月五日採曝陳久亦可用 **紅藍花** 府志即紅花也 **薑黃** **葛**

根 **何首烏** **金星草** **山梔子** **骨碎補** 府志土人呼爲胡孫薑 **黃精** **石菖蒲** **地黃**

木之屬

漆 府志本郡漆惟邵武縣三十都數處有之 **櫬** 府志鄉人讀如襯音其樹頗高大其子若苦櫧而稍長鄉人去其殼而磨之料理作烟亦可食也 **柞** **花梨木**

株

校注：①椀　②柑　③蜜　④實圓如林檎

竹之屬　筆竹　青竹　斑竹　紫竹　烏步竹府志大如斑竹筍極佳　麻竹　慈竹　黃竹　箬竹府志用以裹粽

花之屬　月季府志種類薔薇一年四季十二月相續花開　玉簪　石竹　金錢府志俗呼夜落金又呼子午花　酴醾　紫荊　珠蘭　樹蘭　歲首蘭　弔蘭　水仙

草之屬　菅苧　茭本草謂之菰　水蓼詩傳在陸曰荼在水曰蓼　馬鞭草　燈心草　三白草　蓮房草　鼠麴草府志俗呼水蕕艾江西人呼爲鼠耳　浮萍　半邊蓮草府志此草之最小者也福州亦產土人患病往往擣爛①謂水服謂其有②敎　地光錢草府志亦草之小者苗生細蔓附地葉圓徑三分許微有刻缺略如嫩荔荽狀　水麴　益母草　珍珠草　七

校注：①調　②效

星草　穀精草　雞脚草　龍牙　仙人掌

毛之屬　九節貍府志種類玉面貍而尾有九節因名食品之隹者也　麞　猥　鼠埤雅謂之鼬鼠　蝟府志狀似鼠而稍大脚短其毛如針尾長寸餘蒼白色人觸近即藏頭足其外皆刺不可嚮邇　土豚府志蒼色如鼠穴居食蘆葦竹根一名竹鼬一名芋豚又名菅豚

鼠

羽之屬　鳩府志今騰風而翔者是也兩翼舒張闊三尺許　信鳥　郭公

鶺鴒　釣魚翁

鱗之屬　金魚縣志其狀如鯉　鮉尾有星　變魚縣志有紅白黑金色能變化　黃莢縣志無鱗有角　赤眼　魹　鮹白

介之屬　大脚蝦府志大者俗呼大脚蝦小者俗呼泥蝦　蟹

蟲之屬　蝦蟆　石鱗府志一名石橦一名石稜一名坐魚　蚯蚓　馬蟥本草謂之水蛭　蜘蛛　螳螂　蟬　蟋蟀　蜂　蜾蠃本草謂之螉①螉　蜻蜓　蛺蝶　蛣蜣　蝨　蚊　予蜱又名飛楊蟲

汀州府

穀之屬　大冬稻　占稻府志有大冬稻春種冬收有寄種與早稻同種與晚稻同收則歲只一熟矣有占稻相傳占城國移來者　糯稻府志亦有早種晚種　黍府志其類有黏不黏如稻之有粳糯　稷　菽　麻

帛之屬　絲　綢　布府志寧化出

貨之屬　香府志有楓②柏檀諸類　苧　竹絲器　竹絲枕府志以緸③

校注：①蠮　②楓　③細

竹絲編成漆之精妙可觀出永定最爲工緻 扇府志上杭洒金扇清流油紙管家扇永竹掌扇薄嫩如①緝 竹鎖

蔬之屬 茼蒿 白菜 蘿菜 萵苣 蕲菜 藷莧 甘藷府志俗名番薯 枸杞菜 蕁菜 茭筍 香蕈 椒 韭 蔥 胡荽 壺 王瓜 苦瓜 甜瓜 金瓜 土瓜 稍瓜府志形長宜醬 帶豆府志俗呼豆角

果之屬 梅子府志汀人置梅銅盆水中取出漬蜜爲青梅漬甘草爲甘梅 香櫞 雪瓜府志似西瓜而長出長汀

藥之屬 蓖麻子 千里及 羊蹄草 剪刀草 山梔子 楮實子 桃仁 香茅 南藤 萆薢

校注：①絹

吉釣藤

木之屬　榍（府志亦名杜松）　欏　橡　檜　桑柘　木綿

櫬　黃連茶　加條　樸　羅漢松　鐵樹　樢

柏　梓　檉　榕樹　黃楊　楮

竹之屬　慈竹　箣竹　鳳尾竹　人面竹　合竹

江南竹　斑竹　苦油竹　石竹（府志節疎而平可爲器用）

定光杖竹

花之屬　素馨　瑞香　剪春羅　滴滴金　紫羅

傘　月季花　蓮花　葵　水仙　芙蓉　郁李

草之屬　菅　鼠麴　蕢　葸　石龍芻（府志即燈心草俗名

龍①鬚草　雞腸　仙人掌　仙人草　蘆　虎耳

毛之屬　麞　山犬　豺②　山貚

羽之屬　鸛鴿　白鷳③　山鵲　信鳥　吉吊　綵囊　山胡　雷舞　蠟嘴　紅褂　海鷗　杜鵑　布谷　白頭公　鳫鳧　鶺鴒　鷓鴣　鴟鴞　郭公　鵜胡　鵁青

鱗之屬　鱧魚　鮎魚　鱅魚　彈琵　鰕府志數種鬚長於身出江河者大溪澗者小　鰔府志身厚而長背青腹白巨口食魚　鰍　魴

介之屬　蠏　蛤　蜆

蟲之屬　蜥蜴　蜂　蠶　蟬　蝴蝶　螢　蝤蜾

校注：①龍　②豺　③鷳

蟋蟀　蚱蜢　蜻蜓　蜘蛛　蠨蛸　鼠

蚊　蛾　蠅　蝗螂　蟻　蠐螬　螟蛉　螻蛄

蜷螂　白魚　斑猫　果蠃　蟾蜍　水雞

福寧府

穀之屬　粟　蔴蔴　番麥府志幹似蔗而葉柔苞從心抽結如榴味一名苞①米

帛之屬　絲府志舊無絲郡守李拔教民養蠶爲絲今漸多　麻布　棉布

貨之屬　銀舊志鑛脈已絕　銅　鉛府志俱出寧德寶豐坑久湮　砂糖府志煮蕉②爲之　棉花府志寧德福安有之今漸多　菸　楮紙　藤紙　綿紙　鬱　棕席　磁器府志出寧德質粗價賤

校注：①玉　②蔗

蔬①之屬　芥藍　浮藤府志俗呼蟳②菜　蕹③　葛　藤府志紅白二種④

山者爲山藥冬時熟　菰　苔　石花菜　木耳　鵝菁⑤

莙薘　烏菜　菱筍　番薯　木瓜　青瓜

金瓜　土瓜　苦瓜　匏　壺盧

果之屬　梅府志有酥梅梅杏梅李梅桃　榛　葡萄　椎一名椎　佛

手柑亦名花柑　甘蔗　芡府志即鷄頭也芡二物出寧德芰　胡桃　棠

梨　花紅府志外似李中似梨　花生　櫻桃

藥之屬　黃連　黃蘗　枸杞　山梔子　覆盆子

天花粉　茵陳　石斛　山藥　瓜蔞　巴豆

菖蒲　樟腦　紫蘇　金沸草　銅錢盃府志又名

校注：①蔬　②蟳　③蕹　④種　⑤菁

①一直箭白花結實兩葉相對如交盃小兒科用 澤蘭 金銀花 扁蓄

薄荷 木賊 豨薟 金櫻子 良薑 蔓荊子

草麻子 骨碎補 捲柏 益母草 草烏

鹿啣草府志產大②姥石壁中但不數得 蓽薢俗呼山猪团③土茯苓治瘋④瘡 蒼耳

子 桑螵蛸 海螵蛸 牡蠣

木之屬 榲府志亞于杉可爲板 椿 水綿 楊 檀 櫂

香楠 古藤 風藤 赤根藤 蛇莆藤 薜荔

藤

竹之屬 箠竹 柔竹 ⑤萵竹 木竹 化竹 淡

竹 箬竹 油麪竹 黄竹

校注：①一 ②太 ③団 ④瘋 ⑤菡

花之屬 山丹 圖提（清香①譜插頭無垢） 辛夷 木槿 玉簪 水梔 佛桑 桃 樹蘭 吊蘭 賽蘭 雪柳 紫蘭 雁來紅 石榴（府志有紅白粉三色花而不實） 漢宮秋（府志不花至秋而葉斑爛可愛） 鶴蘭（府志白色兩翅一頭尾出太姥山香聞數里罕有見者） 棠棣 蕙 十樣錦（府志叢生長尺餘節上抽莖至末皆有花俗呼洛陽） 葵 芙蓉 秋海棠 鐵線蓮（又名鐵線菊） 白合花 千日紅 夾竹桃

草之屬 芝 芸 書帶②（府志原出淄川鄭康成讀書處今郡亦有之叢生葉如韭而長） 欄路虎（府志一名山角箭） 龍舌 豬耳 三賴 三七（三葉七根故名止血） 瘟茶（府志補[illegible]③） ④草 芩香草 定風

校注：①譜 ②帶 ③瘟 ④夏枯

草　千里棘　蘆蘇　芭蕉　鳳　長生草　營府志似茅而光澤無毛根下五十①許有粉者柔韌可爲索　蓼　兔耳　鼠麯

蘆

毛之屬　刺蝟　山羊　狐鼠　鼠狼府志能食猿鼠故名

穿山甲　麂

羽之屬　錦雞　黃雀　鷺鷥　竹雞　信鳥　白頭翁　鷓鴣　長尾哥　郭公　山燕府志似燕而差大能搏鷹　鵲　鴉　翡翠　鴿　梟　黃豆　鷹　鵪鶉竿鄭②樵詩謂桃蟲　鷯　啄木　鵂鶹　鸛　百舌　杜宇

吉釣　青絲

校注：①許　②詩謂桃蟲

鱗之屬 帶魚 ①鸖魚府志嘴長如鶴頭 土參 石斑 ②溪妾 重唇 疊甲 鰤 蛇府志即水母 鯯魚 白鰷 鰌 鮮 鰦 骰魚府志小如骰可鮓春月最多 河豚 土蟀 鰔魚府志嘴尖如鰔 泥猴 鷰魚府志形似燕有③肉翅能奮飛海上 泥筍 泥丁 泥腸府志大者謂之泥水魠 塗龍府志似蝦而④短多油而肥甘 戳腸府志形似戳甲故名 銅盆魚府志形扁色紅鱗大骨鯁 鳳蟒魚府志俗呼鱲鯇首似龍形身白如銀魚無皮鱗乾爲龍頭蛯 松魚 鰱魚、土龍府志生海中似蟃出霞浦鹽田 鱤名金箍魚 鰨魚 金魚府志可畜盆中有三尾如蝦身赤尾金者

介之屬 黿 鼉 龍目即石決明俗呼將軍帽 龜脚 絲蚶

校注：①鸖　②溪　③肉　④短

布蛄 蟛蜞 蟛越 土匙府志有柄有葉狀如茶匙 蘆虎府志形如蟛蜞至冬膏滿①殼黑如漆味極清 螂蜕 螺府志有黃螺絲螺香螺辣螺花螺尖尾螺珠螺池螺田螺竹螺鸜②鴿螺 千人劈 淡菜 角螺府志生海中螺之大者土人以殼為吹角 草鞋蠣府志比常蠣加大 蝛 鱟 蠣蜅府志有黃蠣巖蠣皆附石生霞浦南路用竹植海中種之其味尤美 龍虱 蛤

蟲之屬 蜂 蠶 蟋蟀 蝶 螳螂 蜥蜴 蜘蛛 水鷄 大約 寒蛤 蟬 蜩 蝮爾雅蝮虺博三尺首大如擘 蠅 螢 蟻 蛣蜣 蚯蚓 蚾一名馬蜞

臺灣府

校注：①滿 ②鸜 鴿

穀之屬

秔稻縣志種有占稻俗名占仔過山香粒大倍於諸米大伯姆色白宜低田早占粒差小圓黏白而軟粒短而肥埔占穀白實赤皮厚種穫同圓粒呂宋占種自呂宋有赤白二色粒小而尖　種穫同埔占　穤稻古今注稻之黏者爲秫即糯也縣志鵝卵秫大白而軟種穫與占仔同禾秋穀白赤軟土番種園中登場後會社飲酒占仔秫一名赤穀秫米白粒差小虎皮秫穀赤有文粒大色白竹絲秫米深白色生毛秫穀有毛俗呼大武巄秫種穫俱與占仔同時　大麥府志立冬種清明熟　麥府志臺俱種於園　蕎麥縣志[illegible]①黍而低心吐花[illegible][illegible]一莖百粒餘如石榴子大煨食香美　黃豆縣志粒大倍於內地　白豆縣志港口出者[illegible]②淡水者次之

黑豆　綠豆　米豆府志皮白可和米煮

帛之屬

按凡屬無可益者闕其文而不敢妄續且存其

校注：①似　②佳

條①於首比於春秋夏五不益之義使後之多聞見者得增入焉

貨之屬　酒縣志用草爲麯製之有老酒燒酒　茶縣志水沙連山中有之　炭縣志以九荆木者爲佳堅質難盡雜木炙之　煤炭灰黑氣味如硝磺可以代薪焰甚烈　麴縣志有紅白二種　茄藤皮　豹皮縣志可爲裘爲褥其價數十倍於鹿皮　麂皮　鹿皮府志春皮毛淺而薄番人以爲席冬皮毛深而厚漢人購爲褥　麞皮縣志去毛存鞹靴襪舄褲皆用之

蔬之屬　紫菜　白花菜縣志醃爲葅味香美　蘿蔔　絲瓜　王瓜　匏　枸杞菜　筆竹筍縣志諸羅竹塹岸產筆竹筍極美　扁豆

校注：①條

果之屬

浮留①藤縣志即蒟粵人夾檳②榔用葉臺人惟其辣獨用藤近出蕭③龍社者最　蓮子　佛手柑　甘蕉　荔枝　菩提果　釋迦果似波羅蜜而小　菱橘　番橘沈文開雜記番橘出半線諸山樹與中原橘無異大如金橘肉酸皮苦色黃可愛　梧桐子

藥之屬

菖蒲　紫蘇　山梔子　風藤　紫萍　蔴茶菰　木鱉④子　樟腦純潔⑤者置釜鎔開以魚油滚起泥土去之再煎淨汁入桶冷結凝塊破桶取之　硫磺縣志出淡水磺山有夾土者有　麋茸縣志鹿夏至解角故⑥能補陽麋⑦冬至解角故⑧能滋陰　枸杞　土木瓜

木之屬

松　栢　梧⑨桐　榕　楓　桄榔　椿　斑支⑩縣志幹直起磊而生刺極堅樹大則磊刺俱落花落而實中有棉棉鬆為褥⑪宜於暑　櫻

校注：①留 ②檳 ③蕭龍社 ④釜 ⑤再煎淨 ⑥故能 ⑦麋 ⑧故能滋 ⑨梧 ⑩支 ⑪褥

水松　鐵樹　蒴桐　破故子樹　加冬樹　猴栗　白樹　番花樹　萬年青縣志：枝圓色綠②，無花葉，高至丈餘①。一名綠③珊瑚

竹之屬　筀竹　金絲竹　空涵竹　麻竹　觀音竹　人面竹　欓竹　石竹　珠籬竹縣志：高丈許，如指大，居人用以編籬

花之屬　李　石榴　木槿　繡毬　葵花　兔絲　番瑞香　胭脂花　錦竹　洛陽錦　剪春羅　噴雪　萬壽菊　番花　番蝴蝶縣志：葉似[illegible]，花紅黃相間④，一枝數十⑤蕊　萱　蓼花　月桃又名虎孖花　金鳳

校注：①餘　②緑　③瑚　④間　⑤蕊

草之屬 藜 茅 萱 薊 茜草 蒲萍 金

絲藤

毛之屬 野猪 鼠

羽之屬 鸛 翡翠 鷺 鴛鴦 白鷴 長尾三娘縣志鷴屬色青光彩照人朱嘴紅足紫尾長尺許疑即所謂青鷴也 鵁 烏鶖

海鵝俗名南風鶿又名布袋鵝翎可爲箭羽 番華類鶴鴿 華雀 海鷄母縣志黑色綠腳如母鷄骨脆①而味美 鷓鴣 鳶 食蛇鳥 鵂鶹

鱗之屬 鱸 黃翅 塗虱 鬬魚 鰤 塗鮀縣志形似馬鮫而大無鱗味美 帶魚 黃䱇舊志身薄多刺人以爲黃雀所化 沙梭

海翁縣志即海鰌大能吞舟俗謂海翁現則大風將作 蛇 水鷄 沙

校注：①脆

鼊　獨魚

介之屬　西施舌　鰕　龍鰕　蛤蜊　花螺縣志殼有𤥨①文比車螯較小名之文蛤　龍虱

蟲之屬　蜂　蟻　蠅　蝴蝶　蟋蟀　蜘蛛　蜻蜓　螢　螳螂　青約　果蠃　蜂虎縣志狀似燈蛾而大頭有斑點入窠蜂窩則盡食其蜂　蛾　蚊　竈雞　蜣螂　毛蟲

沙蠶府志此海蟲也形似蠶而肚中有沙

永春州

穀之屬　菽州志有黃豆白豆綠豆黑豆赤豆褐豆雚豆畲豆九月豆御豆豌豆江豆水豆樹豆萊豆葛豆扁豆刀豆皁莢豆虎爪豆蛾眉豆蠶豆　麻府志有黑白二種膏可壓油

校注：①斑

帛之屬 腰機①州②志產大田 絲 紬

貨之屬 黑烟 香 餅藥 石灰 甎 瓦 蠟府志有黃蠟白蠟 竹絲 竹布 金精石府志似鐵礦而其③色如金可入④眼藥出雙髻山等處

蔬之屬 芥藍 菠薐 油菜 蕹菜 白菜 茼苣 茼蒿 韭 番薯 香蕈 蒟蒻德化志苗葉根似天南星但莖斑花紫為異 土芮 苦菜 王瓜 南瓜 苦瓜 土瓜 枕瓜府志產大田

果之屬 荔枝 柑 梨府志有小梨錦梨 棗 王壇子府志一名黃彈子俗呼黃皮果 椎 餘甘 落花生 杏 橘 林

校注：①機 ②州 ③其 ④入

禽 銀杏府志一名白果一名鴨脚子 酸棗 波羅蜜 葡萄

橙 梅子 蓮

藥之屬 黃精 木鼈子 麥門冬 艾 香薷

茱萸 百合 茵陳 茯苓 土茯苓 蘹香子

蒔蘿府志似茴香而實差小味尤香冽 蓖麻子 蒼耳 鹽麩

子 穀精草 豨薟府志俗呼火炊草 石韋府志一名石皮亦有

生古瓦上者名瓦草 雞項草 劉寄奴 猴薑府志骨碎補一名石

南藤 青蒿 夏枯草 澤蘭府志俗呼千里吉 忍冬花

甘菊 白蘚皮 海金沙 鶴虱 金石斛

蒲公英 威靈仙 黑丑 扁蓄 百部 羊蹄

山豆根　葛根　土葛　薑黃　獨脚蓮　金

不換　方正草府志葉狹而長①藍色平分四方攢莖而上其實六瓣可治金鎗蠱

木之屬　楠　梾府志其葉結實皆似果梨而梾實小酸澁不可食其木理細亮而潤硯楠過之器用美材也　皁莢　水綿　欏　柘　黃木　榧子　檉　梓　金荆　白花梨府志木理極細膩皮微有②刺黃心木理稍鬆　苦櫧府志子名苦櫧可食　冬青　檀　木槵　椒　漆

蘗　羅漢松　吉鈎藤府志赤名烏理郎降眞香　鷄絲藤

金絲五葉藤　貼壁藤　木棉

竹之屬　箭竹　人面竹　方竹　油竹　調絲竹

鳳尾竹　葫蘆竹　箬葉竹　淡竹　蓋竹

校注：①瓣　②刺黃

千歲竹　綿竹　黃竹　江南竹　烏竹

花之屬　玉蘭　蠟梅　繡毬　拒霜　夾竹桃

紫薇桃　碧桃　絳桃　酴醿　金鳳　指甲花

美人蕉　珠蘭　樹蘭　歲首蘭　弔蘭　水

仙　老少年　夜來香　秋海棠　鼓子　西番

蓮　蓮　牡丹　芍藥　杜鵑　木筆　寶相

棠棣　噴雪　金錢　凌霄　紫藤花　粉蝴蝶

金絲蝴蝶　滴滴金　漢宮春　錦竹　剪春

羅　一①丈紅　②萱　玉簪　③十姊妹　含笑　鐵

樹　千葉榴

校注：①丈紅　②萱　③十

草之屬　芝（府志瑞草也①常產魁星山）香茅②　蘋　遍地錦　仙人掌　耳鈎珠　猪母莧　鼠麴③　菱　芒　菅　苦草　兎松　花瓶草（府志葉如蘭）蘆薈④（府志婦人取以代膏）蔚蕉（府志似蒲而大）昌蔡　龍鬚草　青蒿　虎鬚草　草燭（府志一名水燭⑤葉如蒲生花如蠟燭狀⑥）葭

毛之屬　鹿　麈⑦　鼠狼⑧　竹鼬　鼯　鼢鼠⑨（府志似鼠而扁身有花紋⑩似木瓜俗呼木瓜鼠）山犬　猍　豪猪　山貚　鼪鼬（埤雅栗鼠也豪可縛筆）鼯鼠⑪（府志似蝙蝠而小）

羽之屬　鶴　鷹　白鷴⑫　鳶　鴈　天鵝　山呼　鷺鷥　鵙（方言謂之伯勞）野鴨　鴿　雀　鷦鷯　吉

校注：①也 ②香茅 ③麴 ④薈 ⑤燭 ⑥蠟燭狀 ⑦麈 ⑧狼 ⑨鼢 ⑩紋 ⑪鼯 ⑫鷴

弔　白頭翁　信鳥　鶺鴒　山鵲　啄木　錦
鷄　翡翠　釣魚翁府志如翡翠而小　竹鷄　鵪鶉　孤
鷄　鸂鶒　鵩
鱗之屬　鱸　鱓　鮎　田瑟　蝦　金魚　赤眼
蠱鯽　泥鰌　貼石　鱖　丁斑　四脚府志產高
山池中瘦若鯯四脚性馴　刀　鯪魚　白鱗
介之屬　龜　黿
蟲之屬　蠶　寒螿　蟬　蝸　蜈蚣　蜥蜴　水
蛭　蜻蛉　斑貓　蟾蜍　蠹　竈鷄　蜒蚰
螽斯　螟蛉　伯鷯①　蛾

校注：①鴿

龍巖州

穀之屬　大冬州志漳寧歲不再登種亦有早晚惟春種冬收者呼爲大冬最佳　蕎麥　酥麻脂麻別種州志出漳平永福里

帛之屬　棉布　蕉布

貨之屬　藍澱州志漳平有種之者　酒州志①鄰郡邑俱傳名②酒　醋

蔬之屬　胡蘿蔔州志③味香而④　白菜　油菜州志即白菜之抽臺者　倭菜一名生菜　葵　綠筍味最佳　冬筍⑤尤佳　雪筍　筆筍　苦筍　木耳俗呼木菰　椒　菜瓜　金瓜　絲瓜

果之屬　柚州志有紅白瓤二種　⑥　菱角　甘蔗　倒黏

校注：①味醇　②龍巖酒　③黃色　④甘　⑤近年出　⑥ 橄欖

子

藥之屬　枸杞　薏苡　白扁豆

木之屬　柳　椶　楊

竹之屬　含竹　紫竹

花之屬　蠟梅　絳桃　碧桃、紅桃　千葉桃

單葉桃　玉蘭、辛夷一名木筆　寶珠　洋茶　鐵幹

海棠　秋海棠　繡毬　洋毬　樹蘭　玫瑰

夾竹桃　金鳳　向日葵　萱花　美人蕉　夜

來香

草之屬　蘆　萍　仙人掌

毛之屬 狸 土鼢

羽之屬 斑鳩 練雀 鷓鴣 百舌 鵓鴿 鷹

白頭翁 白鷳 野鷄

鱗之屬 蘆鰻

介之屬 空豸 蟶

蟲之屬 寒蟹 蜣螂 蛩 蠅虎

福建續志卷十終

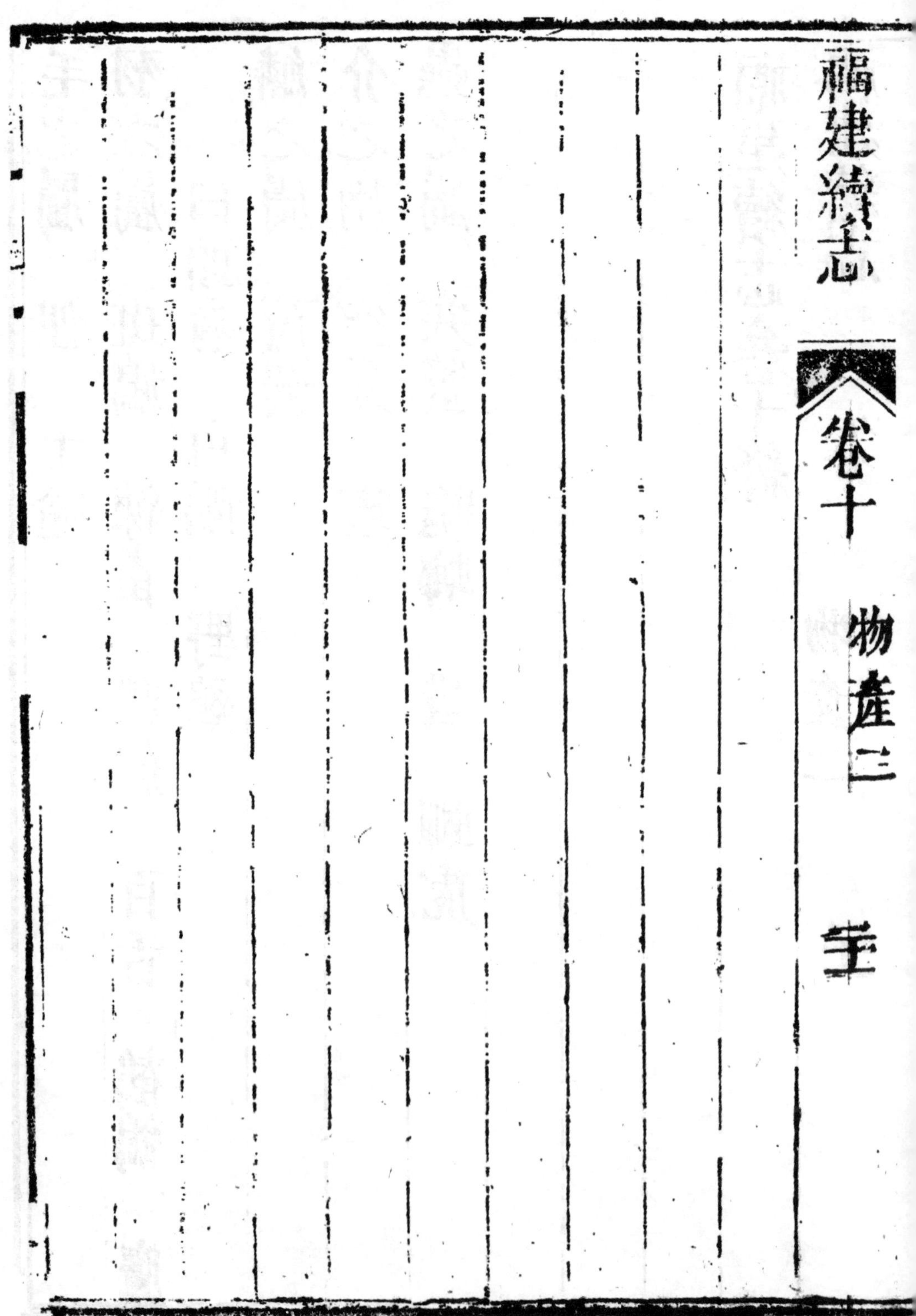